후삼국시대 수군활동사

신성재 愼成宰

해군사관학교를 졸업하고 연세대학교 대학원 사학과에서 문학석사·문학박사 학위를 받았다. 현재 모교에서 군사전략학과(軍史戰略學科) 교수로 재직하면서 사관생도들을 가르치고 있다.

주요 논저로는 「궁예정권의 나주진출과 수군활동」, 「태봉의 수군전략과 수군운용」, 「고려의 수군전략과 후삼국통일」, 「일리천전투와 고려태조 왕건의 전략전술」, 「고려와 후백제의 공산전투」, 「고려말 정지의 해방론과 수군활동」, 「한국 해군장교 정모휘장의 변천과 그 함의」, 『대한민국 건군의 주역 손원일 제독』(공저) 등이 있다. 관심분야는 한국의 중세시대 수군사와 전쟁사이다.

후삼국시대 수군활동사

신 성 재 지음

초판 1쇄 발행 2016년 3월 20일

펴낸이 오일주
펴낸곳 도서출판 혜안

등록번호 제22-471호
등록일자 1993년 7월 30일

주소 (우) 04052 서울시 마포구 와우산로 35길 3(서교동) 102호
전화 3141-3711~2 / **팩스** 3141-3710
E-Mail hyeanpub@hanmail.net

ISBN 978-89-8494-551-7 93910

값 25,000 원

후삼국시대 수군활동사

신 성 재 지음

책을 내면서

이 책은 한국 역사상 분열과 통합의 시기였던 후삼국시대(後三國時代)를 배경으로 궁예(弓裔)가 세운 나라 태봉(泰封)과 그 뒤를 이은 고려(高麗), 그리고 견훤(甄萱)이 건국한 후백제(後百濟)가 한반도의 서해와 남해상을 무대로 추진하였던 수군활동에 대해 전쟁사적인 관점에서 정리한 것이다. 그동안 필자는 이 시대의 전쟁을 통일전쟁으로 이해하면서 후삼국의 주역으로 등장한 국가들이 서해와 남해상에서 벌인 수군활동을 주제로 여러 편의 논문을 학술지에 기고하였다. 이 책은 필자가 기고한 논문들을 수정·보완하여 하나의 책으로 엮어낸 것이다.

널리 알려진 것처럼 태봉과 고려, 후백제는 후삼국시대에 서남해안 지방을 중심으로 수군활동을 적극 전개하였다. 태봉이 나주(羅州)를 공취(攻取)하여 후백제의 배후를 견제하는 전략거점으로 삼고, 이 지역을 기반으로 한반도의 서남해안 지방에 대한 해상권(海上權)을 장악하였던 것은 그 대표적인 사례에 해당한다. 고려가 927년에 나주를 발판으로 진주지방까지 해상권을 확대하였던 것도 마찬가지다. 전쟁이 끝나갈 무렵인 930년대 초반에 후백제의 수군이 예성강 수역으로 잠입하여 고려의 왕도(王都)를 위협하였던 사례도 적극적인 수군활동의 면모를 보여준다.

후삼국시대에 수군활동이 왕성하게 전개되었던 배경에는 서남해안 지방에 대한 해상권 장악이 통일전쟁의 주도권을 확보하는 데 유리하고, 전황에 실질적인 영향력을 행사하였기 때문이었다. 따라서 그러한 공간에 대한 해상권을 장악하기 위해서는 수군활동을 기획하는 데 있어 근간이 되는 수군전략(水軍戰略)의 수립과 효과적인 해전 전술의 적용, 무기체계의 운용, 병력 및 전함의 안정적인 확보와 운영 등이 뒷받침되어야만 했다. 이 책에서는 해상권을 장악하는 데 있어 핵심적인 역할을 담당하였던 것으로 이해되는 수군전략과 해전 전술, 무기체계, 수군의 운영체제 등에 주목한다.

독자들은 이 책을 통하여 전란의 시대에 태봉, 고려, 후백제가 추진한 수군전략의 개념을 이해하고 각국이 수행한 수군활동의 구체적인 실상과 특징을 파악할 수 있을 것이다. 또한 각국이 추진한 수군전략에 따라 해상권의 귀속 여부에는 어떠한 변화가 발생하였고, 특정 해역에 대한 해상권 장악이 후삼국 통일전쟁의 흐름에는 어떠한 영향을 끼쳤는지도 살펴볼 수 있을 것이다. 이러한 사실들에 대한 이해는 후삼국시대 수군의 해양사적 위상에 대한 인식을 새롭게 하는 계기가 됨은 물론 한국의 현대 해군전략(海軍戰略)의 수립과 해군력(海軍力) 운용의 바람직한 방향에 대해서도 역사적인 교훈을 제공할 것이다.

보론에서는 궁예와 왕건과 나주의 상관 관계를 새로운 시각에서 검토하였다. 궁예와 왕건이 나주 진출 과정에서 수행한 역할을 균형 잡힌 시각에서 재해석하고, 나주 진출의 배경과 왕건·나주호족의 유대관계 역시 이 지역에 진출하던 초기 단계부터 긴밀하게 연결되었던 것으로 이해하기보다는 전쟁기라고 하는 시대적 상황 속에서 점진적으로 형성 및 강화되어간 것으로 파악하였다. 이와 함께 후삼국시대 및 고려전기의 기록에 산견(散見)되는 '해군(海軍)'에 주목하여 그 출현 배경과 이후의 운용적 특징에 대해 시론적인 차원에서 검토하였다. 후삼국전쟁 기간 동안 장기간에 걸쳐 해상원정군(海上遠征軍)을 운용하였던 경험 속에서 해군이 출현하였음을 추론하고, 고려전기까지 개경(開京)과 서경(西京)에서 활동하던 해군의 실체와 이들이 수행한 역할에 대하여 의미를 부여하였다.

필자가 이 책을 집필하기까지는 적지 않은 학문적 어려움이 있었다. 가장 힘들고도 어려웠던 점은 역사학에 대한 기초 지식과 이해의 부족이었다. 학부 시절부터 한국사의 내공을 탄탄히 다진 학우들과 달리 필자는 해군장교로 근무하면서 뒤늦게 역사 공부에 뛰어든 비전공자였다. 성실성 하나만을 믿은 무모한 도전이었기 때문에 필자의 학문적 성취도는 더디기만 했다. 문제의식에 깊이를 더하지 못한 채 필자는 2006년에 『궁예정권의 군사정책과 후삼국전쟁의 전개』라는 제목의 박사학위논문을 제출하면서 연세대학교를 졸업하였다. 불과 3년 반이라는 짧은 기간 동안 작성한 논문이었기에 아쉬움이 컸지만, 이 책에 포함된 논문들 대부분이 당시 학위논문을 작성하던 고민 속에서 배태된 것임은 부인할 수 없다.

이 책은 필자가 학위과정을 마친 지 10년 만에 출간하는 책이다. 학위과정을 마치고 해군에 복귀했을 당시부터 늘 '후삼국시대 수군 활동사'를 주제로 책을 집필하고자 하는 마음을 가졌었다. 하지만 바쁜 함정근무 생활 속에서 그러한 여건을 확보하기는 쉽지 않았다. 다행히 2010년부터 해군사관학교 교수로 자리를 잡게 되면서 논문 작성에 고민할 수 있게 되었다. 평소 쓰고 싶었던 논문들이 하나 둘씩 쌓이면서 이 책의 출간은 순조롭게 진행될 수 있었다. 하지만 시간이 흘러 막상 자신의 이름으로 지은 책을 낸다고 하니 두려움이 앞선다. 선학(先學)과 동학(同學)들의 따끔한 비판을 각오하며 이 책이 전근대 시기의 수군사 이해와 연구에 작은 디딤돌이 되었으면 하는 바람이다.

작은 문제의식이 하나의 글이 되어 책으로 나오기까지는 필자가 속한 기관과 은사님, 많은 선후배들의 도움이 있었기에 가능하였다. 무엇보다도 필자가 안정적으로 학위과정을 무사히 마치고 해군 생활을 충실히 수행할 수 있도록 지원해 주고 있는 해군본부에 사의를 표한다. 해군본부의 경제적 지원과 교육적 지원이 있었기에 필자의 학문 연구는 가능할 수 있었다. 모교인 해군사관학교에도 감사의 뜻을 전한다. 사관생도 교육에 정성을 다하고 있는 교수님들과 교직원들의 모범적인 삶은 필자의 연구 활동에 큰 자극을 주었다.

석사과정부터 박사과정에 이르기까지 역사 연구의 기초와 방법론까지 꼼꼼히 지도해주신 하일식 선생님께 감사를 드린다. 선생님께서는 필자의 학위논문을 읽고 깨알 같은 글씨로 지도 편달을 아끼지 않으셨다. 낭중지추(囊中之錐)의 학문적 자세와 거시적인 안목을 일깨워주신 고(故) 김준석·방기중 선생님, 역사 연구의 큰 본류를 가르쳐주신 김도형 선생님, 군사사 관련 서적을 주시며 용기를 북돋워주신 도현철 선생님, 고대사 영역의 폭넓은 지식을 가르쳐주셨던 이인재 선생님, 언제나 자상한 모습으로 필자를 반겨주고 응원해주신 최윤오 선생님을 비롯한 연세대학교 사학과 선생님들께 머리 숙여 감사드린다. 후삼국시대 궁예정권 연구의 권위자인 경희대학교 조인성 선생님의 은혜에도 깊은 감사를 드린다. 선생님께서는 필자가 무사히 박사학위를 받을 수 있도록 논문의 전체적인 틀을 포함하여 세세한 사항에 이르기까지 자상하게 지도를 해주셨다.

부족한 필자의 식견을 넓혀 주신 군제사 분야의 전문가 윤훈표 선생님께도 감사를 드린다. 석사학위 시절부터 논문 작성에 조언을 아끼지 않은 김미경 선배님, 박미선·박준형 동학에게도 고마움을 표한다. 필자의 학문적 고민을 들어주며 지적 자극을 주었던 박진훈·이정훈 선배님께도 감사를 드린다. 전공 시기를 넘어 학문적 도움을 주었던 정두영·정진아·정용서 선배님, 양정필·이태훈·최봉준 동학에게도 사의를 표한다. 아울러 함께 수업을 듣고 고대사 분야를 고민했던 신재호·옥재원·정상민·최경선·백길남·신가영 후배들에게도 이 자리를 빌어 고마움을 전한다. 또한 필자의 원고를 읽고 정성을 다해 교정해준 해군사관학교 석영달 교수와 매 수업 시간마다 번득이는 아이디어와 영감을 주었던 군사전략학과 생도들에게도 감사드린다.

소중한 나의 가족에게도 감사의 뜻을 전한다. 학위과정은 물론 군 생활을 하는 현재까지도 물심양면으로 후원해주시는 아버님, 투병 속에서도 오직 아들의 학문적 정진을 기원해주시는 어머님, 깊은 불심(佛心)으로 필자의 성공을 기도해주시는 장모님, 제 일만 바쁘다고 하는 동생임에도 언제나 배려해주시는 형님 내외분, 가정 일에 무관심한 남편임에도 불구하고 내색하지 않으며 하은이와 중현이를 오롯이 길러주고 있는 아내에게도 고마울 따름이다. 끝으로 대중적으로 그다지 인기가 없는 학술 서적임에도 불구하고 출판을 흔쾌히 받아주신 도서출판 혜안의 오일주 사장님과 편집을 도맡아 해주신 김태규 선생님, 그리고 편집진 선생님들께도 감사드린다.

2016년 3월

신 성 재

차 례

| 보론 | 고려전기 해군에 대한 시론적 고찰 · 225

태봉의 수군전략과 수군운용

1. 머리말

고려(高麗)는 936년(태조 19) 후백제(後百濟)와의 일리천전투(一利川戰鬪)에서 승리함으로써 분열되었던 후삼국을 하나로 통일하는 대업을 완수해냈다. 고려의 통일은 후백제와의 최후 결전인 일리천전투를 승리로 이끌어냈기에 가능한 것이었다. 그러나 좀 더 넓게 보아 그것은 고려가 건국된 이후로는 물론 태봉(泰封)[1] 당대부터 치러왔던 크고 작은 수십여 차례의 전투를 성공적으로 수행한 결과의 연속이기도 하다. 나아가 그것은 태봉으로부터 고려 왕조로까지 이어지는 수군과 육군에 기반한 전략 및 전술의 효과적인 활용에 기인하는 것이기도 하다. 이러한 인식틀 속에서 보아 태봉이 패서지역(浿西地域 : 황해도)으로 세력을 확장하면서 송악(松嶽 : 개성)을 확보하고, 나주(羅州)를 공취하여 후백제의 배후를 공략하는 수군활동 거점으로 삼았던 사실은 특별히 눈여겨볼 부분이다. 왜냐하면 태봉정권하에서 수립 및 추진하였던 수군전략(水軍戰略)과 그것에 토대하여 수군을 운용하였던 방식 등이 고려 왕조에까지 계승되어

---

1) 궁예정권을 말한다. 궁예는 처음 국호를 고려(高麗 : 901)로 정한 이래 마진(摩震 : 904)과 태봉(泰封 : 911)으로 그 명칭을 변경하였다. 이 글에서는 마지막으로 사용한 국호인 태봉으로 통칭하여 서술하고자 한다. 태봉과 관련한 기왕의 연구사 정리는 조법종, 「후백제와 태봉관련 연구동향과 전망」『신라문화』 27, 2006 참조.

졌다고 보여지기 때문이다.

이 글은 나주 진출을 기점으로 태봉이 수립하였던 수군전략과 수군운용을 살피는 것을 주된 목적으로 작성하였다. 그동안 한국사의 영역에서 수군사와 해양사에 대한 관심이 높아지는 분위기 속에서 여러 주목할 만한 성과물들이 나오긴 했지만,[2] 아직 이 방면에 대한 연구는 생소한 면이 있다. 필자가 평소 이 방면에 관심을 갖고 태봉이 903년(천복 3)에 실행한 나주 진출을 계기로 수립된 방책에 주목하여 수군전략으로 그 의미를 부여하기도 했지만,[3] 개념적인 측면에서나 내용적인 측면에서도 보완해야 할 점이 남아 있는 상황이다.

이러한 문제의식하에서 이 글에서는 태봉이 추진한 수군전략의 구체적인 내용을 밝혀보고, 또한 그것에 토대하여 수군을 어떠한 방식으로 운용하였는지를 중점적으로 살펴보고자 한다. 이를 통하여 태봉 당대에 수립한 수군전략의 내용과 의미를 이해하고, 그것이 발전적으로 계승되는 가운데 고려가 후삼국을 통일하는 군사·경제적 기반으로 활용되었음을 살피는 계기로 삼고자 한다.

논지 전개는 다음과 같다. 먼저 2장에서는 궁예(弓裔)가 패서지역을 확보하면서 송악으로 천도(遷都)한 사실에 주목하여 송악으로의

---

2) 海軍本部 政訓監室, 『韓國海洋史』, 해군본부, 1954 ; 崔碩男, 『韓國水軍史硏究』, 鳴洋社, 1964 ; 오붕근, 『조선수군사』, 한국문화사, 1998 ; 윤명철, 『한국해양사』, 학연문화사, 2003 ; 강봉룡, 『바다에 새겨진 한국사』, 한얼미디어, 2005 ; 최근식, 『신라해양사연구』, 고려대학교출판부, 2005 ; 정진술, 『한국해양사』, 해군사관학교, 2009.

3) 신성재, 「궁예정권의 나주진출과 수군활동」 『軍史』 57, 2005 ; 「태봉과 후백제의 덕진포해전」 『軍史』 62, 2007. 시기는 다르지만 임진왜란기를 중심으로 동북아 삼국의 해양전략의 내용을 다룬 논고가 있어 도움이 된다(李敏雄, 「壬辰倭亂과 동북아 삼국의 海洋戰略」 『島嶼文化』 25, 2005).

천도가 갖는 의미를 살펴볼 것이다. 이와 함께 송악 천도를 전후로 나타나는 궁예의 후삼국통일에 대한 인식과 전망도 주목해볼 것이다. 3장에서는 경기도와 충청도, 나주지방에서 수행된 태봉의 군사활동을 살펴볼 것이다. 특히 이 과정에서는 나주 진출을 계기로 태봉이 수립한 수군전략의 개념과 내용에 대해 왕건(王建)이 건의한 방책으로 나오는 '안변척경책(安邊拓境策)'을 중심으로 살펴볼 것이다. 끝으로 4장에서는 나주 진출을 계기로 수립한 수군전략에 따라 태봉이 실행한 수군운용의 구체적인 활동상을 다룰 것이다. 이를 통해 수군운용의 주된 내용이 서해상에 대한 해상권(海上權) 장악과 통일전쟁의 재원 확보였음을 논증할 것이다.

2. 송악 천도와 후삼국통일 지향

강원도 명주(溟州 : 강릉) 점령을 계기로 독자적인 세력을 확보한 궁예는 영역 확장과 건국의 기틀을 다지기 위한 군사활동에 착수하였다.[4] 그 방향은 북서쪽으로 나아가 한산주(漢山州 : 경기도)를 아우른 다음 패서지역으로 진출하는 것이었다. 궁예는 이를 위해 895년(진성여왕 9) 8월 한산주 관내에 위치한 부약(夫若 : 김화)과 철원을 비롯한 인근 10여 군현을 공취하였다.[5]

궁예가 한산주 방면으로 영향력을 확대해감에 따라 패서지역에서

4) 명주 점령까지 궁예의 세력 확장과 군사활동에 대해서는 李在範, 『後三國時代 弓裔政權의 研究』, 成均館大學校 博士學位論文, 1991 ; 조인성, 『태봉의 궁예정권』, 푸른역사, 2007에 상세하다.

5) 『三國史記』 권11, 진성왕 9년.

활동하던 세력들의 귀부(歸附)는 늘어만 갔고,[6] 이는 건국의 직접적인 원동력이 되었다. 이듬해인 896년(진성여왕 10), 궁예는 마침내 군주를 자칭하고 내외의 관직을 설치하면서 철원성(鐵圓城)에 도읍을 선포하였다.[7] 궁예의 철원 도읍은 주변에서 활동하던 호족세력들의 활동을 위축시켰다. 위기의식을 느낀 호족들의 귀부가 잇따랐고, 그중에는 송악의 세력가 왕륭(王隆)도 포함되었다. 궁예는 귀부해온 왕륭을 금성태수(金城太守)에 임명하고, 아들인 왕건에게는 철원군태수(鐵圓郡太守)의 직함을 수여하면서 정권을 지지하는 인적기반으로 삼았다.[8]

궁예가 왕건 가문을 받아들인 이유는 해상세력 포섭이라는 정치군사적인 목적이 있었기 때문이었다. 당시 왕건 가문은 예성강과 강화지방 일대를 활동 거점으로 해상무역에 종사하면서 정치적 성장을 도모해 가던 해상세력 출신의 호족이었다.[9] 왕건 가문의 이러한 위상은 태봉이 지배 영역을 확장하고 군사활동을 벌이는데 있어 조력자로 적극 포섭해야 할 이유로 인식되었을 것이다. 따라서 궁예가 왕건 가문의 귀부를 받아들인 배경에는 향후로 전개될 후삼국전쟁을 수행함에 있어 요구되는 군사·경제적인 재원을 이 가문을 비롯한 인근의 해상세력들로부터 확보하기 위한 의도가 반영된 것이었다.[10] 898년(효공왕 2) 7월, 궁예는 패서지방의 호족세력과의

6) 『三國史記』 권50, 열전10 궁예.
7) 『三國史記』 권50, 열전10 궁예 ; 『三國遺事』 권1, 왕력1 후고려 궁예. 철원과 인접한 금성(金城)을 도읍지로 보는 견해도 있다(趙仁成, 「弓裔의 後高句麗 건국과 관련한 두 문제」 『新羅文化』 27, 2006, 145~148쪽).
8) 『高麗史』 권1, 세가1 태조 건녕 3년 병진 ; 『三國史記』 권50, 열전10 궁예.
9) 鄭淸柱, 『新羅末高麗初 豪族硏究』, 一潮閣, 1996, 30쪽.
10) 朴漢卨, 「王建世系의 貿易活動에 對하여－그들의 出身究明을 中心으로」 『史叢』 10, 1965, 285쪽.

연결을 적극적으로 도모하기 위해[11] 패서도(浿西道)와 한산주 관내의 30여 성을 아우른 다음 송악으로 천도를 실행하였다.[12]

궁예의 송악 천도는 그 자신의 전략적 식견과 의지가 크게 반영된 결과였다. "선종(善宗)이 송악군을 한수 이북의 유명한 군으로서 산수(山水)가 기이하고 수려하다 하여 마침내 도읍으로 하는 것을 정하였다"[13]고 하는 기록은 이러한 사정을 말해준다.[14] 이는 궁예가 천도를 확정하기에 앞서 송악이 해상 교통에 유리하였던 점을 인식하고 있었음을 알려준다. 서해안을 따라 내륙 수로까지 양호하게 발달된 수상 교통망은 인간과 재화의 이동은 물론 조세 운송에도 유리하였기에[15] 궁예의 관심을 끌기에 충분했을 것이다. 역사적으로도 교통로와 교통수단이 발달하지 않았던 전근대 시기에 수상교통이 지닌 이점은 도읍을 선정하는 과정에서 중요한 고려 사항의 하나였다. 여러 차례의 논의 끝에 한양(漢陽)이 조선(朝鮮)의 도읍지로 선정될 수 있었던 가장 큰 이유 중의 하나도 수상교통이 잘 발달하여 조운(漕運)이 가능하였기 때문이었다.[16]

송악은 예성강과 한강 하류와 인접하여 수로를 이용할 수 있는 관계로 수상교통이 용이한 곳이었다.[17] 지속적으로 전쟁을 치러야만 하던 상황에서 병력과 군수물자를 신속히 운송할 수 있는 교통조건을 갖춘 지역을 도읍지로 삼는다는 것은 왕도(王都)가 주도하는

11) 鄭淸柱, 앞의 책, 1996, 199쪽.
12) 『三國史記』 권12, 효공왕 2년.
13) 『三國史記』 권50, 열전10 궁예. "善宗謂松嶽郡漢北名郡 山水奇秀 遂定以爲都".
14) 丁善溶, 「弓裔의 勢力形成 過程과 都邑 選定」 『韓國史硏究』 97, 1997, 47쪽.
15) 丁善溶, 위의 논문, 1997, 47쪽.
16) 『太祖實錄』 권1, 태조 3년 8월 경진.
17) 金庠基, 『高麗時代史』, 서울대학교출판부, 1985, 1~4쪽.

병참지원체계(兵站支援體系)를 구축할 수 있다는 점에서 크나큰 장점이 아닐 수 없다. 특히 양호한 수상교통이 갖는 이점은 육운(陸運)보다 월등히 빨라 경제적인 효용성이 높다는 점이다. 순풍을 받은 선박은 물건을 실은 마차보다 빠르고 사람의 힘도 훨씬 줄일 수 있다는 이점이 있다.[18] 또한 선박으로 운반할 경우에는 수송량이 다른 수단에 비해 월등히 높기 때문에 대량의 물자와 인력의 이동이 가능하다. 일례로 뗏목과 수레, 말, 사람의 적재량과 운반 속도를 비교한 연구 결과에 따르면 30 : 10 : 2 : 1의 비율로 뗏목의 적재량이 월등히 많고, 운반하는 속도 역시 동일한 비율로 뗏목이 빨라 싼 값에 많은 양을 운송할 수 있다고 한다.[19]

수운이 갖는 이런 경제적인 효과는 군사적인 측면에도 적용할 수 있기 때문에 수군활동을 전개 시에는 큰 효과를 볼 수 있다. 송악을 수군활동을 수행하는 전략거점으로 활용한다면 한산주 일대는 물론 한강 유역을 지속적으로 장악하면서 충청지방에까지 활동 반경을 확대하면서 지배 영역의 범위를 한층 넓힐 수도 있는 것이었다. 뿐만 아니라 바다를 통한 서해와 남해상으로의 이동이 가능하였기 때문에 원정작전을 계획한다면 후백제의 측면과 배후는 물론 서남해안 일대의 독립적인 공간에까지도 진출할 수 있었다. 궁예가 송악으로 천도한 이유는 바로 여기에 있었다.[20] 『고려사』의 기록을

---

18) 許進雄 지음·洪熹 옮김, 『중국고대사회』, 東文選, 1991, 337쪽.

19) 김창석, 『삼국과 통일신라의 유통체계 연구』, 일조각, 2004, 152쪽.

20) 송악으로 천도했지만, 궁예는 904년에 철원으로 도읍지를 변경하였다. 철원으로의 재천도에 대해서는 송악에 도읍하여 패서호족과 연합을 도모하였던 궁예가 이들로부터 견제를 받게 됨에 따라 패서호족과의 호족연합정치를 청산하고 측근세력을 키워 전제왕권을 확립하기 위한 목적에서 천도하였다는 등 여러 견해가 제기되었다. 鄭淸柱, 「弓裔와 豪族勢力」 『全北史學』 10, 1986, 21쪽 ; 申虎澈, 「後三國時代 豪族聯合政治」 『韓國史上의 政治

보면 왕건이 지휘한 수군이 매 출정 시마다 정주(貞州 : 경기도 풍덕)에서 출발하고 전함을 정비한 사실이 확인되는데,21) 송악과 가까이 위치한 정주를 수군활동 거점으로 삼아 적극 활용하였음을 보여준다.

송악 천도와 함께 궁예는 왕륭과 통일 왕조에 대한 방안을 논의하면서 송악을 그 중심 거점으로 삼자는 데 공감하였다.

> 世祖가 설득하여 말하기를, '대왕께서 만약 朝鮮과 肅愼, 卞韓 땅의 왕이 되고자 한다면 먼저 송악에 성을 쌓고 나의 장자로서 그 성주를 삼는 것만 같지 못합니다.' 궁예가 그에 따라 태조로 하여금 勃禦塹城을 쌓게 하고 곧 城主로 삼았다.22)

위는 송악 천도를 전후로 왕건의 아버지 왕륭(王隆 : 세조)이 궁예를 만난 자리에서 조선과 숙신(肅愼), 변한(卞韓) 땅을 지배할 수 있는 방책을 상주한 사실을 전한다. 왕륭의 건의는 조선의 영역이 평안도에서 만주(滿洲) 서남부 사이이고, 숙신이 함경도에서 만주 동북부에 이르며, 변한이 한반도의 남부였던 점에서23) 후삼국의 전 영역을 포함하는 가운데 고구려(高句麗)가 전성기에 장악하였던 옛 고토까지를 아우르는 통일 내용을 담고 있다.

왕륭이 건의한 통일 왕조에 대한 방안은 그 자신만이 의중에

形態』, 一潮閣, 1993, 159~160쪽 참조.

21) 『高麗史』 권1, 세가1 태조 양 개평 3년.

22) 『高麗史』 권1, 세가1 태조 건녕 3년 병진. "世祖說之曰 大王若欲王朝鮮肅愼卞韓之地 莫如先城松嶽 以吾長子爲其主 裔從之 使太祖築勃禦塹城 仍爲城主".

23) 이를 대후삼국통일 방안을 올린 것으로 이해하기도 한다(朴漢卨, 「弓裔의 渤海 收復意識」 『高句麗研究』 13, 2002, 188~189쪽).

품고 있던 독창적인 것은 아니었을 것이다. "대왕께서 만약에 조선과 숙신, 변한 땅의 왕이 되고자 한다면 먼저 송악에 성을 쌓고 나의 장자로서 그 성주를 삼는 것만 같지 못합니다"며 왕륭이 자신의 견해를 제시하자, "궁예가 태조로 하여금 발어참성(勃禦塹城)을 쌓게 하고 곧이어 성주로 삼았다"고 하는 조치를 취한 것을 보면 궁예 역시 왕륭의 방안에 공감하면서 송악을 중시하고 있었음을 말해준다. 비록 조선과 숙신의 영역까지도 포함한다는 점에서 다소 관념적인 통일 방안까지도 논의한 듯하지만, 천도를 전후하여 궁예가 후삼국통일을 지향하면서 송악을 그 중심 거점으로 인식했음은 주목해 볼 대목이다.[24]

이와 같이 태봉은 송악 천도를 계기로 수군활동을 전개할 수 있는 거점을 확보하는 한편, 왕건 가문을 비롯한 여러 해상세력들이 보유한 재력을 흡수하면서 해상전을 수행할 수 있는 역량을 갖출 수 있게 되었다. 이는 그동안 태봉이 세력을 확장해 오던 과정에서 보병과 기병에 의존해 왔던 방식과 달리 수군력을 이용할 수 있게 되었다는 점에서 군사력 운용의 획기적인 변화를 의미하는 것이었다.

이와 함께 궁예는 송악 천도를 전후하여 후삼국이 처한 형세를 주시하면서 정권이 지향해야 할 통일 방략에 대해 왕륭을 대표로 하는 호족세력들과 논의하였다. 이에 따라 통일의 영역적 범위와 실천 방향 등에 대해 공감대를 형성하고, 왕건으로 하여금 송악에

24) 이 시기 궁예와 왕건의 통일 구상에 대해서는 궁예가 조선과 숙신 지역을 포함하는 통일을 의도했음에 비해 왕건은 일찍부터 삼한 통합을 지향한 것으로 이해한 견해가 있어 참고된다(이재범, 「나말여초 '압록'의 위치 비정」『사림』 27, 2007, 113~114쪽).

발어참성을 쌓게 하는 등 송악을 통일왕조 건설의 중심 거점으로 삼는 작업을 추진하였다.

3. 나주 진출과 수군전략의 수립

태봉이 송악에 도읍하여 기반을 강화해 가는 동안 후백제 또한 그 세력을 한층 확대시켜 나아갔다. 완산주(完山州 : 전주) 점령과 함께 백제계승의식을 표방한 견훤(甄萱)은 효공왕(孝恭王) 4년(900) 후백제왕을 칭하고 관직을 설치하면서[25] 국가체제를 체계적으로 정비해 나갔다.[26]

후백제의 완산주 도읍은 처음 도읍하였던 무진주(武珍州 : 광주)로부터 북상을 의미하였던 점에서 태봉으로 하여금 남진 공략을 추진케 하는 직접적인 계기가 되었다. 궁예가 양길(梁吉)을 물리친[27] 다음 광주(廣州 : 경기도 하남)와 충주(忠州), 당성(唐城 : 경기도 남양), 청주(淸州), 괴양(槐壤 : 충청도 괴산) 등지를 평정한 것은[28] 최대한 남진하여 후백제의 북상을 억제하기 위한 것이었다. 따라서 양국간의 전선은 자연스럽게 충청지역을 중심으로 형성되었고, 태봉은 황해도 중남부 지역과 경기도 서남부 일대, 충청도 중북부에 이르는 영역을 확보하게 되었다.[29]

---

25) 『三國史記』 권50, 열전10 견훤.
26) 申虎澈, 『後百濟 甄萱政權硏究』, 一潮閣, 1983, 35~47쪽.
27) 『三國史記』 권12, 효공왕 3년 7월.
28) 『高麗史』 권1, 세가1 태조 광화 3년.
29) 김갑동, 『고려전기 정치사』, 일지사, 2005, 27쪽.

이 시기 태봉이 광주와 당성, 충주 지방을 평정한 것은 시사하는 바가 크다. 주지하듯이 이들 지역은 한강 하류와 남한강 유역에 위치한 요지로 삼국이 항쟁하던 시기부터 중시하던 지역이었다. 삼국 중에서 가장 열세했던 신라(新羅)가 통일을 이룩할 수 있었던 원동력도 바로 당항성을 차지한 뒤 당과 해상을 연결하는 교통망을 형성하고 외교·군사적인 협조관계를 수립할 수 있었기 때문이었다. 당성을 비롯한 이들 지역이 갖는 전략적 가치는 후삼국시대라고 해서 크게 달라질 것이 없었다. 따라서 태봉의 경기·충청지역 확보는 한강 하류 지역을 비롯한 서해상에서의 해상활동 기반을 굳건하게 하는 가운데[30] 보다 안정적으로 군사활동을 수행할 수 있게 되었음을 의미한다.

태봉의 청주 일대에 대한 확보 역시 군사적인 측면에서 중요한 의미를 갖는다. 그것은 청주와 괴양 일대가 태봉과 후백제가 대치하고 있던 경계선이면서 동시에 양국의 왕도를 상호 공격할 수 있는 최단 직공로에 해당하기 때문이었다.[31] 이는 태봉과 후백제간 왕도 방위에 대한 긴장감을 높여주는 한편, 정예 병력이 고정적으로 주둔하는 양상을 유발시켰을 것이다. 특히 이곳은 양국이 마주하던 최전방의 전초기지이자 완충 지역이었으므로[32] 수비 중심에 치중하여 전투행위는 적었지만,[33] 힘의 균형이 깨지지 않는 대치 국면이 장기간 지속되었을 것이다.

새로운 돌파구는 후백제의 신라 공격에 의해 마련되었다. 901년

30) 河炫綱, 『韓國中世史硏究』, 一潮閣, 1988, 27쪽.
31) 신성재, 앞의 논문, 2005, 167~168쪽.
32) 申虎澈, 『後三國時代 豪族硏究』, 개신, 2002, 349쪽.
33) 朴漢卨, 「高麗太祖의 後三國統一政策」 『史學志』 14, 1980, 56쪽.

(효공왕 5) 후백제가 신라의 대야성(大耶城 : 합천)을 공격한 것이었다.[34] 후백제가 대야성을 공격한 이유는 분명치 않다. 다만 마한으로부터 백제로 이어지는 역사 정통성을 확립한[35] 후 신라 방면으로의 진출을 시도해본 것이 아닌가 생각된다. 그러나 신라의 방위력은 견고했고, 견훤은 회군하던 길에 인접해 있던 금성(錦城 : 나주) 일대에 대한 공략을 감행하였다. 하지만 이 역시 독자성이 강했던 금성 일대 호족들의 저항에 부딪혀 성공하지 못했고,[36] 오히려 이들 호족들과 지역민들의 반발감을 높여주는 역효과만을 양산하였다.[37] 충청지역을 경계로 팽팽한 대치 정국이 형성된 가운데 후백제의 배후에 해당하는 금성 일대에서는 독자적인 세력이 활동하고, 후백제의 북상과 신라 방면으로의 진출을 억제하기 위한 군사활동이 요구되던 상황에서[38] 태봉은 수군을 이용한 나주 진출을 감행하였다.

> 천복 3년(903) 계해 3월에 (왕건이) 舟師를 거느리고 서해로부터 光州 경계에 이르러 錦城郡을 공격하여 빼앗고, 10여 군현을 공격하여 이를 취하였다. 이에 금성을 나주로 고치고 군사를 나누어 지키게 하고 귀환하였다. 이 해에 良州의 帥 金忍訓이 급히 고하자, 궁예는 태조에게 명하여 가서 구하게 하였다. 돌아오자 궁예가 변경 지방의 일에 대하여 물었다. 태조가 安邊拓境策을 말하자 좌우 모두 주목하였

34) 『三國史記』 권12, 효공왕 5년.

35) 趙法鍾, 「後百濟 甄萱의 歷史繼承認識－高句麗 및 百濟의 馬韓繼承認識을 중심으로」 『후백제 견훤정권과 전주』(전북전통문화연구소 편), 주류성, 2001, 375～388쪽.

36) 鄭淸柱, 「新羅末·高麗初의 羅州豪族」 『全北史學』 14, 1991, 8～9쪽.

37) 姜鳳龍, 「甄萱의 勢力基盤 擴大와 全州 定都」 『후백제 견훤정권과 전주』(전북전통문화연구소 편), 주류성, 2001, 111쪽.

38) 文秀鎭, 「高麗建國期의 羅州勢力」 『成大史林』 4, 1987, 18쪽.

다.[39]

위는 903년 3월에 궁예의 명을 받은 왕건이 나주 진출을 실행한 사실을 전하는 기록이다. 기록의 내용은 궁예의 명을 받은 왕건이 수군으로 나주를 공취한 사실과 김인훈(金忍訓)을 구원하고 돌아와 궁예에게 '안변척경책'을 상주한 사실을 전한다. 여기에서는 태봉의 수군전략 수립과 관련하여 그동안 왕건과 고려를 중심으로 해석해 온 나주 진출의 주체 문제를 합리적으로 해석하고, 왕건이 상주한 안변척경책을 통해 마련된 태봉의 수군전략에 대해 상론하기로 한다.

지금까지 태봉의 나주 진출에 대해서는 왕건이 일체를 주도적으로 수행한 군사작전으로,[40] 금성군 일대를 장악하기까지 왕건과 연대한 나주 및 영암 지역 호족세력의 호응과 협력이 크게 작용한 것으로 보아 왔다.[41] 왕건의 선대가 무역활동을 매개로 나주와 사전 연결되었을 가능성이 높고, 왕건이 나주에서 활동하는 수군을 실질적으로 지휘하였으며, 이 과정에서 나주 오씨와 결합하였던 점에서 이와 같은 이해 방식은 별다른 무리 없이 받아들여졌던 것 같다.

---

39) 『高麗史』 권1, 세가1 태조 천복 3년 계해. "三月 率舟師自西海抵光州界 攻錦城郡拔之 擊取十餘郡縣 仍改錦城爲羅州 分軍戍之而還 是歲 良州帥金忍訓告急 裔令太祖往救 及還裔問邊事 太祖陳安邊拓境之策 左右皆屬目".

40) 朴漢卨, 앞의 논문, 1965, 283～285쪽.

41) 申虎澈, 앞의 책, 1993, 49～50쪽 ; 文秀鎭, 앞의 논문, 1987, 14～15쪽 ; 金甲童, 『羅末麗初 豪族과 社會變動 硏究』, 高麗大民族文化硏究所, 1990, 102쪽 ; 鄭淸柱, 앞의 책, 1996, 150～151쪽 ; 姜鳳龍, 「羅末麗初 王建의 西南海地方 掌握과 그 背景」 『島嶼文化』 21, 2003, 361쪽 ; 문안식·이대석, 「왕건의 서남해지역 경략과 토착세력의 동향」 『한국고대의 지방사회－영산강유역의 역사와 문화를 중심으로』, 혜안, 2004, 351～352쪽.

하지만 이는 고려 왕조를 건국한 왕건을 중심으로 서술된 『고려사』의 기록을 있는 그대로 해석한 결과론적인 이해가 아닌가 싶다. 공취의 주 대상지로 나주를 선정하는 문제에서부터 실제 수군활동을 실행하기까지 전략의 수립과 승인, 왕건에 대한 수군지휘권 부여 등 원정작전을 수행하는 구체적인 사안에 이르기까지 궁예의 정치적 통제와 최종적인 재가를 통해 실행되었다는 사실에 주목할 필요가 있다.[42]

『고려사』의 기록을 통해 보더라도 왕건은 매번 출정할 때마다 궁예의 명을 받았고, 귀환 시에는 반드시 그 결과를 궁예에게 보고하였다.[43] 이런 사실에서 보아 903년의 나주 진출은 태봉정권의 거시적인 틀 속에서 정권이 지향하는 목표가 반영되어 계획된 군사활동으로 왕건은 수군전략을 수립하는 과정에서 중추적인 역할을 담당하면서 궁예를 보좌하였고, 또한 수군을 실질적으로 이끌고 원정작전을 수행한 장수로 이해함이 바람직할 것이다.[44]

다음으로 태봉이 수립한 수군전략의 내용과 의미에 대해 살펴보자. 위 기록을 통해 보듯이 궁예는 왕건으로 하여금 나주를 성공적으로 공취하게 한 뒤 여러 신료들과 함께 변경지대를 안정시키고 영역을 확장하는 방책을 논의하였다. 이 점은 왕건이 궁예에게 안변

---

42) 신성재, 『弓裔政權의 軍事政策과 後三國戰爭의 전개』, 연세대학교 박사학위논문, 2006, 43~44쪽.

43) 이 점은 왕건이 나주 진출을 마치고 귀환하여 보고한 사실과 909년, 914년의 출정에서도 확인된다.

44) 이러한 인식은 조인성의 선행 연구에서 언급된 바 있다. 즉 "금성 진출과 나주경영을 전반적으로 기획하였던 것은 궁예였다고 할 수 있을 듯하거니와, 왕건은 그것을 성공적으로 수행하였던 장군이었다고 평가된다(趙仁成, 「弓裔政權의 對外關係」, 『강좌 한국고대사』 4(韓國古代社會硏究所 편), 駕洛國史蹟開發硏究院, 2003, 388쪽).

척경책을 건의하자 신료들이 주목하였던 행위를 통해서 살펴볼 수 있다. 왕건이 제안한 안변척경책은 글자 그대로 변경지대를 안정시키고 영토를 확장시키는 방책과 관련되었을 것이다.[45] 그 구체적인 의미에 대해서는 후백제와 접경하고 있던 청주지방을 고려한 방책,[46] 왕건의 북진정책을 포괄하던 방책,[47] 수군을 이용한 후백제 배후공략책(後百濟背後攻略策)[48] 등이 제시된 바 있다. 최근에는 궁예에게 구원을 요청한 김인훈이 양주(良州)의 통치를 위해 신라 왕실이 파견한 도독(都督)이었을 가능성에 주목하여 신라와 우호적인 관계를 맺어나가면서 척경을 도모하는 방책이 포함되었을 것이라는 견해가 제기되기도 하였다.[49] 궁예가 비록 왕건이 제안한 친신라적(親新羅的) 성격의 방책을 수용하지는 않았지만, 그 자체를 부정한 것은 아니었고, 상주지역에 대한 공략을 비롯한 반신라정책(反新羅政策)으로 수용되었다고 한다.[50] 이 견해는 궁예가 안변척경책을 접한 뒤부터 반신라정책을 강화하고 상주 일대를 중심으로 대신라전(對新羅戰)을 전개한 점에서 그 타당성이 주목된다.

다만, 903년 태봉의 나주 진출 이후 한동안 잠잠했던 수군활동이 909년부터 지속적으로 추진되었던 점에서 보자면 왕건이 제시한 안변척경책의 내용에는 수군과 관련된 방책이 비중 있게 포함되었

---

45) 李基白, 「太祖 王建과 그의 豪族聯合政治」『高麗貴族社會의 形成』, 一潮閣, 1990, 17쪽.

46) 金甲童, 「高麗建國期의 淸州勢力과 王建」『韓國史硏究』 48, 1985, 41～42쪽.

47) 閔賢九, 『高麗政治史論－統一國家의 확립과 獨立王國의 시련』, 고려대학교 출판부, 2004, 68쪽.

48) 신성재, 앞의 논문, 2006, 47～51쪽.

49) 丁善溶, 「高麗 太祖의 對新羅政策 樹立과 그 性格」『한국중세사연구』 27, 2009, 129～135쪽.

50) 丁善溶, 위의 논문, 2009, 136～137쪽.

던 것이 아닌가 추정된다. 즉 왕건이 몸소 나주를 공취하기까지의 과정에서 경험한 해상 항로와 교통 조건, 지방사회의 현지 사정 등을 고려 시 수군을 운용하는 방안이 마련되었을 가능성이 있다. 특히 오늘날의 양산지방에 해당하는[51] 양주에서 위기에 처해 있던 김인훈을 구원하기 위해 남해상에서까지 수군활동을 벌였던 것으로 보아서는[52] 수군의 원정작전 능력과 전술적인 운용 가치를 고려하는 방안이 포함되었다고 보여진다. 다시 말해 나주 진출을 통해 수군활동의 효용성을 경험하였던 만큼 향후 군사활동을 추진함에 있어서는 수군을 적극적으로 운용하면서 정권이 지향하는 군사적인 목표를 달성하자는 내용이 반영되었을 것이다.

그렇다면 태봉이 이 시기에 수립한 수군전략에는 어떠한 내용이 포함되었던 것일까? 그것은 먼저 이제 막 진출한 나주를 후백제의 배후를 강력하게 위협하는 수군활동의 전략거점으로 구축하자는 내용이 반영되었을 것이다. 그런 다음 나주를 기반으로 서남해상에 대한 해상권을 장악해가면서 통일의 군사적 기반을 마련해가자는 내용이 포함되었을 것이다. 이 점은 이후 나주를 중심으로 수행된 수군활동과 후삼국통일 과정을 통해서 충분히 입증된다. 태봉의 수군활동이 후백제의 배후에 위치한 나주와 서해안 주요 도서지방을 중심으로 고려가 후삼국을 통일하는 순간까지 지속적으로 전개되고,[53] 935년(태조 18) 후백제왕 견훤이 나주를 통해 투항해 왔던

---

51) 文暻鉉, 「王建太祖의 民族再統一의 硏究」『慶北史學』 1, 1979, 76쪽.

52) 黃善榮, 『高麗初期 王權硏究』, 東亞大學校出版部, 1988, 60～61쪽 ; 류영철, 『高麗의 後三國 統一過程 硏究』, 景仁文化社, 2004, 31～33쪽. 남한강을 경유하여 구원하였다고 보거나(河炫綱, 앞의 책, 1988, 27쪽), 원거리 항해의 위험성으로 개성－서울－이천－진천－청주－보은－상주－대구를 잇는 육로를 이용하여 구출한 것으로도 본다(金甲童, 앞의 논문, 1985, 41쪽).

사실이[54] 그 근거이다.

한편 태봉의 수군전략에는 후삼국통일에 소요되는 재정과 재원을 확보하기 위한 내용도 포함되었을 것이다. 전쟁을 지속적으로 수행하기 위해서는 식량과 무기, 전투용 말, 소금과 같은 군수물자의 확보와 적시적절한 보급이 필수적이다. 당시 나주를 비롯한 서남해 도서지방은 이를 충족할 만큼의 물자가 풍족하게 생산되고 있었고, 해상 교통망 또한 내륙 깊숙이 양호하게 연결되어 있었다. 우왕(禑王) 14년(1388) 8월에 사헌부가 올린 상소문을 보면, "여러 섬에서 나오는 어염의 이익과 목축의 번성, 해산물의 풍요로움은 국가에서 없어서는 안될 것입니다. 우리 신성(神聖)이 아직 신라와 백제를 평정하지 못하였을 때에 먼저 수군을 다스려 친히 누선(樓船)을 타고 금성(錦城)에 내려가 그곳을 점령하니 여러 섬의 이익이 모두 국가의 자원으로 속하게 되었고, 그 재력으로 마침내 삼한(三韓)을 하나로 통일하였습니다"[55]라고 하는 의미심장한 구절이 나온다. 내용은 고려의 창업주 왕건의 수군활동과 후삼국통일의 의의에 초점을 맞추고 있지만, 고려가 신라와 후백제를 통합하기 이전 시기인 태봉 당대부터 나주를 후삼국통일을 지향하는 수군 거점으로 삼고, 전쟁재원을 확보하는 공간으로 적극 활용하였던 사정을 짐작케 한다.

이상과 같이 태봉은 나주 진출을 기점으로 수군을 적극적으로

---

53) 909~914년까지 나주에서 지속된 태봉의 수군활동과 927년 영창과 능식의 강주 및 남해안 일대에서의 수군활동, 929년 도통대장군 유금필(혹은 유검필로도 읽는다)의 나주탈환전 등이 그 직접적인 사례에 해당한다.

54) 『高麗史』 권2, 세가2 태조 18년 6월.

55) 『高麗史』 권82, 지36 병2 둔전 신우 14년 8월. "憲司上疏曰 諸島魚鹽之利 畜牧之蕃 海産之饒 國家之不可無者也 我神聖之未定新羅百濟也 先理水軍 親御樓船 下錦城而有之 諸島之利 皆屬國家資 其財力遂一三韓".

운용하여 후삼국통일의 기반을 마련해 가는 수군전략을 수립하였다. 그 내용은 나주를 후백제의 배후를 위협하는 수군활동 거점으로 구축하고, 서남해안 지방에 대한 해상권을 장악하여 통일전쟁의 군사적 기반을 마련해 가는 것이었다.[56] 또한 나주를 비롯한 서남해안 지방에서 생산되는 물자와 재원을 안정적으로 조달함으로써 국가 재정을 확충하고 통일의 경제적 기반을 강화하는 것이었다.

4. 서해 해상권 장악과 전쟁재원 확보

1) 서해 해상권 장악

태봉이 수립한 수군전략의 구체적인 실천은 수군을 운용하여 서해상에 대한 해상권을 점진적으로 장악해 나아가는 방식으로 실행되었다. 특히 후백제의 해상활동이 활발하게 진행되던 해역과 해상세력이 활동하던 공간을 중심으로 수군을 배치하여 이들의 대외 교섭능력을 약화시키고, 독자적인 활동을 제압하면서 해상권을 장악해 나가는 것이었다. 후백제가 파견한 대중국(對中國) 외교사절단의 해상 이동과 도서지방을 무대로 독자적인 해상활동을 벌이고 있던 해상세력들을 제압한 사례는 이를 말해준다.

---

56) 태봉이 수립한 수군전략에서 해상권 장악의 범위는 서해와 남해를 포괄하여 설정되었을 가능성이 있다. 하지만 당대 해상권 장악의 범위는 서해안 주요 해역과 도서지방에 미치는 수준이었을 것이다. 남해안으로까지의 확대는 고려 건국 이후에나 가능해진다.

양 개평 3년(909) 기사에 태조는 궁예가 날로 포학해지는 것을 보고 다시 외방 군무에 뜻을 두었는데 마침 궁예가 나주를 근심하여 태조로 하여금 가서 지키도록 하고, 관계를 올리어 韓粲 海軍大將軍으로 삼았다. 태조는 성심으로 군사를 위무하여 위엄과 은혜를 병행하니 사졸들은 그를 두려워하고 사랑하여 용기를 내어 싸울 것을 생각하였고, 적들은 그 기세에 위압되었다. 수군을 거느리고 光州 塩海縣에 머물렀다가 견훤이 吳越로 파견하는 선박을 노획하여 돌아오니 궁예가 심히 기뻐하며 褒奬을 더하여 주었다.[57]

위 기록을 통해 보듯이 909년 왕건이 지휘하는 태봉 수군은 염해현(塩海縣)이 위치한 해역을 중심으로 수군활동을 전개하였다. 염해현은 지금의 함평군 해제면 임수리에 비정되는 곳이다.[58] 이곳은 후백제가 오월국(吳越國)과의 대외 교류를 위해 해상활동 거점으로 삼아 활용하던 곳이었다.[59]

후백제가 사절단을 파견한 것은 오월국을 비롯한 남중국의 여러 나라들로부터 대외적인 정통성을 인정받아 국제적 위상을 고양시키는 한편, 돈독한 외교관계를 바탕으로 경제적인 이득을 획득하기 위한 것이었다.[60] 그러나 이러한 노력은 염해현 해역에서 활동하던

57) 『高麗史』 권1, 세가1 태조 양 개평 3년. "梁開平三年己巳 太祖見裔日以驕虐 復有志於閫外 適裔以羅州爲憂 遂令太祖往鎭之 進階爲韓粲海軍大將軍 太祖推誠撫士 威惠並行 士卒畏愛 咸思奮勇 敵境讐服 以舟師次于光州塩海縣 獲萱遣入吳越船而還 裔喜甚 優加褒奬".

58) 李海濬, 「新安 島嶼地方의 歷史文化的 性格」 『島嶼文化』 7, 1990, 66쪽.

59) 姜鳳龍, 「後百濟 甄萱과 海洋勢力－王建과의 海洋爭覇를 중심으로」 『歷史敎育論集』 83, 2002, 115쪽.

60) 권덕영, 「後百濟의 海外交涉 活動」 『후백제와 견훤』(충남대학교 백제연구소 편), 서경문화사, 2000, 142～147쪽.

태봉의 수군에 가로막혀 성공을 거두지 못했다. 이로 말미암아 후백제는 해외 교섭을 담당하는 창구가 막히게 됨으로써 해상을 통한 외교활동에 상당한 차질을 겪게 되었다. 이는 그동안 후백제가 오월국으로부터 칭왕(稱王)과 개국(開國), 관작(官爵) 등을 인정받아 왔던 점에[61] 비추어볼 때 상당한 정치·외교적 손실이었다. 결국 염해현을 비롯한 서해상의 주요 해역에 대한 해상권을 태봉 수군이 장악해 가던 상황에서 후백제의 대중국 해외교섭 활동은 상당히 위축되는 결과를 맞이하게 되었다.

태봉의 해상권 장악 노력은 독자적인 해상세력을 대상으로도 실행되었다.

> 드디어 광주 서남의 경계인 潘南縣 포구에 이르러 적의 경계에 첩보망을 늘어놓았다. 그때에 壓海縣의 賊帥 能昌이 해도에서 일어났는데, 수전을 잘하여 수달이라고 불리었다. 그는 망명한 이들을 모아 葛草島의 작은 도적들과 연결하여 태조가 오는 것을 기다려 해치려고 하였다. 태조가 여러 장수에게 말하기를, '능창이 이미 내가 오는 것을 알고 있으니 반드시 도적들과 변을 일으킬 것이다. 적도의 무리가 비록 적으나, 만일 세를 합하여 우리의 앞뒤를 막는다면 승부를 알 수 없다. 물에 익숙한 자 10여 인으로 하여금 갑옷을 입고 창을 들고 가벼운 배를 타고 밤에 갈초도 입구로 가서 음모하려고 왕래하는 자를 사로잡아 그 계획을 좌절시키는 것이 좋을 것이다.' 여러 장수들이 모두 그 말에 좇아 과연 한 척의 작은 배를 잡으니, 그가 바로 능창이었다. 태조가 그를 잡아 궁예에게 보냈더니, 궁예가

61) 『三國史記』 권50, 열전 견훤.

> 크게 기뻐하고 능창의 얼굴에 침을 뱉으며 말하기를, '해적이 모두 너를 영웅으로 추대하지만, 지금은 나의 포로가 되었으니 어찌 나의 계책이 신묘치 않은가' 하고 곧 여러 사람에게 보인 후 참하였다.[62]

위는 태봉 수군이 나주와 인접한 해역인 광주 반남현(潘南縣)[63] 일대에서 수행한 수군활동을 전하는 기록으로, 압해현(壓海縣)[64]을 중심으로 활동하던 해상세력 능창(能昌)을 포획한 사실을 전한다. 태봉 수군이 압해현에 기반을 둔 능창을 사로잡을 수 있었던 것은 반남현에 출입하던 능창의 해상이동 경로를 소상히 파악하면서 수군활동을 철저하게 수행하였기 때문이었다. 왕건이 제장들을 불러 모아 놓고 "능창이 이미 내가 오는 것을 알고 있으니 반드시 도적들과 변을 일으킬 것이다"라고 언급한 대목은 왕건이 사전에 능창이 이동하던 경로와 예상되는 변란의 형태, 세력의 규모 등을 파악하고 있었음을 의미한다.

태봉 수군에게 사로잡힌 능창은 '압해현의 적수'로 표현된 것처럼 압해현에서 영향력을 크게 행사하던 인물이었다. 이 인물에 대해서는 견훤의 부하로 보거나,[65] 독자적인 해상세력,[66] 견훤의 휘하세력

62) 『高麗史』 권1, 세가1 태조 양 개평 3년. "遂至光州西南界潘南縣浦口 縱諜賊境 時有壓海縣賊帥能昌起海島 善水戰 號曰水獺 嘯聚亡命 遂與葛草島小賊相結 候太祖至 欲邀害之 太祖謂諸將曰 能昌已知我至 必與島賊謀變 賊徒雖小 若并力合勢 遏前絶後 勝負未可知也 使善水者十餘人 擐甲持矛乘輕舫 夜至葛草渡口 擒往來計事者 以沮其謀可也 諸將皆從之 果獲一小舸 乃能昌也 執送于裔裔大喜 乃唾昌面曰 海賊皆推汝爲雄 今爲俘虜 豈非我神筭乎 乃示衆斬之".

63) 현재의 나주시 반남면 일대로 삼포강의 물줄기가 이곳을 통과한다.

64) 신안군 압해면 압해도에 해당한다.

65) 申虎澈, 앞의 책, 1983, 31～32쪽.

66) 鄭淸柱, 앞의 책, 1996, 154쪽 ; 姜鳳龍, 「押海島의 번영과 쇠퇴－고대·고려시기의 압해도」 『島嶼文化』 8, 2000, 42～44쪽.

으로 보면서 독립적으로 활동한 해적[67]으로 파악하는 등 여러 견해가 제기되었다. 아마도 능창은 원래 해적이었지만, 10세기 초 정치 상황의 변화에 따라 공리적 이념을 내세우면서 호족화한 해상호족이 아니었나 추정된다.[68] 이런 인물은 수전에 출중한 능력을 지니고 있으면서 또한 지역적인 영향력이 큰 관계로 포섭의 일차적인 대상이 아닐 수 없다. 포섭을 매개로 현지의 군사와 경제적 지원을 받을 수 있고, 현지민들의 협조도 이끌어낼 수 있기 때문이다. 그렇기 때문에 왕건은 사로잡은 능창을 직접 처결치 않고 궁예에게 호송하였다. 아마도 해상세력에 대한 포섭과 처리에 관한 방침은 수군활동을 계획하는 단계부터 절차가 마련되었을 것이다. 특히 이 시기 태봉의 수군전략이 후백제의 배후를 위협하면서 서해상에 대한 해상권을 장악하는 것이었던 만큼 독자적인 해상세력에 대한 포섭과 회유 노력은 적극적으로 시도되었을 것이다. 그러나 포섭 노력에 실패하였기 때문인지 궁예는 신료들을 모아 놓은 자리에서 능창의 존재를 비하하면서 참수하고 말았다.

궁예가 능창을 처형한 이유는 자신의 정권에 포섭되기를 거부하면서 저항하였기 때문일 것이다. 능창과 같이 규모가 큰 해상세력이 독자성을 고수하면서 지속적으로 활동을 전개한다거나, 후백제와 결탁하기라도 한다면 태봉 수군의 서해상에 대한 해상권 장악은 상당한 제약을 받을 수도 있는 노릇이었다. 그렇기 때문에 궁예는 여러 신료들이 지켜보는 자리에서 능창을 처형함으로써 나주와

67) 권덕영,「신라 하대 서·남해 海賊과 張保皐의 해상활동」『대외 문물교류 연구』창간호, 2002, 23~26쪽 ;「장보고와 동아시아 해역의 해적」『재당 신라인사회 연구』, 일조각, 2005, 299~300쪽.

68) 權悳永,「新羅下代 西·南海域의 海賊과 豪族」『韓國古代史研究』41, 2006, 316~329쪽.

서해상을 대상으로 수군활동을 지속적으로 추진할 의지를 표방한 것이었다.

이와 같이 태봉정권은 호의적인 해상세력들을 흡수하여 지지기반으로 삼는 한편, 독자성을 고수하는 세력에 대해서는 과감히 척결하면서 서해상에 대한 해상권을 장악해 나아갔다.

2) 통일전쟁의 재원 확보

전쟁의 시대에는 엄청난 양의 인적·물적 수요가 발생한다. 이는 태봉과 후백제, 신라가 상쟁하던 후삼국전쟁기라고 예외가 아닐 수 없다. 실례로 후삼국전쟁이 막바지에 다다른 934년(태조 17) 예산진(禮山鎭)에 행차한 자리에서 왕건이 내린 조서를 보면, "남자는 전부 군대(戎)에 나가고, 여자들까지도 부역(役)에 동원되어 고통을 참지 못한 수많은 백성들이 도망하여 산림에 숨거나, 관부(官府)에 호소하는 사례가 그 수를 헤아릴 수 없었다"[69]며 개탄해 하는 내용이 나온다. 병력 징발과 군수물자의 운송에 남녀를 불문하고 국가의 전 인민이 동원되던 상황이었음을 짐작케 한다.

태봉정권은 통일전쟁의 재원을 확보하기 위한 노력에도 수군을 적극적으로 운용하였다.

> 14년(1388) 8월에 憲司가 상소하기를, '여러 섬에서 나오는 어염의 이익과 畜牧의 번성, 해산물의 풍요로움은 국가에서 없어서는 안될 것입니다. 우리 神聖이 아직 신라와 백제를 평정하지 못하였을 때에

---

69) 『高麗史』 권2, 세가2 태조 17년 5월 을사. "幸禮山鎭 詔曰 … 由是 男盡從戎 婦猶在役 不忍勞苦 或逃匿山林 或號訴官府者 不知幾許".

먼저 수군을 다스려 친히 樓船을 타고 錦城에 내려가 그곳을 점령하니 여러 섬의 이익이 모두 국가의 자원으로 속하게 되었고, 그 재력으로 마침내 三韓을 하나로 통일하였습니다.'[70]

위는 고려의 사헌부(司憲府) 관리들이 우왕 14년(1388)에 왜구의 침탈로 말미암아 국토가 황폐해지고 국가 재정이 고갈되어 가던 문제에 직면하여 이를 해결하기 위해 올린 상소문의 내용 중 일부분이다. 이 상소문에서 주목되는 사실은 왕건이 나주를 비롯한 서남해 도서지방에서 벌인 수군활동이 고려의 후삼국통일에 군사·경제적 기반으로 크게 작용하였다고 인식한 점이다. 또한 그 계기가 태봉정권이 나주에 진출하던 시기부터 마련되었던 점도 주목해볼 대목이다. "우리 신성(神聖)이 아직 신라와 백제를 평정하지 못하였을 때에 먼저 수군을 다스려 친히 누선(樓船)을 타고 금성(錦城)에 내려가 그곳을 점령하니 여러 섬의 이익이 모두 국가의 자원으로 속하게 되었다"고 하는 기록은 태봉 치하에서 왕건이 수군활동을 벌여 확보한 물자가 국가 운영은 물론 후삼국통일의 전쟁재원으로 적극 활용되었음을 보여준다.

왕건은 918년 고려를 건국한 이후로는 친히 나주에서 수군활동을 벌인 적이 없다. 따라서 위 기록은 태봉이 처음 나주에 진출하던 903년 이후부터 시작된 전쟁재원 확보 노력이 고려로까지 계승·발전되었음을 반영하는 것으로 보아도 무방하다. 물론 태봉이 나주에 진출하여 어느 시점부터, 또한 어느 정도의 전쟁재원을 확보했는지는 구체적으로 단언하기 어렵다. 다만 903년 나주에 진출하여 전략거

70) 주55와 같음.

점으로 확보한 뒤 지방호족들의 협조가 진행되는 가운데 대민지배력이 강화되는 단계에서 한층 확대되었다고 보여진다. 아마도 그 시점은 911년에 금성군이 나주로 격상되고,[71] 912년에 발발한 덕진포해전(德津浦海戰)에서 태봉 수군이 승리하여 나주에 대한 지배권을 확고하게 장악하던[72] 시점부터가 아니었나 추정된다. 그리고 고려 건국 이후 나주도대행대(羅州道大行臺)가 설치되면서부터는[73] 더욱 확대된 형태로 추진되었을 것이다.

태봉이 통일전쟁의 재원으로 확보하는 데 비중을 둔 물자는 어염과 축목(畜牧)으로 표현된 것처럼 소금과 말이었다.[74] 인간의 삶에 있어 소금은 아주 이른 시기부터 생산되어 민간에 널리 유통된 생활 필수품이었다. 옥저를 복속한 고구려가 그곳의 주민들로 하여금 어염과 해중 식물을 천리나 떨어진 먼 거리까지 져 나르게 하여 소비하였던 것이나,[75] 고구려의 미천왕(美川王)이 아직 왕위에 오르기 전에 동촌(東村) 사람 재모(再牟)와 함께 압록강 일대에서 소금을 판매하였다고 하는 기록은[76] 소금이 고대국가 성립기부터 인간의

71) 『三國史記』 권50, 열전10 궁예.

72) 태봉과 후백제의 덕진포해전의 내용과 의미는 신성재, 앞의 논문, 2007, 65~92쪽 참조.

73) 『高麗史』 권1, 세가1 태조 원년 9월 계사. 나주도대행대의 설치와 운영에 대해서는 朴漢卨, 「羅州道大行臺考」 『江原史學』 1, 1985 ; 陰善赫, 『高麗太祖王建硏究』, 全南大學校 博士學位論文, 1995, 79~88쪽 ; 문안식·이대석, 앞의 책, 2004, 362~368쪽이 참고된다.

74) 가장 중요한 재원은 인간과 식량(곡물)일 것이다. 그러나 이는 기본적으로 태봉이 지배하던 전 지역에서 확보가 가능하였을 것이므로 별도의 논증은 생략한다. 나주를 비롯한 서해안 지방에서 주로 확보하였다고 보이는 소금과 전투용 말의 가치에 주목하고자 한다.

75) 『三國志』 권30, 위서 30 동옥저.

76) 『三國史記』 권17, 미천왕 원년.

생활에 필수품으로 활용되었음을 말해 준다.

소금은 전쟁기에도 중요한 군수 물자로 취급되었다. 삼국통일전쟁이 한창이던 661년(문무왕 1)의 기록을 보면 백제의 잔당들을 공격하러 갔다가 패전하여 웅진부성(熊津府城)에 갇힌 당군이 소금과 간장이 떨어지는 바람에 생명이 위급한 지경에 이르자 신라에 구원을 요청하였고, 소식을 접한 신라가 장정들을 모집하여 소금을 운송하여 구원해주었다는 기록이 있다.[77] 소금의 섭취가 군사들의 생명 유지에 절대적이었기에 급히 운송하여 구원하였던 것이다.

소금은 평상시의 군대 운영에서도 중요한 물자로 취급되었다. 신라 애장왕(哀莊王) 10년(809)에 서형산성(西兄山城)에 소금을 보관하는 창고(鹽庫)가 존재하였던 점은[78] 소금을 군사적인 용도로 활용하던 실상을 반영한다. 소금의 군사적 가치는 후삼국전쟁이 한창이던 당대에도 잘 나타난다. 신라말기에 벽진군(碧珍郡 : 경북 성주)을 지키던 이총언(李悤言)이 왕건에게 귀부한 경우가 그러하다. 왕건은 그의 귀부에 대한 포상으로 충주와 원주, 광주, 죽주(竹州 : 안성), 제주(堤州 : 제천)의 창고에 보관하던 곡식 2,200석과 소금 1,785석을 하사하였다.[79] 후백제가 점령하기 위해 혈안이었던 지역을 이총언의 도움으로 전투 없이 확보하였던 것에 따른 일종의 우대책이었지만, 소금을 곡식과 함께 내륙의 요충지에 비축·운용하였던 사정 속에서 그 군사적인 가치를 충분히 살필 수 있다.

소금과 함께 기병의 전투수단인 말 역시 전쟁을 수행하는 핵심 물자에 해당한다. 근대 이전의 전투에서 기병은 비록 단기일지라도

77) 『三國史記』 권7, 문무왕 1년.
78) 『三國史記』 권10, 애장왕 10년.
79) 『高麗史』 권92, 열전5 왕순식 부 이총언.

발휘되는 위력은 가히 대단한 수준이었다.[80] 기병이 조직적인 대열을 형성하여 평지에서 전투를 치를 경우 기병 1기는 보병 8인의 전력에 필적할 수 있고, 비록 산악 지형일지라도 보병 4인에 필적할 정도의 전투력을 발휘하였다고 한다.[81] 이런 점에서 보아 기병전에 필수적인 말을 생산하고 공급하는 목장의 확보는 무엇보다도 중대한 사안이 아닐 수 없다.

삼국시대 이래로 말은 도서지방에서 생산 및 공급되는 것이 일반적이었다. 신라의 재상가들이 바다 가운데 있는 섬에서 우마를 방목한 전례가 있고,[82] 847년 당에서 구법활동을 마치고 귀국하던 일본 승려 원인(圓仁)이 신라의 남계에 위치한 안도(鴈島)를 왕실의 말을 방목하던 섬으로 기록한 점은[83] 삼국시대 이래로 도서지방이 말을 생산하는 방목지로 적극 활용되어 왔음을 말해준다. 특히 서남해안 지방은 기후적으로도 겨울철에 춥지 않고 목초를 쉽게 얻을 수 있는 양호한 목축 환경을 갖추고 있었다.[84] 이런 조건으로 인하여 서남해의 해안 지방과 곳곳에 산재한 도서지방은 말을 사육하는 방목지로 적극 활용되었을 것이다. 이 가운데 도서와 내륙 연안이 인접하는 곳은 목장을 설치하기에 아주 적합한 곳이었다.[85]

---

80) 杉山正明 지음·이진복 옮김, 『유목민이 본 세계사』, 학민사, 1999, 34쪽.

81) 『六韜』 권6, 견도 균병55. 기병의 전투력에 대해서는 徐榮敎, 「張保皐의 騎兵과 西南海岸의 牧場」 『진단학보』 94, 2002, 58~64쪽 참조.

82) 『新唐書』 권220, 신라.

83) 『入唐求法巡禮行記』 권4, 회창 7년 9월 8일.

84) 『世宗實錄』 권33, 세종 8년 8월 8일 기사.

85) 김경옥, 『朝鮮後期 島嶼硏究』, 혜안, 2004, 68쪽. 조선시대의 목장 분포 상황을 적은 『增補文獻備考』에는 폐목장과 소재지 불명의 목장을 포함하여 총 172개소의 목장이 존재했던 것으로 나타난다. 이는 삼국통일 직후 신라가 왕실과 진골귀족들을 대상으로 재분배한 목장수 174개와 대등한 수치이다. 그런데 이 중에서 전라도에만 59개소의 목장이 존재하였고, 그 중 52개소가

전쟁기에 말을 방목하는 도서지방을 장악하여 안정적으로 군마를 조달하는 공급망을 구축한다는 것은 전쟁을 수행하는 군사·경제적인 측면에서 의미하는 바가 크다. 그것은 무엇보다도 점령한 지역으로부터 생산되는 군마를 공급받을 수 있는 체계를 마련한다는 점에서 자국의 전쟁 비용을 절감시키는 효과를 볼 수 있다. 나아가 해당지역과 지역민을 효과적으로 통제하여 지배력을 높일 수 있는 이점이 있다. 후백제가 932년(태조 15)에 예성강 수역을 습격하여 고려의 선박들을 불태운 다음 저산도(猪山島)에서 방목하던 말 300필을 약탈해간 사례와[86] 고려의 해군장군(海軍將軍) 영창(英昌)과 능식(能式)이 927년(태조 10)에 강주(康州 : 진주)까지 원정하여 인간과 물자를 포획해왔다고 하는 기록은[87] 각국이 전란의 시대에 인간과 말로 대표되는 재원을 확보하기 위해 수군을 적극적으로 운용하던 사정을 반영한다.

이상과 같이 태봉은 나주 진출을 계기로 수립한 수군전략에 의거하여 서해상에 대한 해상권을 장악하고, 나주와 인근 도서지역으로부터 생산되는 전쟁재원을 확보하면서 후삼국통일의 기반을 점진적으로 구축해나갔다. 그리고 이러한 과정을 통해 비축된 군수물자와 수군운용에 기반한 재원확보 방식은 고려 왕조로 계승되면서 후삼국통일의 군사·경제적 기반으로 크게 활용되어지게 되었다.

섬에 위치하고 있었다고 한다(高慶錫, 『淸海鎭 張保皐勢力 硏究』, 서울大學校 博士學位論文, 2006, 41쪽).

86) 『高麗史』 권2, 세가2 태조 15년 9월.

87) 『高麗史』 권1, 세가1 태조 10년 4월 임술.

5. 맺음말

철원에서 독자적인 정권을 수립한 궁예는 패서지역으로 세력을 확장하면서 왕건 가문을 흡수하고, 송악으로 천도하였다. 궁예가 송악으로 도읍을 옮긴 것은 서해안을 따라 내륙 수로에 이르기까지 해상 교통망이 양호하게 발달되어 있어 수군활동을 전개하기 유리하였기 때문이었다. 후삼국이 분립하여 상쟁 구도가 형성되던 상황에서 수군활동이 용이한 지역을 도읍지로 삼는다면 병력과 군수물자의 조직적인 운송은 물론, 보기병과 수군을 효과적으로 운용할 수 있기 때문에 전쟁을 주도적으로 수행할 수 있는 장점이 있었다. 궁예가 왕륭과 더불어 후삼국통일 문제에 대해 논의하고, 발어참성을 쌓는 등 송악을 전략거점으로 중시한 점은 그러한 배경하에서 이해된다.

태봉은 송악을 수군활동의 전략거점으로 삼은 뒤 나주 진출을 감행하였다. 나주 진출은 충청지역을 경계로 후백제와 대치한 정국에서 후백제의 북상과 신라로의 진출을 견제하고, 독자성이 강한 나주지역에 태봉의 영향력을 확대하기 위한 것이었다. 나주 진출에 성공한 뒤 태봉은 신라와 후백제에 대한 대응 방안을 중심으로 확보한 지역을 안정적으로 지배하고 영역을 확장하기 위한 포괄적인 방책을 마련하였다. 이른바 안변척경책이 그것으로, 이 방책에는 수군을 적극적으로 운용하면서 후삼국통일을 지향하는 수군전략이 포함되었다.

태봉이 수립한 수군전략의 내용은 나주를 후백제의 배후를 강력하게 위협하는 수군활동의 전략거점으로 구축하고, 이곳을 기반으로 서남해상에 대한 해상권을 장악해가면서 통일전쟁의 군사·경제적 기반을 마련하자는 것이었다. 태봉은 수군을 적극 운용하면서 서해상에 대한 해상권을 점진적으로 장악해 나아갔다. 후백제가 중국으로 파견하던 사절단을 포획하여 대중국 해외교섭활동을 약화시키고, 도서지방에서 활동하던 독자적인 해상세력을 제압한 성과 등은 태봉이 수군활동을 기반으로 서해상에 대한 해상권을 장악하였음을 말해준다.

이와 함께 태봉은 통일전쟁에 소요되는 군수물자와 재원 확보에도 수군을 적극 운용하였다. 대표적인 물자는 소금과 말이었다. 당시 나주로 통하는 서해안 연안지방과 도서지방에는 소금과 말이 풍부하게 생산되고 있었다. 태봉은 수군을 이용하여 이를 확보 및 운송하여 국가의 재원과 군수물자로 활용하였다. 고려말 사헌부 관리들이 왕건이 수군으로 나주를 공취하여 서해의 도서지방을 장악하고, 그곳으로부터 산출되는 해상 이익에 기반하여 후삼국을 통일하였다고 인식한 점은 태봉 당대부터 수립한 수군전략과 그것에 토대한 수군활동이 고려의 후삼국통일에 중대한 군사·경제적 기반이 되었던 사실을 반영한다.

나주 진출을 기점으로 수립한 수군전략에 의거하여 태봉은 서해상에 대한 해상권을 장악하고, 나주와 인근 도서지역을 대상으로 전쟁재원을 확보하면서 후삼국통일의 기반을 점진적으로 구축해 나아갔다. 그리고 이러한 방향으로 추진한 수군전략과 수군운용 방식은 이후 고려의 수군활동에도 발전적으로 계승되는 가운데 실질적인 후삼국통일을 가져오는 결과를 낳게 하였다고 생각된다.

어쩌면 고려 왕조가 건국 초기부터 12개의 조창을 중심으로 하는 조운체제(漕運體制)를[88] 구축할 수 있었던 배경에도 그 역사적인 연원을 추적하다 보면 통일신라와 후삼국시대를 거치면서 마련해

갔던 해상 교통망 확보 노력과 함께 인력 및 물자의 운송 경험 등이 축적되면서 제도적으로 정비되어진 것이 아닌가 여겨진다. 특히 서해 중북부와 남부를 잇는 해상항로와 중부 내륙수로는 태봉 정권 당대에 군수물자를 운송하기 위한 군사적 용도로 활용되면서 더욱 확대되고 발전되어간 것이 아닌가 추정된다.

88) 『高麗史』 권79, 지33 식화2 조운.

태봉과 후백제의 덕진포해전

1. 머리말

후삼국시대에는 태봉(泰封)[1]과 후백제(後百濟), 고려(高麗)와 후백제를 중심으로 크고 작은 전투가 빈번하게 발발하였다. 그리고 전투는 시간을 거듭할수록 더욱 격화된 양상을 띠고 전개되었다. 고려가 후백제에게 대패한 공산전투(公山戰鬪)와 공산전투의 설욕을 씻고 전세를 만회한 고창전투(古昌戰鬪), 후백제군과 마지막 결전을 치러 후삼국을 통일한 일리천전투(一利川戰鬪)는 널리 알려진 지상전의 사례에 해당한다.

한편 이 시대에는 지상전 못지않게 해상전 역시 치열하게 전개되었고, 후삼국이 대치하던 정국에도 중대한 전환점을 제공하였다. 궁예(弓裔)가 통치하던 912년에 발발한 덕진포해전(德津浦海戰)은 서남해역에 대한 해상권(海上權) 장악을 둘러싸고 태봉과 후백제가 벌인 이 시기 최대 규모의 해전이었다.

당시 전쟁은 태봉과 후백제간 죽령(竹嶺) 일대에서의 지상전이 일단락되고 점차 서남해안 지방으로 전장이 확대되면서 해상전으로 발전해 가던 상황이었다. 전쟁 양상이 해상전으로 확대된 이유는 태봉이 보기병을 동원하여 신라(新羅)로 통하는 접경지역을 공략하

---

1) 궁예정권의 국호를 말한다. 궁예는 건국 후 국호를 고려로 정하였다. 하지만 904년에 마진으로 고쳤고, 911년에 태봉으로 변경하였다.

였으나 후백제의 개입과 신라의 대응에 가로막혀 더 이상 진척이 없던 상황에서 수군을 이용하여 후백제의 배후를 견제한 뒤 신라를 압박해 들어가는 방향으로 군사전략을 변경하였기 때문이었다. 이러한 군사전략은 후백제에 대한 해상으로부터의 위협을 가중시키는 행위였으므로 궁극적으로는 양국 간 해상에서의 격돌을 예고하는 것이었다.[2)]

이와 같이 덕진포해전은 태봉이 서해안 지방으로 해상권을 확대하면서 후백제의 배후에 위치한 나주(羅州) 지방에 대한 지배권을 장악하는 데 결정적인 계기가 되었던 점에서 그 의의가 큰 해전이었다. 더구나 이 해전은 태봉과 후백제의 향후 전쟁전략과 후삼국의 정세 변화에도 직접적인 영향을 끼쳤던 점에서 전쟁사적으로 중요한 해전이었다.

하지만 이러한 중요성에도 불구하고 덕진포해전을 전론으로 다루면서 전쟁사적인 의미를 논한 성과는 찾아보기 어렵다. 대체로 수군사와 해전사, 해양사를 서술한 기왕의 논고들 속에서 간단히 소개되거나, 왕건(王建)이 나주에서 수행한 수군활동과 연계하여 간단히 언급되는 정도였다. 물론 전쟁사 및 해양사에 대한 관심이 높아지는 분위기 속에서 전략과 전술적 차원에서 이 해전에 관심을 보인 연구가 나오기도 하였다.[3)] 하지만 해전의 발발 시기를 비롯한 기초

---

2) 해전 발발 이전 전쟁의 추이, 태봉 수군의 나주 진출과 서남해안 지방에서의 해상권 확대 과정은 신성재, 「궁예정권의 나주진출과 수군활동」『軍史』 57, 2005, 161~194쪽 ; 신성재, 『弓裔政權의 軍事政策과 後三國戰爭의 전개』, 연세대학교 박사학위논문, 2006, 40~88쪽 참조.

3) 金州植·鄭鎭述, 「張保皐와 李舜臣 兩時代의 海洋史的 連繫人物 硏究－王建 海上勢力의 成長과 羅州海戰을 중심으로」『海洋硏究論叢』 25, 2001 ; 愼成宰, 위의 논문, 2005 참조.

적인 문제에서부터[4] 해전의 경과와 그 특징, 전쟁사적 의의 등 해전의 면모를 전반적으로 다루지 못한 아쉬움이 있다. 덕진포해전을 전쟁사적인 차원에서, 특별히 해전에 나타나는 전술적 측면에 주목하여 분석하는 이유가 여기에 있다.

이를 위해 우선 그동안 논자들 간에 다양한 견해가 제시되었던 해전의 시기에 대해 검토하면서 논의의 출발점을 삼고자 한다. 이어서 전술적인 관점에서 해전의 진행과 경과를 분석할 것이다. 해전 발발 이전의 양국 함대의 이동과 함대의 배치, 접근 및 실제 해전 단계에서 나타나는 양국 수군의 전술적 차이와 특징, 해전의 실상 등을 다룰 것이다. 이를 통하여 덕진포해전이 후삼국전쟁에 끼친 영향을 살펴보고 해전사적 의의를 조명해 보고자 한다.

2. 해전의 발발 시기

덕진포해전은 나주 지방으로 영향력을 확대하면서 후백제의 배후

---

4) 해전의 시기와 함께 해전의 장소, 태봉 수군을 지휘한 주체의 문제에 대해서도 심도 있는 검토가 필요하다. 해전의 장소에 대해서는 그동안 덕진포, 영산강 안쪽, 목포 안쪽 등 몇 가지 견해가 제시되었다. 필자 역시 현재의 영암 방면에 위치한 덕진포 지역을 주목하기도 하였다. 하지만 이는 추론에 불과하고, 상세한 재검토가 요망된다. 이 글에서는 해전의 실상과 현지 전승 설화를 종합적으로 고려하여 현재의 나주시 동강면과 무안군 몽탄면 일대로 비정한 문안식·이대석의 견해를 잠정 따른다(문안식·이대석, 『한국고대의 지방사회－영산강유역의 역사와 문화를 중심으로』, 혜안, 2004, 352~358쪽). 태봉 수군을 지휘한 주체에 대해서는 대부분의 연구자들이 왕건으로 이해하였으나, 최근 궁예가 친정하였음을 밝힌 최연식의 견해를 따른다(최연식, 「康津 無爲寺 先覺大師碑를 통해 본 弓裔 행적의 재검토」 『목간과 문자』 7, 2011, 203~215쪽).

를 압박해 가던 태봉과 이에 대한 위기의식을 느낀 후백제가 서남해역에 대한 해상권을 놓고 벌인 후삼국시대 최대 규모의 해전이었다. 이 해전은 태봉이 905년에 신라 공략을 목표로 죽령 일대의 지상전에서 우위를 확보하였지만, 후백제가 개입하여 일선군(一善郡 : 선산) 일대를 장악, 태봉의 육로를 통한 신라 진출이 실패로 돌아가던 현실에서 후백제의 배후를 압박하는 방향으로 군사력 운용전략을 변경하던 상황에서 비롯하였다.[5] 그 시기는 해전의 사실을 전하는 직접적인 기록을 통해 볼 때 912년에 발발한 것으로 보여진다. 하지만 이에 대해서는 그동안 논자들마다 다양한 견해가 제시되었다. 관련기록을 중심으로 해전이 발발한 시기에 대해 정리해보고자 한다.

① (909년) 여름 6월에 궁예가 장군에게 명하여 병선을 거느리고 珍島郡을 항복케 하였다. 또 皐夷島城을 깨뜨렸다.[6]

② 開平 3년(909) 己巳에 … 또 태조에게 명하여 貞州에서 전함을 수리한 후 閼粲 宗希, 金言 등을 부장으로 하여 군사 2천 5백을 거느리고 光州 珍島郡을 쳐서 함락시켰다. 다시 나아가 皐夷島에 머무르니 성안 사람들이 진용이 엄정한 것을 보고 싸우지 않고 항복하였다. 나주포구에 이르니, 견훤이 친히 군사를 거느리고 전함을 늘어놓아 木浦에서 德津浦에까지 이르렀다. 머리와 꼬리를 서로 물고, 수륙종횡으로 병세가 심히 성하였다. 제장들이 근심하기에 태조가 말하기를, '근심하지 마라. 군사가 승리하는 것은 和에 있지 衆에 있는 것이 아니다.' 이에 군을 급히 몰아

5) 이러한 방향으로의 태봉의 군사전략 변화는 愼成宰, 앞의 논문, 2006, 68~78쪽 참조.

6) 『三國史記』 권12, 효공왕 13년 夏 6월. "弓裔命將領兵船降珍島郡 又破皐夷島城".

공격하니 적선이 퇴각하였다. 바람을 타 불을 놓으니, 타죽거나 익사자가 태반이었다. 5백여 급을 참획하였으나, 견훤은 작은 배를 타고 달아났다. 처음에 나주 관내 여러 郡들이 우리와 떨어져 있고 적병이 길을 막아 서로 응원할 수 없었기 때문에 자못 동요하고 있었는데, 이때에 견훤의 정예부대를 격파하니 무리들의 마음이 모두 안정되었다. 이리하여 三韓의 땅에서 궁예가 大半을 차지하게 되었다.7)

③ (910년) 견훤이 몸소 步騎 3천을 거느리고 나주성을 에워싸고 열흘 동안이나 포위를 풀지 않았다. 궁예가 수군을 발하여 습격하니 견훤이 군사를 이끌고 물러났다.8)

④ 乾化 2년(912)에 견훤과 궁예가 德津浦에서 싸웠다.9)

위에서 열거한 사료는 덕진포해전이 발발하기까지 나주 해역에서 태봉이 벌인 수군활동을 전하는 『삼국사기』와 『고려사』의 기록이다. 기록을 통해서 보듯이 덕진포해전의 전황은 사료 ②를 통해 소상히 파악할 수 있다. 하지만 이 기록만으로는 해전이 정확히 어느 시기에 발생하였다고 단정짓기는 어렵다. 맨 앞 문장의 시작이 개평(開平) 3년, 즉 909년의 사실을 전하므로 그 연장선상에서 보자면 909년의 사건으로 이해할 수 있다.10) 여기에 더하여 사료 ①의 태봉

---

7) 『高麗史』 권1, 세가1 태조 양 개평 3년. "開平三年己巳 … 又使太祖修戰艦于貞州 以閼粲宗希金言等副之 領兵二千五百 往擊光州珍島郡拔之 進次皐夷島 城中人望見軍容嚴整 不戰而降 及至羅州浦口 萱親率兵列戰艦 自木浦至德津浦首尾相銜 水陸縱橫 兵勢甚盛 諸將患之 太祖曰 勿憂也 師克在和 不在衆 乃進軍急擊賊船稍却 乘風縱火 燒溺者大半 斬獲五百餘級 萱以小舸遁歸 初羅州管內諸郡與我阻隔 賊兵遮絶 莫相應援 頗懷虞疑 至是 挫萱銳卒 衆心悉定 於是 三韓之地裔有大半".

8) 『三國史記』 권12, 효공왕 14년. "甄萱躬率步騎三千 圍羅州城 經旬不解 弓裔發水軍襲擊之 萱引軍而退".

9) 『三國史記』 권50, 열전10 견훤. "乾化二年 萱與弓裔戰于德津浦".

수군이 진도군(珍島郡)과 고이도성(皐夷島城)을 공파하는 내용과 사료 ②의 앞 문단의 내용이 동일한 사건을 서술한 것이라는 점에서 본다면 909년의 사건으로 비정할 여지가 있다. 그러나 사료 ②의 진도 및 고이도성 공파 사실을 전하는 앞 문장의 내용과 덕진포해전의 실상을 전하는 뒷 문단이 연결된 형태만으로 양 사건을 동일한 시기에 발생한 사건으로 확신하기는 어렵다. 『고려사』 초기 기록을 보면 시기가 다른 기록들이 혼재되어 있는 경우가 제법 있다. 따라서 사료 ②의 기록만으로 덕진포해전이 909년에 발생한 사건이었다고 단정하기에는 무리가 있다.

한편 덕진포해전이 발발한 시기에 대해 909년이 아닌 910년에 발발한 것으로 비정한 견해도 일찍부터 제기되었다.[11] 이 견해에서는 912년에 덕진포에서 궁예와 견훤(甄萱)이 싸웠다고 전하는 사료 ④가 부정된다. 그 주된 근거로 견훤이 보기병으로 나주성(羅州城)을 공격한 사료 ③의 사건을 주목하였다. 즉 견훤이 나주성을 공격한 시점이 910년이었음에도 불구하고 2년이나 지난 뒤인 912년에 이를 구원하기 위해 군사작전을 실시했다는 것은 시간적으로나 논리적으로도 맞지 않다고 한다. 그렇기 때문에 견훤이 나주성을 공격해 오자 곧바로 궁예가 수군을 발한 사료 ③의 사건 자체를 덕진포해전으로 보았다. 그러나 912년에 덕진포해전이 발발한 것으로 기록된 사료 ④의 내용을 부정할만한 충분한 근거가 없다는 점에서 설득력

---

10) 金州植·鄭鎭述, 앞의 논문, 2002, 173쪽. 태봉의 수군이 “나주포구에 이르렀다”는 사료 ②의 기록에 주목하여 해전의 명칭을 ‘나주해전’으로 명명하였다.

11) 崔碩男, 『韓國水軍史硏究』, 鳴洋社, 1964, 76쪽. 이 글에서 처음으로 해전의 명칭을 덕진포해전으로 명명하였다. 해전의 시기에 대해서는 견해가 다르지만, 명칭에는 동의한다.

이 약하다. 비슷한 시기에 사료 ④의 기록을 주목한 견해가 있지만,[12] 기사가 워낙 간략하다는 이유만으로 해전의 전반적인 내용은 사료 ②를 중심으로 해석하였고, 해전의 시기 문제에 대해서도 뚜렷한 의견을 제시하지 않았다.

반면 위 기록을 모두 신뢰하여 덕진포해전을 909년과 912년에 걸쳐 별도로 벌어진 각각의 사건으로 보기도 한다.[13] 이 견해에 의하면 909년부터 혹은 그보다 한 해 전인 908년의 어느 시기부터 견훤이 나주 지역을 장악하고 있었기 때문에 궁예가 이를 근심하여 909년에 군사를 보내어 정벌토록 하였고, 912년에도 덕진포에서 궁예와 견훤이 전투를 벌였지만 별다른 성과는 없었다고 한다. 이와 비슷한 또 다른 견해에서도 별개의 사건으로 보았다.[14] 『고려사』의 기록인 사료 ②의 내용을 덕진포해전에 이르는 909년의 사건으로, 『삼국사기』에 기록된 사료 ④의 내용은 912년에 발발한 별도의 해전으로 해석한 것이다.

이러한 견해는 덕진포해전을 하나의 해전이 아닌 그 이상의 해전으로 파악하면서, 덕진포를 포함한 인근 해역에서 태봉 수군과 후백제 수군이 여러 차례 싸웠을 가능성을 제기한 점에서 의미가 있다. 하지만 전하는 사료를 그대로 신뢰하였거나, 비록 태봉과 후백제 간에 여러 번의 해상 대결이 있었지만 덕진포해전 만큼은 하나의 사건으로 해석할 가능성도 존재한다는 점에서 좀 더 검증할 필요가 있다.

---

12) 日野開三郎, 「羅末三國の鼎立と對大陸海上交通貿易(四)」 『朝鮮學報』 20, 1961, 79쪽.

13) 鄭淸柱, 『新羅末高麗初 豪族硏究』, 一潮閣, 1996, 152~156쪽.

14) 문안식·이대석, 앞의 책, 2004, 352~361쪽. 이 글에서는 해전의 명칭을 몽탄해전으로 명명하였다. 나주 방면으로 향하는 강줄기의 중간 지점에 위치한 몽탄을 해전의 발발 장소로 주목한 것이다.

그런데 이상과는 달리 사료 ②와 ④의 내용이 상이함을 이유로 다음과 같이 세 경우의 가능성을 제시한 견해가 있다.[15] 즉 사료 ②의 기록을 취신할 경우에는 909년의 사건으로 볼 수 있고, ④를 취할 경우에는 태봉 수군이 909년에 진도와 고이도 등의 도서지방을 확보한 다음 912년에 가서야 덕진전투를 승리로 이끈 것이며, 양 사료를 모두 취할 경우에는 태봉 수군이 909년에 대승을 거둔 덕진전투와 별도로 912년에 또 한 차례의 덕진전투가 있었던 것으로 볼 수 있다는 것이다. 이 견해는 해전의 발발 시기가 명확치 않은 상황에서 그 가능성을 여러 각도로 제시해 놓은 점이 특징적이다. 이후 후속 논문에서는[16] 사료 ④의 기록을 중시하였기 때문인지 그 시기에 대해 명확한 입장 표명 없이 대체로 912년의 시점으로 정리하고 있다.[17]

이와 같이 해전의 시점에 대해서는 전하는 기록을 바라보는 입장에 따라 909년, 910년, 909년과 912년의 두 차례에 걸쳐 발발한 해전과 같이 상이하게 이해되고 있다. 어떤 사료를 기준에 두고 해석하느냐에 따라 해전 발발의 연대 비정을 달리하고 있는 것이다. 그런데 입장에 따라 견해가 다른 시기 비정 문제의 경우에는 당대의 직접적인 사실을 기록한 사료가 무엇보다도 중요하다. 당시 전남 강진의 무위사(無爲寺)에서 주석하였던 형미(逈微) 대사의 행적이 기록된

---

15) 姜鳳龍, 「甄萱의 勢力基盤 擴大와 全州 定都」 『후백제 견훤정권과 전주』(전북전통문화연구소 편), 주류성, 2001, 113~114쪽.

16) 姜鳳龍, 「後百濟 甄萱과 海洋勢力－王建과의 海洋爭覇를 중심으로」 『歷史敎育論集』 83, 2002, 127쪽.

17) 姜鳳龍, 위의 논문, 2002, 126~127쪽 ; 姜鳳龍, 「羅末麗初 王建의 西南海地方 掌握과 그 背景」 『島嶼文化』 21, 2003, 354~355쪽에서는 '목포대전'으로 명명하였다.

「무위사선각대사편광탑비(無爲寺先覺大師遍光塔碑)」는 이러한 문제 해결의 실마리를 풀게 하는 열쇠가 아닐까 싶다.

형미는 장흥 보림사에 가지산문(迦智山門)을 개창한 체징(體澄)의 제자로 일찍이 왕건과 관계를 맺었고, 결국에는 궁예에게 죽임을 당한 고승이었다.[18] 그의 비문에 따르면 삼한(三韓)이 한창 시끄럽던, "9년(天祐 9 : 912) 8월에 전주(前主 : 궁예)가 북(北)□를 영원히 평정하기 위해 … 뱃머리를 일으켜 친히 거가(車駕)를 몰아가니 나주가 귀순하였고, 이에 군사를 포구와 섬 옆에 주둔시켰다"[19]고 전한다. 형미의 비문에 이러한 기록이 남겨질 수 있었던 배경에는 그가 무주(武州 : 광주)와 인접한 해변가에서 살았던 사실과 중국 유학을 마치고 난 905년(天祐 2) 6월 이후로 무주의 무위갑사(無爲岬寺)에 주석하면서 경험하였던 사건과 무관치 않을 듯싶다.[20] 덕진포와 가까운 곳에서 주석하였던 형미가 전해 들었던 전황들이 전승되어 그를 기념하는 탑비에 새겨 넣어지게 되었던 것이 아닌가 생각된다.

이처럼 당대의 생생한 경험을 토대로 작성하였기에 사건의 발발 시기에 대해서도 『삼국사기』 기록(사료 ④)에는 간략히 912년으로 표기된 데 비해, 비문에는 912년 8월로 보다 분명하게 명기될 수 있지 않았나 싶다. 형미의 업적을 기록한 금석문(金石文) 자료에 토대해 볼 경우 덕진포해전은 912년 8월에 발발하였을 가능성이 높다. 이는 912년에 발발한 것으로 기록한 『삼국사기』의 내용이 정확한 사실이었음을 의미한다. 이 점에서 근거가 부정확한 910년설

18) 崔柄憲, 「羅末麗初 禪宗의 社會的 性格」 『史學硏究』 25, 1975, 23쪽.

19) 한국역사연구회, 「無爲寺先覺大師遍光塔碑」 『譯註 羅末麗初金石文(上)』, 혜안, 1996, 171쪽. "至九年八月中 前主永平北□ □□□□ □□□ … 發舳艫親駈車駕 此時羅州歸命 屯軍於浦嶼之旁".

20) 한국역사연구회, 위의 책, 1996, 165~176쪽.

은 성립할 수 없다. 문제는 과연 909년 혹은 909년과 912년에 걸쳐 벌어진 해전으로 볼 수 있느냐 하는 점이다. 하지만 이 점 역시 『고려사』 기록의 연결된 특징만을 제외하고는 909년의 사건임을 만족시켜주지는 못한다. 마찬가지로 909년과 912년에 걸쳐 해전이 두 번 치러졌을 가능성 또한 희박하지 않았을까 싶다. 오히려 현장감이 높은 금석문의 기록은 한 차례에 발생한 사건이었을 가능성을 높여 준다. 910년을 전후로 태봉의 해상 위협에 직면한 후백제의 대응이 보기병을 중심으로 이루어진 사료 ③의 기록을 보더라도 덕진포해전이 발발하기까지 후백제의 수군활동은 제한적이었다. 태봉이 수군을 이용하여 해상 위협을 가중시키면서 서남해안 지방을 대상으로 해상권을 확대시켜 가던 상황에서 후백제의 수군을 이용한 대응은 제한적인 수준이었고, 추가적인 해상 대결 역시 발생하기 어려웠음을 반영한다.

금석문에 남겨진 기록과 『삼국사기』에 전하는 해전 발발 기록, 해전이 발발하기까지 전황의 추이 등에 의거하여 종합해 보건대 덕진포해전은 912년 8월에 단 한 차례 발발하였을 가능성이 높다.[21)]

3. 양국 함대의 이동

덕진포해전이 발발하던 912년 8월, 양국은 해전을 치르기 위한 사전적 조치로 함대를 덕진포 해역으로 이동시켰다. 먼저 후백제 수군의 이동 경로에 대해 살펴보자. 기존에 제기된 견해에 따르면

---

21) 金南奎, 「高麗의 水軍制度」 『高麗軍制史』, 陸軍本部, 1983, 225쪽에서는 해전의 명칭을 덕진포해전으로 명명하고 사건 발생 년대를 912년으로 보았다.

후백제 함대의 이동은 909년에 궁예가 진도군과 고이도를 점령하자(사료 ①), 이듬해인 910년에 견훤이 직접 보기병 3천을 동원하여 나주에 대한 포위 공격전을 전개하였고, 이에 대응하여 궁예가 수군을 발하여 구원함에 따라(사료 ③) 견훤이 나주성에 대한 포위 공세를 풀고 그 즉시 육로로 이동, 수군기지로 삼고 있던 목포에 도착하여 수군을 정비한 다음 태봉의 함대를 찾아 덕진포 방면으로 향해하였다고 한다.[22]

그러나 이 견해는 현재의 목포에 이미 후백제가 거점으로 활용하던 수군 기지가 위치하고 있었다는 가정에서 출발하기 때문에 근본적인 문제점을 안고 있다. 909년 이래 태봉이 주도하던 해상전의 추이를 통해서도 알 수 있듯이, 목포에 후백제의 수군 기지가 있었을 가능성은 거의 희박하다. 가령 그 존재 가능성을 인정한다고 하더라도 후백제 수군기지는 온전한 상태로 유지되지 못했을 것이다. 903년 나주에 진출한 태봉 수군이[23] 909년부터는 해상통제전(海上統制戰)을 본격적으로 전개하면서 해상권을 확대해 가던 상황이었으므로[24] 나주로 통하는 길목에 존재하던 후백제의 수군기지는 무엇보다도 우선적인 공격의 대상이 되었을 것이다. 나주로 들어서는 수로의 첫 관문인 목포수로 입구에 후백제군이 주둔하던 수군기지를 그대로 방치해둔 상태로서는 사실상 어떠한 수군활동도 불가능하기 때문이다. 따라서 그러한 해석은 근거를 수반하지 않은 추론에 불과할 뿐이다.

또 다른 견해에서는 903년 태봉의 나주 공취를 기점으로 그곳에

---

22) 崔碩男, 앞의 책, 1964, 76쪽.

23)『高麗史』권1, 세가1 태조 천복 3년.

24) 愼成宰, 앞의 논문, 2005, 178~183쪽.

대한 주도권은 태봉정권으로 넘어갔고, 이로 말미암아 후백제는 나주를 돌파하여 서남해 지방으로 진출하는 직공책 대신에 우회하여 침투해 들어가는 새로운 전략을 구상하였다고 한다.[25] 나주를 직접 통과하지 않고 고창－영광－함평－무안－목포로 이어지는 서해안 코스를 따라 남진하여 서남해 지방을 우회 침투하는 방향으로 공략의 방식을 선회하였다고 평가한 것이다. 이는 후백제가 전주로 천도하는 과정에서 광주 관할의 서남해안 지방인 고창으로 진출하였다는 견해에[26] 착안한 것으로 지상군의 이동 경로 역시 서해안을 따라 형성되었을 가능성을 시사한다. 그렇지만 이 또한 후백제 수군의 이동 경로를 시원스럽게 설명해 주지는 못한다. 후백제의 수군과 육군이 서남해안을 따라 병진한 것인지, 양군이 별도의 이동 경로를 거친 다음 약속한 지점에서 합류하여 해전을 치르기에 앞서 함대를 재편성한 것인지는 분명치 않다.

해전에 동원된 후백제 수군의 전함 확보 과정 역시 의문시된다. 전함을 건조하기 위해서는 상당한 양의 목재가 필요하고 선박을 건조하기에 적합한 특수한 공간이 요구된다. 물론 전함의 확보는 경우에 따라 일부 어업 및 상업용 선박을 징발하거나 이를 개조하여 충당하는 사례도 발생하였을 것이다. 그렇지만 대다수의 전함은 해전이 발발하기까지 새로이 건조하는 방식을 취했을 것이다. 이 점과 연관하여 변산(邊山)과 부안(扶安) 지방이 주목된다. 특히 이 중에서도 변산은 고려 왕조의 재목창이라고 불려질 만큼 각광을 받던 곳이었다. 1200년 경 변산의 벌목 책임자로 임명되었던 이규보(李奎報)가 "목재를 충당하기 위해 해마다 벌목을 하지만 나무가

25) 姜鳳龍, 앞의 논문, 2001, 112쪽.

26) 金壽泰, 「全州 遷都期 甄萱政權의 變化」『韓國古代史硏究』 13, 1999, 270쪽.

떨어지지 않는다"[27]며 국가의 재부(材府)로까지 극찬하였던 것은 이를 입증한다. 이처럼 나라의 목재 공급지로서 오랜 역사적 전통을 이어왔던 곳이었기 때문에 변산은 1274년(원종 15) 여몽연합군(麗蒙聯合軍)의 일본 정벌 시에도 조선용 목재를 공급하는 장소로 선정되었다.[28]

이런 점에서 변산과 인접한 부안은 선박을 건조하는 조선소로서 더할 나위 없이 좋은 입지적 조건을 갖춘 곳이었다. 풍부한 양질의 목재를 인접한 변산으로부터 공급받을 수 있으므로 조선소를 운영하기에는 안성맞춤인 지역이었다. 여몽연합군이 일본 원정을 위한 전함 건조지로 부안과 변산을 지목한 것도 바로 그러한 이유 때문이었다.[29] 조선소로서 갖는 이러한 이점은 특별히 몽고가 지배하던 시대에만 국한된 것은 아니었을 것이다. 덕진포해전이 발발하던 912년 당대에도 부안은 조선소로서의 양호한 입지적 조건을 갖추고 있었을 것이다.

후백제군은 910년대에 영산강 이북의 영광과 무안 등지에서 활동하고 있었다.[30] 따라서 그보다 북쪽에 위치하여 후백제의 지배를 받던 부안과 변산 지방은 후백제의 전함 건조 장소로 활용되었을 가능성이 높다. 이와 관련하여 부안이 과거에 조선소로 사용되었던 흔적이 발견된 점은 이러한 추정에 설득력을 높여준다. 전북 부안군 진서면 곰소 동편에 위치한 구진(舊鎭) 마을이 그곳으로, 1938년 마을 옆의 곰소항을 개설하는 매립 공사를 진행하던 과정에서 선박

27) 『東國李相國集』 卷23, 南行月日記. "十二月 奉朝勅 課伐木邊山 邊山者國之材府 修營宮室 靡歲不採 然蔽牛之大 干霄之幹 相不竭矣".
28) 『高麗史』 권27, 세가27 원종3 15년 6월 신유.
29) 朴亨杓, 「麗·蒙聯合軍의 東征과 그 顚末」 『史學硏究』 21, 1969, 69쪽.
30) 文秀鎭, 「高麗建國期의 羅州勢力」 『成大史林』 4, 1987, 17쪽.

건조에 사용되는 못탕목(깔이목)이 수없이 출토되었다고 한다. 이 출토물이 나온 구진 마을의 검모포진(黔毛浦鎭) 일대를 놓고 여몽연합군이 일본 원정을 위해 사용한 조선소의 흔적으로 판단한 견해가 있다.[31] 이는 매우 고무적인 견해라고 생각한다. 필자는 이 견해를 수용하면서 부안군 진서면 구진 마을의 검모포진 일대를 덕진포해전이 발발하기 이전에 후백제가 전함을 건조하고 수군을 조련하던 장소로 잠정 추정하고자 한다.[32]

이처럼 후백제는 부안 지방에서 전함을 확보한 다음 해전에 앞서 덕진포 해역으로 함대를 이동시켰을 것이다. 함대 이동은 기본적으로 부안을 출발하여 서해안 연안 항로를 따라 남진한 다음 덕진포 방면으로 이동시키는 방식이었을 것이다. "수륙종횡으로 병세가 심히 성하였다"고 표현된 기록에 등장하는 육군과 나주 관내 및 여러 군을 차단한 군사로 나타나는 '적병'의 존재(사료 ②)는 필경 후백제의 보기병이었을 것으로, 수군과는 별도의 경로를 이용하여 이동하였을 것이다. 아마도 그 경로는 분명치 않지만, 견훤이 910년에 "금성(錦城)이 궁예에게 투항한 것에 분노하여 보기병 3천을 이끌고 포위 공격하여 열흘 동안이나 풀지 않았다"[33]고 전하는 기록에 동원된 보기병력 3천이 이동한 경로와 유사하였을 것이다.

한편 후백제 함대와 비교하여 태봉 함대의 이동은 909년 진도군과 고이도성 점령 사건(사료 ①, ②)의 연장선상에서 파악한다. 즉 후백

---

31) 김형주, 『김형주의 부안이야기 1』, 밝, 2003, 205~217쪽.

32) 문안식·이대석, 앞의 책, 2004, 361쪽에서는 제해권을 상실한 후백제가 전주와 군산 일대에서 수군을 동원하여 서남해 지역으로 진출을 도모한 것으로 파악하였다.

33) 『三國史記』 권50, 열전10 견훤. "開平四年 萱怒錦城投于弓裔 以步騎三千圍攻之 經旬不解".

제군이 수군과 육군으로 나주를 포위한 상황에서 왕건이 후백제군의 해상봉쇄군을 역으로 포위하고[34] 진도와 고이도를 격파한 다음 나주 구원을 위해 영산강을 거슬러 올라갔던 것으로,[35] 진도군과 고이도성을 점령한 뒤 곧바로 해전을 위해 목포수로 입구로 진입한 것으로 보았다. 이 견해는 현재에도 별다른 이견 없이 받아들여지고 있다. 909년에 서남해역 중심 도서인 진도를 장악한 태봉 함대가 중심 도서인 압해도의 북쪽에 연접해 있는 고이도의 해상세력을 제압하면서 영산강 진군을 위한 사전적 조치를 취하였고,[36] 이를 토대로 영산강을 거슬러 올라가 나주세력과 합류하고자 하였다고 한다.[37]

그러나 태봉 함대가 고이도를 점령하던 909년에 이어 곧바로 덕진포해전을 치른 것으로 보기에는 문제가 있다. 덕진포해전은 앞서 논증하였다시피 분명 진도와 고이도를 점령하던 909년보다 3년이나 경과한 뒤인 912년 8월에 발발한 해전이기 때문이다. 따라서 909년에 진도와 고이도를 점령한 사건을 해전에 연결시키기보다는 태봉이 점령한 서해안 지방의 주요 군사적 거점을 대상으로 적정 규모의 군사력을 주둔시켜 수군활동의 거점을 확보하고 지역에 대한 지배력을 관철시키는 정책을 추진하면서 해전에 대비하였던 것으로 봄이 타당할 것이다. 진도와 고이도[38]가 나주 내항과 외해를

34) 日野開三郎, 앞의 논문, 1961, 79쪽.

35) 陸軍本部, 『韓國古戰史 2(中世篇)』, 1976, 18쪽.

36) 姜鳳龍, 「押海島의 번영과 쇠퇴－고대·고려시기의 압해도」 『島嶼文化』 18, 2000, 43쪽.

37) 姜鳳龍, 앞의 논문, 2001, 114쪽.

38) 압해도 방향에 위치한 전라남도 신안군 古耳島일 듯싶다(文秀鎭, 앞의 논문, 1987, 16쪽).

연결하는 전략적인 거점이었으므로 태봉정권은 이곳을 공취하던 909년 이래 일정 병력의 수군을 주둔시켜 놓고 군사기지로 활용하였을 가능성이 있다.

그렇다면 덕진포해전이 발발하기까지 태봉은 어느 도서를 수군의 전략거점으로 확보하여 활용하였던 것일까. 도서의 크기와 인구의 거주 능력, 경제적 기반, 후백제 수군의 남하 시 대응능력 등 경제·군사적인 측면에서 보아서는 고이도에 비해 그 후방에 위치하던 진도가 보다 유리한 조건을 갖추고 있었다. 물론 고이도 역시 전술적인 측면에서 크게 중시되었을 것이다. 왕산성(王山城)이라고 불리는 산성 시설이 있어 일찍부터 유력 세력의 근거지가 되었던 점과[39] 909년 태봉 수군이 고이도를 공취하던 시점에서 보이던 '성 안 사람들'[40]의 존재는 주거와 군사적 용도로서 고이도가 차지하던 위상을 반영한다. 이런 점에서 태봉은 909년 진도와 고이도 공취를 계기로 이곳 도서 지방을 수군활동을 수행하기 위한 전략기지로 활용하였을 가능성이 높다.

요컨대 태봉 함대는 덕진포해전이 발발하기 3년 전에 확보하여 전략기지로 삼았던 진도 혹은 고이도에 대기하면서 후백제 함대의 동향을 주시하는 한편, 병사들을 휴식시키면서 작전계획을 수립하였을 것이다.[41] 해상 작전이 고정된 전투 임무 이외에도 경우에 따라서는 전함 이동과 고르지 못한 해상기상과도 싸워야하므로 장거리를 항해해야 하는 수군에게 있어 그 피로도는 매우 컸을

39) 姜鳳龍, 앞의 논문, 2000, 34~42쪽.

40) 주7, 사료② 참조.

41) 金州植·鄭鎭述, 앞의 논문, 2001, 192쪽에서는 해전에 앞서 고이도에 주둔한 것으로 보았다.

것이다. 수군이 조직적으로 정비된 고려 중·후기의 경우를 보더라도 수군의 군역은 고역(苦役)으로 인식될 정도로 기피 현상이 매우 심각했다.[42] 태봉정권은 함대 이동시의 피로도가 해전에 영향력을 미치던 사정을 예상하였을 것이기에 곧바로 덕진포 해역으로 진입시키기 보다는 전략적 거점으로 확보한 진도나 고이도에서 머무르면서 휴식을 취한 다음 조수 시간에 맞추어 함대를 이동시켰던 것이다.

4. 배치와 접근, 해전

해전에 돌입하기에 앞서 양국 함대의 배치 상황과 접근 방식, 실제적인 해전의 전개 양상에 대해 살펴보자. 이에 대한 논의는 편의상 앞서 해전의 시기를 검토 시에 활용하였던 사료 ②의 내용 중 일부를 다시 한 번 인용하면서 이해를 돕고자 한다.

> 나주포구에 이르니, 견훤이 친히 군사를 거느리고 전함을 늘어놓아 木浦에서 德津浦에까지 이르렀다. 머리와 꼬리를 서로 물고, 수륙종횡으로 병세가 심히 성하였다. 제장들이 근심하기에 태조가 말하기를, '근심하지 마라. 군사가 승리하는 것은 和에 있지 衆에 있는 것이 아니다.' 이에 군을 급히 몰아 공격하니 적선이 퇴각하였다. 바람을 타 불을 놓으니, 타죽거나 익사자가 태반이었다. 5백여 급을 참획하였으나, 견훤은 작은 배를 타고 달아났다. 처음에 나주 관내 여러 郡들이 우리와 떨어져 있고 적병이 길을 막아 서로 응원할

42) 尹薰杓, 『麗末鮮初 軍制改革硏究』, 혜안, 2000, 73~77쪽.

> 수 없었기 때문에 자못 동요하고 있었는데 이때에 견훤의 정예부대를 격파하니 무리들의 마음이 모두 안정되었다. 이리하여 三韓의 땅에서 궁예가 大半을 차지하게 되었다.[43]

기록을 통해 보듯이, 해전에 임하는 함대의 규모는 후백제 함대가 수적으로 우위를 점하고 있었다. 후백제 함대의 군세가 "수륙종횡으로 병세가 심히 성하였다"고 표현된 점에서나, 제장들이 근심하기에 왕건이 "근심하지 마라. 군사가 승리하는 것은 화(和)에 있지 중(衆)에 있는 것이 아니다"고 말한 점은 수적으로 후백제군이 압도하던 상황임을 말해 준다. 해전에 참가하였을 전함을 척수로 환산한 견해에 따르면 태봉과 후백제의 함대 규모가 대략 80척 대 150척이었을 것으로 추산하기도 한다.[44] 이러한 추산은 909년 고이도 점령시에 참전한 태봉 수군의 병력이 2,500명인 점을 근거로[45] 척당 대략 30명이 승선하였을 것이라는 가정하에 계산한 것이다. 참가한 함선 숫자가 분명치 않고, 고이도 정벌과는 별개의 사건이라는 점에서 사실과는 차이가 있겠지만, 비슷한 시기 태봉 함대의 병력이 3천명 수준을 넘지 않고, 2년 뒤의 출정시에도 70여 척을 거느린 점과[46] 비교한다면 설득력이 있는 계산이다.

해전에 돌입하기 위한 함대 배치에서는 양자간에 뚜렷한 차이가

---

43) 『高麗史』 권1, 세가1 태조 양 개평 3년. "及至羅州浦口 萱親率兵列戰艦 自木浦至德津浦首尾相銜 水陸縱橫 兵勢甚盛 諸將患之 太祖曰 勿憂也 師克在和 不在衆 乃進軍急擊 賊船稍却 乘風縱火 燒溺者大半 斬獲五百餘級 萱以小舸遁歸 初羅州管內諸郡 與我阻隔 賊兵遮絶 莫相應援 頗懷虞疑 至是 挫萱銳卒 衆心悉定 於是 三韓之地 裔有大半".

44) 金州植·鄭鎭述, 앞의 논문, 2001, 189쪽.

45) 주7, 사료 ② 참조.

46) 『高麗史』 권1, 세가1 태조 건화 4년 갑술.

발생하고 있었다. “나주 관내의 여러 군(郡)들이 우리와 떨어져 있고, 적병이 길을 막아서 서로 응원할 수 없었다”는 기록으로 보아서는 진입하던 태봉 함대에 대해 후백제 함대가 보기병력을 이용하여 나주세력과 연결될 수 있는 지원 통로를 차단하고 기다리면서 해전에 대비한 것임을 추측해 볼 수 있다. 배후에서 발생할 수 있는 역공의 가능성 자체를 완전히 차단하여 상호 협공의 가능성을 없앤 상태에서 해전을 벌이겠다는 심산이었다. 그러나 해상 전투에는 그다지 자신이 없었던지 멀리서 보면 마치 뱃머리와 꼬리가 서로 물리는 모습처럼 전함들을 목포에서 덕진포에 이르기까지 장사진(長蛇陣)의 형태로 배치하였다. 이러한 배치 형태는 기본적으로 공격력에 주안점을 두기보다는 수비력에 치중하여 상대방을 포위하거나, 상대방의 선제 공격 시 이를 역공하여 궤멸시키기 위한 것이었다.

후백제군이 이처럼 장사진을 취하면서 육지와 근접한 쪽에 전함을 배치한 이유는 지상전에 강한 보기병력의 일부를 선발하여 수군으로 편성하였기 때문이었다. 후백제가 비록 중국 오월국(吳越國)에 선박을 파견할 정도로[47] 해상활동 및 해외 교섭능력면에서 우수하였지만, 해상작전을 원활히 수행할 수 있는 수군을 제도적인 차원에서 충실히 정비한 상태는 아니었다.[48] 그렇기 때문에 주력을 수군으로

47) 『高麗史』 권1, 세가1 태조 양 개평 3년. “太祖推誠撫士威惠並行 士卒畏愛 咸思奮勇敵境讋服 以舟師次于光州塩海縣 獲萱遣入吳越船而還 裔喜甚優加褒獎”.

48) 태봉 수군에 비해 후백제 수군이 열세적이었던 이유는 태봉과 후백제 공히 신라를 우선적인 공취의 대상으로 설정하고 이에 맞추어 군사전략과 군사력 양성을 추진하였기 때문이었다. 즉 신라를 둘러싸고 대립하던 형국에서 태봉이 신라를 공격하기 위해서는 후백제를 배후에서 견제할 수군이 필요하였음에 비해, 후백제는 육군 중심으로 신라를 공격하는 것이 전략적으로 이점이 많았다. 따라서 후백제는 육군 중심의 보기병체제를 중점적으로 운영하였고, 이는 상대적으로 수군의 열세를 초래하였던

로 편성하였지만 그 구성원의 다수는 해전을 전문적으로 담당하는 군사들만으로 충원하기보다는, 전황이 해상전으로 변화하던 현실적 필요성에 대응하기 위해 물에 익숙하고 싸움을 잘하는 자들을 선발하여 수군으로 편성한 것이었다. 해전 경험이 부족한 군사들로 편성하였기 때문에 자연히 함대의 배치는 배후에 육지를 두고, 종횡으로 전면에 겹겹이 두꺼운 방어망을 형성하여 수비력을 강화한 것이었다. 하지만 이러한 형태의 진형이 전함 상호간의 협공과 지원이 용이하도록 간격을 잘 유지하면서 배치되었던 것으로 보기에는 무리가 있다. 바람과 조류의 작용이 전함의 움직임을 끊임없이 강요하므로 견고한 대열을 유지하기는 어려웠을 것이다.

태봉 함대는 후백제의 수군 전력이 덕진포 방면에 집중적으로 배치된 정황을 파악하고 있었다. "군을 급히 몰아 공격하니 적선이 퇴각하였다"는 기록은 그러한 배치 구도를 간파한 자신감에서 나온 적극적인 공격 행위였을 것이다. 전력이 열세였던 상황에서 과감한 돌파력으로 기선을 먼저 제압한 것이지만, 후백제의 주력이 한쪽에만 집중된 상황과 그러한 구도의 배치가 갖는 약점을 잘 간파한 다음 선제공격을 감행한 것이었다. 이처럼 태봉 수군은 함대의 배치를 적의 중심에 대한 강한 공격력과 돌파력에 주안점을 두고 빠르고 강하게 타격하기 유리한 밀집대형[49]과 유사한 형태의 진형을 형성하였다. 돌파력과 파괴력이 장점인 밀집대형을 고수하면서 공세적

것이다.

49) 밀집대형이라고 하지만, 고대 그리스의 보병이 사용한 밀집대형을 의미하는 것은 아니다. 전함을 일정한 중심축을 기준으로 배치시킨 형태로, 속도와 간격, 거리를 유지하며 돌파력과 파괴력을 높인 진형을 형성한 것이다. 바람과 조류의 작용으로 정형화된 대형을 형성하기는 어려웠겠지만, 돌파력이 큰 대형을 형성하였을 것이다.

인 태도를 취하기에 유리한 풍상측에 위치하여[50] 조류와 바람의 속도를 활용한 빠른 공격을 계획한 것이었다.

해전은 공격력에 무게를 둔 태봉 함대가 빠른 기동력으로 견훤 함대로 돌진하면서 시작되었다. 고대 서양의 사례를 보면 전함이 한 줄로 늘어서서 돌진하면서 전함 중 최소한 몇 척이 적 함대 전열의 빈틈을 뚫고 들어가 측면과 후면을 보호하기 위해 선회하는 적함을 들이받아 격침시키는 공격법을 종종 사용하였다고 한다.[51] 그렇지만 전력면에서 열세적인 처지에 있던 태봉 함대는 우선적으로 적 함대의 초기 대응 속도를 둔화시키고 지휘부의 통제력에 혼란을 유도시키기 위해 중심부의 방어망을 집중적으로 공격하는 전술을 감행하였다. 태봉 함대의 중심부에 집중한 공격 전술은 효과를 보였다. 선두 중앙에 위치한 전열이 깨져버렸고, 몰려있던 전함들 간의 충돌 현상이 발생하면서 전방함과 중위함, 후방함이 뒤섞이는 상황이 연출되었다. 이러한 상황은 종축에만 국한하여 발생한 것은 아니었다. 횡축으로도 연쇄적인 충돌현상이 이어지면서 인접한 전함에까지 파상적으로 퍼져 나갔다.

일반적으로 풍하에 위치한 함대는 적을 공격하기 어렵기 때문에 방어적인 태도를 취할 수밖에 없는 단점이 있지만 함대의 진형 유지가 비교적 쉽다는 장점을 갖는다.[52] 그런데 이 해역에서는 바람과 조류의 작용이 강했던 모양이다. 후백제 함대의 대형이 제대로 유지되지 못하는 상황으로 이어졌고, 전후좌우로 충돌이 거듭되면

50) 알프레드 세이어 마한 지음·김주식 옮김, 『해양력이 역사에 미치는 영향 1』, 책세상, 1999, 41쪽.
51) 아더 훼릴 저·이춘근 역, 『전쟁의 기원』, 인간사랑, 1990, 113~114쪽.
52) 알프레드 세이어 마한 지음·김주식 옮김, 앞의 책, 1999, 42쪽.

서 급기야는 전함간의 간격도 밀착하게 되었다. 후백제군이 밀착한 상황을 포착한 태봉 함대는 진행 속도를 늦추면서 적 함대와의 간격을 벌려 놓았다. 이어서 후백제 함대 쪽으로 불어가는 바람을 이용하여 화공전(火攻戰)을 전개하였다.[53] 후백제군의 전함간 간격이 밀착되었던 상황이었기 때문에 화공전의 피해는 인접한 전함에 빠른 속도로 번져나갔고, 그 파급 효과는 통제하기 불가능한 지경에까지 이르게 되었다.

태봉 함대가 화공전을 주요 전술로 선택한 것은 무엇보다도 당시의 무기체계상 수상작전에서 사용할 수 있는 강력한 공격무기가 부족한 상황에서[54] 화공 전술이 해상전에서 일반적인 전술로 크게 활용되었기 때문이었다.[55] 고대 이래로 화공전은 풍향의 영향을 크게 받기 때문에 바람을 절대적으로 고려하는 전술로 인식되었다. 불이 잘 타는 날짜와 시간을 선택하고, 바람이 적의 방향 쪽으로 향할 때와 풍향에 대한 예측이 가능한 주간 중에만 사용한다는 병법상의 원칙과[56] 상풍(上風)과 상류에 위치하여 공격해야만 대승을 거둘 수 있다는 주전(舟戰) 수행 시의 원칙을 담은 중국 병서[57]의 내용은 그것을 잘 보여준다. 태봉 수군은 화공전을 전개함에 있어 요구되는 병법상의 이론을 토대로 덕진포 해역에 작용하는 바람의

---

53) 金州植·鄭鎭述, 앞의 논문, 2001, 189쪽에서는 바람 방향을 서풍 또는 서북풍으로 보았다.

54) 胡戟, 「中國 水軍과 白江口 戰鬪」『百濟史上의 戰爭』(충남대학교 백제연구소 편), 書景文化社, 2000, 346쪽.

55) 이를 북방 전술로 평가하기도 하지만(崔碩男, 앞의 책, 1964, 78쪽), 당대까지 해전에서 전통적으로 사용해 왔던 일반적인 해전 전술로 평가함이 바람직할 것이다.

56) 『孫子兵法』, 火攻篇第十二.

57) 魏汝霖, 『劉伯溫兵書註釋』, 黎明文化公司, 1985, 31쪽.

계절별 및 지형적 변화, 전함이 이동할 경우에 외력으로 작용하는 조류의 흐름 등과 같은 전술 지식을 소상히 파악하는 가운데 해전에 적용하였을 것이다.

태봉 함대가 화공용으로 사용한 무기에 대해서는 전하는 기록이 없어 단언하기 어려운 것이 사실이다. 후대의 기록이지만 고려(高麗) 인종(仁宗) 13년(1135)에 발발한 묘청(妙淸)의 반란을 진압하는 전투를 보면 반란군과 진압군이 화선(火船)과 화구(火毬)를 사용한 경우가 있다.[58] 그런데 화구는 당시의 전투에서 해상용이기보다는 육상 공성용 무기로 활용되었다.[59] 때문에 육상용으로 운용하던 무기를 곧바로 해상용으로 사용한 것으로 보기에는 무리가 있다. 발사 장치의 설치에 따른 전투원과 전투 무기의 탑재 제한은 물론, 화구를 발사할 수 있을 정도로 전투 공간이 보장되었는지, 발사 시 전함에 미치는 충격 등 전술적으로 적지 않은 문제가 발생한다. 물론 전함에 장착하여 공격하기 용이한 소규모로 개조한다면 문제가 달라질 수 있다. 그러나 당시의 기술적 수준이 그것을 뒷받침할 수 있을 정도였는지 의문이 든다.

이에 비해 화선은 적군과 조류의 움직임을 파악하기 용이한 임의의 장소에서 공격용 무기로 사용할 수 있는 장점이 있다. 다만 수상으로부터 공격을 감행하는 입장에서 본다면 화선을 장시간 동안 이동시켜야 하는 번거로움이 따른다. 이 때문에 장시간 해상작전을 수행하는 경우에는 전술적으로도 불리한 면이 없지 않다. 그러나 서경(西

58) 『高麗史』 권98, 열전11 김부식.

59) 화구에 대해서는 화약병기가 아닌 재래의 화공용 무기로 보는 것이 일반적이지만 이견도 있다. 이에 대한 여러 견해는 許善道, 『朝鮮時代 火藥兵器史研究』, 一潮閣, 1994, 5~12쪽 참조.

京)의 반란군이 공격한 방식처럼 소형 선박을 화선으로 사용한다면 가능할 수 있다. 화선용 선박을 이동시키는 데 따르는 불편함은 전함의 선미에 매달아 끌고 다닌다면 그다지 문제될 것이 없다. 이 점은 비슷한 시기 비잔틴 제국의 화공전의 사례에서 보이는, 함선들마다 선미에 불이 활활 타오르는 단지를 매달아 근접해 오는 선박들을 대상으로 화공전을 전개하였던 전술과도[60] 흡사한 면이 있어 흥미롭다.

한편 1019년(현종 10) 여진족에게 납치되었다가 고려의 수군에 구출된 일본 여인 석녀(石女)가 경험한 기록에는 고려의 전함 및 해전 전술과 관련하여 다음과 같은 흥미로운 내용이 전한다.

> 5월 중순 무렵 고려국의 병선 수백 척이 적을 습격하였다. 이에 해적들이 힘을 다해 싸웠으나, 고려의 기세가 맹렬하니 감히 상대가 되지 않았다. 고려국의 병선은 선체가 크고 높고 兵仗도 많이 보유하고 있었다. 배를 뒤집고 사람을 죽이는데 적도들이 그 맹렬함을 감당할 수 없었다. 포로가 된 사람들은 배 안에서 죽임을 당하거나 혹은 바다에 뛰어들었는데, 石女 등도 함께 바다로 뛰어들어 표류하였다. 이에 전투는 자세히 보지 못하였다. 얼마 후 고려의 전함에 구조되었다. 구조된 배 안을 보니 광대하기가 다른 배에 비할 바가 아니었다. 2층으로 만들어져 위에는 櫓를 세우고 좌우에는 각각 4개의 枝가 있고, 別所에는 노를 젓는 水手 5·6인이 있었다. 所所는 병사 20여 명 정도가 들어가는 넓이인데, 이곳에는 노를 걸어놓지 않았다. 또

60) 라이오넬 카슨 지음·김훈 옮김, 『고대의 배와 항해 이야기』, 가람기획, 2001, 167~172쪽.

> 한쪽 방향에는 7·8개의 지가 있었다. 선면에는 鐵角이 있었는데, 적선과 충돌하여 파괴하는 장치 같았다. 배 안에는 여러 가지 기구가 있었는데, 철로 만든 갑주와 크고 작은 鉾와 熊手 등이었다. 병사들은 각기 전문화된 무기를 들고 있었고, 또 大石을 두어 적선을 파괴하는 데 사용했다. 다른 배들도 장대하기가 이와 같았다.[61]

석녀의 기록에서 특히 주목되는 점은 철로 만든 뿔과 유사한 모양의 '철각(鐵角)'과 선박 안에 비치해둔 '대석(大石)'의 존재이다. 아마도 이들 무기 중 철각은 적선과 충돌하여 파괴할 목적으로 고안한 파괴용 무기일 것이고, 대석은 선박을 수직으로 내리쳐 깨뜨리거나 인명을 살상하는 용도로 사용된 무기였을 것이다.[62] 중국 수나라의 양소(楊素)가 만든 오아함(五牙艦)의 공격 무장을 보면 적함을 높은 곳에서 타격할 수 있도록 박간(拍竿)을 전후좌우에 여섯 개를 설치한 것이 특징적이다.[63] 아마도 이 무기 역시 고려 현종대의 사례와 같이 그 외형적 형태로 보아 무거운 물체를 박간의 끝에 매달아 내리치는 방식으로 선박에 타격을 가하여 충파시키거나

---

61) 「寬仁三年七月十三日 內藏石女等解申進申文事」(張東翼, 『日本古中世日本資料硏究』, 서울대학교출판부, 2004, 88쪽). "五月中旬之比 高麗國兵船數百艘襲來擊賊 爰賊人等勵力雖合戰 依高麗之勢猛 無敢相敵之者 卽其高麗國船之體高大 兵仗多儲 覆船煞人 賊徒不堪彼猛 船中煞害所虜之人等 或又入海 石女等同又被入海浮浪 仍合戰案內 不能見給 無幾有高麗船扶了 卽□勞所令蘇生也 … 但見被救乘船之內 廣大不似例船 □造 二重 上立櫓 左右各四枝 別所漕之水手五六人 所乘兵士二十餘人許 不懸檝 又一方七八枝也 船面以鐵造角 令衝破賊船之料也 舟中儲雜具 鐵甲冑·大小鉾·熊手等也 兵士面面 各各執特之 又入大石打破賊船 又他船長大已以同前".

62) 대석의 용도는 林容漢, 「고려후기 수군 개혁과 전술변화」『軍史』54, 2005, 275쪽의 견해처럼 투석기를 이용하여 발사하였거나, 대형의 노에 사용되었을 가능성도 배제할 수 없다.

63) 『隋書』 권48, 양소. "造大艦 名曰五牙 上起樓五層 高百餘尺 左右前後置六拍竿".

선상의 전투원을 살상하는 용도로 사용되었을 것이다. 혹자는 이를 두고 당대의 주요 군선으로 활약한 해골선(海鶻船)에 장착하여 화공전을 기도한 것으로 추정하는가 하면,[64] 화공전은 물론 타격 용도의 사용마저 부정하기도 한다.[65]

그러나 고대 중국의 경우나 고려 현종대의 전함에 장치된 장비의 형태나 무기체계의 특성으로 보아서는 발사용이기보다는 타격용 무기로 사용되었을 가능성이 높아 보인다. 이런 점에서 필자는 화구의 사용보다는[66] 재래의 기름을 이용하여 발화력을 높인 화시(火矢 : 불화살)와 같은 화공 무기와 화선을 병행하였을 가능성에 무게를 두고자 한다. 따라서 무기체계가 갖은 이런 특징면에서 후삼국시대의 해전 수행방식의 발전 단계를 논해보자면 활과 화살과 같은 중·단거리 무기를 이용한 공격, 철각과 대석을 이용한 근접 충파전술, 지상전투와 흡사한 방식의 선상전투 등이 복합적으로 어우러지는 전통적인 전술을 구사하던 단계였음을 알 수 있다. 이 점은 중세 초기의 해전 수행방식이 기본적으로 화약무기와 같은 원거리 공격 무기체계로 발달하기 전까지는 고대적인 성격을 띠고 있었음을 의미한다.

후백제 함대는 태봉 함대의 바람을 이용한 화공전으로 말미암아 막심한 피해를 입었다. 후백제 수군도 해전에서 화공전이 단연 중요한 전술이었음을 인지하였을 것이기에 당연히 그것을 이용하여 공격할 계획을 세웠을 것이다. 그러나 해전이 발발하던 주변 해역의 시간대별 조류의 방향이라든지 바람의 방향과 같은 해양기상정보를

---

64) 卞麟錫, 『白江口戰爭과 百濟·倭 관계』, 한울, 1994, 21쪽.
65) 胡戟, 앞의 논문, 2000, 355쪽.
66) 金州植·鄭鎭述, 앞의 논문, 2001, 190쪽.

정확히 파악하지 못하였기 때문에 화공 전술을 미처 사용해보지도 못하고 궤멸된 것이었다.[67] 이처럼 해전의 승패에 결정적인 영향을 미치는 전장 환경을 제대로 파악치 못한 전술적 오류로 야기된 문제는 해상에서 전세를 전환할 수 있는 기회마저도 허락치 않고, 속수무책 당할 수밖에 없는 상황을 야기시켰다. 그 뿐만이 아니었다. 초전에 기선을 제압당한 후백제군은 지휘통제의 혼란으로 말미암아 처음부터 구상했던 보기병과의 협공도 수행하지 못했다. 결국 후백제 수군을 지휘하던 견훤은 가까스로 얼마간의 병력만을 추스른 뒤 작은 전선을 타고 간신히 도망칠 수밖에 없었다.

이와 같이 후백제군은 덕진포해전에서의 패배로 말미암아 수군활동에 극심한 타격을 입게 되었고, 배후인 나주와 서해상에 대한 해상권을 상실하면서 수륙군의 군사활동이 위축되기에 이르렀다. 이에 반해 태봉정권은 서해상에 대한 해상권을 완전히 장악하면서 후백제의 배후를 압박할 수 있게 되었고, 수군을 이용한 군사활동을 보다 적극적으로 추진해나갈 수 있는 기반을 갖추게 되었다.

5. 맺음말-해전의 결과와 영향

덕진포해전의 결과는 후삼국이 대치하던 정국에 새로운 정세 변화를 수반하였다. 무엇보다도 태봉은 해전에서의 승리를 계기로

67) 근대 이전의 해전에서 해상기상(바람, 조류)은 매우 중요한 전술 정보에 해당한다. 663년에 발생한 白村江(白江)戰에서 일본군이 당군에게 패배한 원인 중의 하나도 기상을 관측하지 않았기 때문이었다. 『日本書紀』 권27, 천지천황 2년 8월 참조.

후백제의 배후인 나주 지방에 대한 지배력을 실현할 수 있게 되었다. 물론 태봉과 나주와의 관계는 903년 나주 진출 이후로 지속적인 지배력 강화 노력에 의해 910년에 이르러서는 태봉에 귀부할 정도로 밀착 관계를 형성한 상태였다. 하지만 여전히 변화무쌍한 전쟁기의 상황에서 나주 지방과 지역민의 동향은 불확실한 상태의 연속이었다. 태봉과 후백제간 군사력의 우열관계가 뚜렷하게 결정되지 않은 상황이었으므로, 후삼국의 군사적 지형이 어떻게 변동하느냐에 따라 정치적 입장 역시 변화될 가능성이 높았다. "처음에 나주 관내의 여러 군이 우리와 떨어져 있고 적병이 길을 막아 서로 응원할 수 없었기 때문에 자못 동요하고 있었는데, 이때에 와서 견훤의 정예로운 군사들을 격파하니 무리들의 마음이 모두 안정되었다"고 하는 기록은[68] 나주의 현지 분위기가 오랫동안 유동적인 상황이었고, 해전의 결과 여부에 따라 정치적 향배를 저울질하던 사정을 잘 보여준다.

이처럼 덕진포해전이 발발하던 시점에도 나주 현지인들의 정서는 유동적인 성격을 띠고 있었다. 따라서 힘의 우열 관계가 깨지기라도 한다면 지금까지 태봉과의 관계를 청산하고 후백제를 지지하는 방향으로 입장을 선회할 수 있는 노릇이었다. 그러나 태봉 수군의 승리는 이러한 군민의 불안감을 해소시키는 한편으로 지배권의 변동 가능성을 일축하였다. 이로 말미암아 태봉은 나주 지방을 실질적으로 지배하기에 이르렀고, 나주민 또한 그러한 지배를 현실적으로 수용하면서 태봉이 지배하는 지방으로 편입할 수 있게 되었다. 이는 왕건이 집권하는 고려 왕조로도 이어졌다. 918년 정권을 장악한

68) 주7·43 참조.

왕건은 중앙정부와는 별도의 민사·군사·행정을 담당하는 나주도대행대(羅州道大行臺)를 설치하면서 지방지배의 제도화를 위한 후속작업을 단행하였다.[69] 종국에는 나주를 경유하여 후백제의 왕 견훤마저 입조(入朝)하면서[70] 통일을 달성하고 후삼국전쟁 역시 종식되기에 이른다.

덕진포해전은 태봉과 후백제 양국간 군사전략의 방향과 후삼국전쟁의 향배에도 결정적인 영향을 끼쳤다. 일차적으로 후백제는 수군력에 심대한 타격을 입은 가운데 서해안 지방에 대한 해상권을 상실하였기 때문에 수군활동에 의존한 군사활동은 얼마간은 보류해야만 했다. 때문에 929년(태조 12) 수군으로 나주로 통하는 해로를 장악하여 고려의 수군활동을 통제하거나,[71] 932년(태조 15) 예성강 수역에 침투하여 고려의 선박 100여 척을 불태우는 등 해상공략을 재개하기까지는[72] 보기병력에 의존한 군사활동을 전개할 수밖에 없는 군사전략상의 변화가 수반되었다. 이에 반해 수군의 활약상과 그 가치를 경험한 태봉은 후백제의 배후를 공략해 들어가는 군사전략을 지속적으로 추진할 수 있게 되었다. 해전 이후로도 수군을 중시한 군사 활동을 계속하면서 전함 100여 척을 증치하여 수군 전력을 강화한 조치는[73] 태봉이 후삼국전쟁을 수행함에 있어 이후로도 수군에 기반한 군사활동을 적극적으로 실천하겠다는 의지를 반영한 것이었다.

---

69) 朴漢卨, 「羅州道大行臺考」『江原史學』 1, 1985, 25쪽.
70) 『高麗史』 권2, 세가2 태조 18년 夏 6월.
71) 『高麗史』 권92, 열전5 유금필.
72) 『三國史記』 권50, 열전10 견훤.
73) 『高麗史』 권1, 세가1 태조1 건화 4년 갑술.

한편 태봉은 덕진포해전에서의 승리를 계기로 후삼국이 대치하던 정국에서 가장 넓은 영역을 확보하게 되었다. “삼한(三韓)의 땅에서 궁예가 대반(大半)을 차지하게 되었다”고 하는 표현은[74] 비록 과장된 면도 없지 않겠지만, 태봉이 지배하는 영역의 범위가 이전보다 훨씬 확대되었던 실상을 반영한다.

요컨대 태봉은 912년 덕진포해전에서의 승리를 기점으로 서해상에 대한 해상권을 확보하면서 후백제의 해외 교섭 및 수군활동을 봉쇄할 수 있는 여건을 마련하였고, 전쟁의 주도권을 장악함으로써 후삼국 정세를 주도하는 위치에 올라서게 되었다.

74) 주7·43 참조.

고려의 수군전략과 후삼국통일

1. 머리말

이 글은 고려(高麗)의 후삼국통일 과정을 건국 초기부터 수립하였을 것으로 짐작되는 수군전략(水軍戰略)과 이에 기반하여 추진되었던 수군활동을 중심으로 전쟁사적인 관점에서 살펴보기 위한 목적에서 작성하였다.

잘 알려진 것처럼 고려의 후삼국통일은 한민족을 아우르는 실질적인 재통일이었다는 점에서 역사적인 의미를 갖는다.[1] 고려가 후삼국통일의 주인공이 될 수 있었던 것은 건국을 전후로 수립한 여러 정책들을 성공적으로 추진하였기 때문이었다. 호족포섭정책(豪族包攝政策)을 비롯하여 민생안정책(民生安定策), 친신라외교정책(親新羅外交政策), 후백제포위정책(後百濟包圍政策), 남진정책(南進政策) 등은[2] 고려가 일찍부터 관심을 갖고 추진한 정책이었다. 그런데 이러한 정책들이 성과를 거둔 데에는 무엇보다도 효과적인 군사력 운용이 뒷받침되었기에 가능한 일이었다. 고려의 후삼국 통일전쟁에서

1) 文暻鉉, 「王建太祖의 民族再統一의 研究」『慶北史學』 1, 1979 ; 文暻鉉, 『高麗太祖의 後三國統一研究』, 螢雪出版社, 1987 ; 文秀鎭, 「王建의 高麗建國과 後三國統一」『國史館論叢』 35, 1992 ; 민현구, 「한국사에 있어서 고려의 후삼국통일」『역사상의 분열과 재통일(상)』, 일조각, 1992 ; 김갑동, 「고려의 건국 및 후삼국통일의 민족사적 의미」『한국사연구』 143, 2008.

2) 朴漢卨, 「高麗太祖의 後三國統一政策」『史學志』 14, 1980, 40~62쪽.

그러한 역할을 담당한 군사력은 보기병과 수군이었다. 이 가운데 수군의 활동상은 매우 특기할만한 것이었다.

고려의 수군은 후삼국을 통일하는 순간까지 서남해역에 대한 해상권(海上權)을 장악하기 위해, 또한 해상으로부터 발생하는 경제·군사적인 이익을 확보하기 위해 적극적인 활동을 전개하였다. 왕건(王建)이 궁예(弓裔) 치하에서 나주지역(羅州地域)을 공취하여 수군활동을 수행하는 전략거점으로 활용하고, 개성과 나주를 연결하는 해상교통을 지속적으로 보장함으로써 후삼국통일을 이룩하였던 사실은 수군력이 지닌 전략적인 가치를 단적으로 보여준다. 이러한 사실들은 고려가 당면하고 있던 과제인 후삼국통일을 달성하기 위해 수군을 전략적으로 어떻게 운용할 것인가 하는 문제를 건국초기부터 적극적으로 모색하고 있었음을 반영한다. 다시 말해 '수군을 어떠한 방향으로 운용하여 후삼국통일을 이룩할 것인가' 하는, 이른바 '수군전략'을 통일 문제와 연계하여 장기적인 안목을 갖고 수립 및 추진하였음을 짐작케 한다. 고려가 추진하였음직한 수군전략을 중심으로 후삼국통일과정과 의미를 새로운 시각에서 연구하는 이유가 여기에 있다.

지금까지 고려의 수군전략과 후삼국통일을 연계하여 다룬 연구는 부재한 실정이다. 고려 태조의 통일전략이라는 소제목하에 북진정책과 남방경략을 중심으로 간략히 언급한 내용이 고대 전쟁사 개설서에 소개되고 있지만 전략의 구체적인 내용은 포함하고 있지 못하다.[3] 나주를 비롯한 서남해역을 무대로 한 왕건의 수군활동을 직·간접적으로 다룬 논고와[4] 견훤(甄萱)과의 해양쟁패전을 중심으로 왕건

3) 陸軍本部, 『韓國古戰史 2(中世篇)』, 1976.

4) 池內宏, 「高麗太祖の經略」『滿鮮史研究』中世篇 2, 吉川弘文館, 1937 ; 海軍本

의 서남해안 지방 장악 배경과 그 의미를 밝힌 성과,[5] 왕건의 서남해 지역 경략 과정과 지역 토착세력의 동향을 살핀 논고,[6] 태봉(泰封) 및 고려전기의 수군 운영체제의 특징과 군제사적 성격을 규명한 연구,[7] 고려 건국 이후 후백제(後百濟)와 치른 주요 지상전투를 중심으로 후삼국통일과정을 고찰한 성과[8] 등이 있어 이 방면의 연구에 도움이 되고 있긴 하지만, 수군전략과 접목시켜 해석해낸 성과는 찾아보기 어렵다. 다만 최근에 이르러 태봉이 서남해역 해상권 장악과 통일전쟁의 재원 확보를 목적으로 추진한 수군전략이 고려 왕조에 발전적으로 계승되는 가운데 후삼국통일의 경제·군사적 기반이 되었던 것으로 인식한 견해가 있어 눈길을 끌고 있다.[9] 기본적으로 이 견해를 수용하면서 고려가 수립하였던 수군전략의 내용은 무엇이고, 후삼국통일을 이룩하는 과정에서는 어떠한 형태로 변화되어 갔는지를 살펴보고자 한다.

논지 전개는 다음과 같다. 먼저 2장에서는 태봉말기에 수군력 증강이 이루어졌음을 짐작케 하는 기록을 중심으로 그 배경과 전략적인

部 政訓監室,『韓國海洋史』, 1954 ; 崔碩男,『韓國水軍史硏究』, 鳴洋社, 1964 ; 朴漢卨,「王建世系의 貿易活動에 對하여－그들의 出身究明을 中心으로」『史叢』10, 1965 ; 文秀鎭,「高麗建國期의 羅州勢力」『成大史林』4, 1987 ; 鄭淸柱,「王建의 成長과 勢力 形成」『全南史學』7, 1993(『新羅末高麗初 豪族硏究』, 一潮閣, 1996).

5) 姜鳳龍,「後百濟 甄萱과 海洋勢力－王建과의 海洋爭覇를 중심으로」『歷史敎育論集』83, 2002 ; 姜鳳龍,「羅末麗初 王建의 西南海地方 掌握과 그 背景」『島嶼文化』21, 2003.

6) 문안식·이대석,「왕건의 서남해 지역 경략과 토착세력의 동향－영산강유역의 역사와 문화를 중심으로」『한국고대의 지방사회』, 혜안, 2004.

7) 金南奎,「高麗의 水軍制度」『高麗軍制史』, 陸軍本部, 1983 ; 이창섭,「高麗前期 水軍의 運營」『史叢』60, 2005.

8) 류영철,『高麗의 後三國 統一過程 硏究』, 景仁文化社, 2004.

9) 신성재,「태봉의 수군전략과 수군운용」『역사와 경계』75, 2010.

의미를 검토할 것이다. 태봉정권하에서 추진되었던 수군전략이 그 가치를 인정받는 분위기 속에서 수군력을 증강하여 원정작전을 시도하고자 하였음을 추정해보고, 향후로도 수군을 적극 활용하는 방향으로의 전략 수립이 모색되었음을 살펴볼 것이다. 3장에서는 918년 왕건의 고려 건국 직후 수립되는 수군전략의 내용을 알아볼 것이다. 정변 발생으로 대·내외적 안정이 요구되던 상황에서 태봉 말기에 모색되었을 원정계획은 보류되고, 수군활동을 뒷받침하는 제도 정비와 나주지역에 대한 지배력 강화를 중심으로 전쟁재원을 지속적으로 확보해 나아가는 전략을 추진하였음을 살펴볼 것이다. 4장에서는 강주(康州 : 진주) 진출을 발판으로 남해안 방면에까지 해상권 확대를 추진하였으나 이후 후백제의 반격으로 나주로 통하는 항로가 막히게 되고, 예성강 수역마저 침탈을 당하는 상황에 봉착하면서 송악(松嶽 : 개성)과 나주를 연결하는 해상교통을 중점적으로 보장하는 방향으로 수군전략이 변화되었음을 살펴볼 것이다.

2. 태봉 말기의 수군력 증강 배경과 전략적 의미

태봉과 후백제가 등장하여 각축전을 전개해 나아가던 후삼국시대 전반기, 전황은 태봉이 후백제보다 비교적 유리한 입장에서 주도하던 형국이었다. 여러 요인이 있었겠지만, 903년 태봉 수군의 나주 진출은[10] 전쟁 주도권의 향방을 결정짓는 중대한 계기가 되었다.

10) 『高麗史』 권1, 세가1 태조 천복 3년 계해. 태봉 수군의 나주 진출은 신성재, 「궁예정권의 나주 진출과 수군활동」 『軍史』 57, 2005 ; 신성재, 앞의 논문, 2010 참조.

배후가 위협에 노출된 상황에서 후백제는 나주지역을 확보하기 위해 필사적인 노력을 기울일 수밖에 없었다. 910년에 견훤이 보기병 3천을 몸소 인솔하여 나주성을 에워싸고 열흘간이나 포위를 풀지 않았다고 하는 기록은[11] 그만큼 이 지역을 상실당한 것으로부터 오는 위기감이 컸음을 반증한다.

태봉 역시 어렵사리 공취한 지역이었으므로 이를 빼앗기지 않기 위해 수군활동을 적극 전개하였다. 이로 말미암아 나주로 통하는 서남해역은 태봉과 후백제가 해상권 장악을 둘러싸고 쟁패전을 벌이는 장으로 변모하게 되었다.[12] 양국이 해상 쟁패전을 벌이는 상황에서 912년 태봉 수군은 견훤이 지휘하는 후백제군과의 덕진포해전(德津浦海戰)에서 압도적인 승리를 거둠으로써 후삼국전쟁의 주도권을 장악할 수 있게 되었다. 『고려사』에는 궁예가 이 해전에서 승리함으로써 삼한(三韓) 전체 지역에서 대반(大半)을 차지하였던 것으로 기록하고 있다.[13]

덕진포해전을 정점으로 나주지역은 잠시나마 소강 상태를 맞이하였던 것 같다. 동요하던 지역민들이 태봉정권을 지지하는 쪽으로 정치적인 입장을 굳힌 상황이었으므로 지방사회 내에서의 불안감과 소요는 사그라질 수 있었을 것이다. 하지만 나주와 인근 지역을 벗어난 도서지방에서는 여전히 독자성을 표방하며 활동하던 군소해

---

11) 『三國史記』 권12, 효공왕 14년.
12) 『高麗史』 권1, 세가1 태조 양 개평 3년.
13) 위와 같음. 지금까지 912년에 발발한 덕진포해전을 지휘한 태봉 수군의 주체에 대해서는 왕건으로 이해하는 견해가 지배적이었다. 하지만 최근에 강진 무위사 선각대사 비문에 나오는 '大王'의 주체를 궁예로 해석하면서, 궁예가 친정을 실시한 것으로 파악하는 견해가 제기되어 주목된다(최연식, 「康津 無爲寺 先覺大師碑를 통해 본 弓裔 행적의 재검토」 『목간과 문자』 7, 2011, 203~215쪽).

상세력(群小海上勢力)들이 존재하고 있었다.[14] 후백제는 이들과의 연대를 모색하고자 하였고, 태봉은 이러한 후백제의 움직임에 적극적으로 대처할 필요가 있었다. 궁예가 국정 운영을 총괄하는 시중(侍中)에 임명하였던 왕건을 해임하여 다시금 수군을 통솔토록 하였다고 하는 기록은[15] 나주를 위시한 서남해역에 대한 지배권 확보가 전쟁의 판도를 좌우함은 물론 후삼국전쟁을 주도적으로 수행하는데 있어 매우 중대한 사안이었음을 짐작케 한다.

서남해역에 대한 해상권 장악이 지속적으로 요구되고, 수군운용의 전략적인 가치가 입증되고 있던 상황에서 태봉은 수군의 역량을 더욱 강화하는 노력을 기울였던 것 같다. 궁예의 폭정이 심화되어 가던 말기적 시점에 등장하는 기록이라 연구자들의 관심을 끌지는 못한 듯하지만, 관련 기록을 통하여 태봉 말기에 수군력을 증강하는 노력이 이루어졌음을 살필 수 있다.

> (궁예는) 마침내 보병장군 康瑄詰과 黑湘, 金材瑗 등을 태조의 부장으로 삼았다. 태조는 舟舸 백여 척을 증치하였는데, 그 중 大船 10여 척은 각 方이 16步요, 그 위에는 樓櫓를 세웠는데, 가히 말을 달릴 만하였다. 군사 3천여 명을 거느리고 군량을 싣고 나주로 갔다. 이 해에 남방에 기근이 들어 草竊들이 봉기하고 지키는 군사는 모두 반은 콩을 섞어 먹었다. 태조가 진심으로 구휼하였는데, 그에 의지하

---

14) 조인성, 「弓裔政權의 對外關係」 『강좌 한국고대사』 4, 가락국사적개발연구원, 2003, 385쪽.

15) 『高麗史』 권1, 세가1 태조 건화 4년 갑술. 왕건을 시중에서 해임한 것에 대해 궁예의 정치적 견제로 보거나(申虎澈, 「弓裔의 政治的 性格－특히 佛教와의 관계를 중심으로」 『韓國學報』 29, 1982, 46~47쪽), 좌천으로 파악하기도 한다(洪承基, 『高麗政治史研究』, 一潮閣, 2001, 12쪽).

여 모두 살아날 수 있었다.[16)]

위는 태봉 말기에 추진되었던 수군력 증강의 대체적인 내용과 방향을 살펴볼 수 있는 유일한 기록이다. 그런데 기록상으로는 정확히 어느 시점에 수군력을 증강하는 노력이 추진되었는지 파악하기 어렵다. 하지만 다행히도 『삼국사기』의 기록에 건화 4년(914)에 태조를 백강장군(百舡將軍)으로 삼았다고 하는 기록이 나오고, 또 그 1년 뒤인 915년에 부인 강씨가 궁예의 행실이 옳지 못함을 간하다가 처형된 기사가 이어지는 것을[17)] 비교해 볼 때 적어도 914년 이후에 있었던 사실로 보여진다. 그런데 『고려사』의 기록에는 부인 강씨가 궁예의 비법(非法)을 간언하다가 처형된 사건 이후에 수군력을 증강하는 기록이 나온다. 따라서 궁예가 수군력을 증강하는 작업을 추진한 시점은 914년에서 915년 사이의 어느 시기로 설정해볼 수 있지 않을까 싶다. 이 시기는 918년(태조 원년)에 고려가 건국되었던 점과 비교 시 태봉정권이 몰락하기 불과 3~4년 전에 해당한다.

태봉 말기의 수군력 증강에서 무엇보다도 눈여겨보아야 할 사실은 전함(戰艦)을 대대적으로 증치하였다는 점이다. 무려 100여 척의 전함이 새로이 건조되었다. 궁예의 명을 받은 왕건이 "주가(舟舸) 백여 척을 증치하였다"고 하는 기록은 기존에 운용하던 전함과는 별도로 새롭게 건조하거나 혹은 징발하여[18)] 추가적으로 확보하였음

16) 『高麗史』 권1, 세가1, 태조 건화 4년 갑술. "遂以步將康瑄詰黑湘金材瑗等副太祖增治舟舸百餘艘 大船十數各方十六步 上起樓櫓可以馳馬 領軍三千餘人 載粮餉往羅州 是歲 南方饑饉草竊蜂起 戍卒皆食半菽 太祖盡心救恤 賴以全活".

17) 『三國史記』 권50, 열전10 궁예. 『東國通鑑』 권11, 신덕왕 3년의 기록에서는 百舡將軍이 아닌 百船將軍으로 나온다.

18) 이창섭, 앞의 논문, 2005, 20쪽.

을 말해준다. 그런데 이때 증치한 전함 중에는 기존에 운용하던 전함보다 규모가 크고 광대한 수용 능력을 갖춘 10여 척의 전함도 포함되었다. 이 점은 건조한 전함 중에서 "대선(大船) 10여 척은 각 방(方)이 16보요, 그 위에는 누노(樓櫓)를 세웠는데, 가히 말을 달릴 만하였다"고 하는 내용을 통해 확인된다.

기존에 연구된 성과에 따르면 이 선박은 길이가 96척으로[19] 미터법으로 환산할 경우 대략 17.5~35m에 달한다고 한다.[20] 이 정도의 치수라고 한다면 당시로서는 매우 규모가 컸던 전함이었다고 생각된다. 그렇기 때문에 "그 위에 누노를 세웠고, 가히 말을 달릴 만하였다"고 표현되었던 것 같다. 물론 이 같은 표현이 실제 선상에서 말을 달렸다는 것을 의미하는 것은 아니다.[21] 건조된 다른 전함들에 비해 규모가 컸기 때문에 다소 과장스럽게 묘사되었을 것이다. 그런데 이 전함들은 다른 선박에 비해 수용능력이 컸기 때문에 다수의 병력을 탑재하고 월등히 많은 물자를 수송할 수 있었을 것이다. 따라서 대규모의 원정작전을 수행하는 경우에는 효과적이었을 것이다. 또한 이 전함은 해전에서도 위력을 발휘하였을 것이다. 속력은 비록 느리지만 선체가 높아 성벽과 같은 역할을 하고, 병력을 많이 태울 수 있는 장점이 있어 집중 사격의 효과를 높일 수 있으므로 해전을 수행해야 하는 상황에서 전술적으로 유리하였을 것이다.[22]

---

19) 金在瑾, 『韓國船舶史研究』, 서울대학교출판부, 1984, 32~33쪽. 각 방 16보의 의미를 배의 길이가 16보인 것으로 이해하고, 1보가 6척인 것을 감안하여 96척으로 환산하였다.

20) 오붕근, 『조선수군사』, 한국문화사, 1998, 107쪽. 보다 구체적으로 31m로 파악하기도 한다(곽유석, 『高麗船의 構造와 造船技術 研究』, 木浦大學校 博士學位論文, 2010, 24쪽).

21) 金在瑾, 『韓國의 배』, 서울大學校出版部, 1994, 85쪽.

22) 임용한, 「고려후기 수군개혁과 전술변화」 『軍史』 54, 2005, 279쪽.

이를 통해 볼 때 태봉 말기에 전함을 새롭게 증치한 목적은 해전에서의 전투능력을 보강하기 위함은 물론 수송능력 강화를 기반으로 해상원정을 적극적으로 추진하고자 하였던 것이 아니었나 추정된다. 아마도 수군활동을 수행하는 전략거점으로 확보한 나주를[23] 발판으로 남해안 지역에 위치한 주요 해안지방을 대상으로 원정작전을 감행하여 해상권의 범위를 더욱 확대하고자 하였을 가능성이 높다고 여겨진다.

전함을 증치하는 작업과 병행하여 이를 운용할 수군 병력의 충원과 보강도 이루어졌을 것으로 짐작된다. 이 점 역시 위 기록을 통하여 어느 정도 유추해 볼 수 있다. 궁예가 “보병 장군 강선힐(康瑄詰)과 흑상(黑湘), 김재원(金材瑗) 등을 태조의 부장으로 삼았다”고 하는 내용이 그것이다. 912년 덕진포해전이 발발하던 당시까지의 기록을 보면 왕건의 수군활동을 보좌하던 부장의 직책을 수행했던 인물로 종희(宗希)와 김언(金言)이 등장한다. 그런데 이후로 왕건의 수군활동을 보좌하는 직책에 이 두 인물의 이름은 나타나지 않는다. 다만 종희(宗熙)로 기록된 인물만이 936년(태조 19) 후삼국 통일전쟁의 마지막 전투에 해당하는 일리천전투에 보일 뿐이다.[24] 물론 이들이 기록에 나타나지 않는다고 해서 수군활동에 종사하지 않았던 것은 아닐 것이다. 아마도 새로이 전함을 증치하였으므로 이를 운용할 병력을 충당하는 과정에서 전함을 지휘할 장수급 및 일부 수군의 재편작업이 불가피하였던 사정과 어떤 연관성이 있지 않았나 추정

23) 신성재, 「후삼국시대 나주지역의 해양전략적 가치」『島嶼文化』 38, 2011, 106~112쪽.

24) 『高麗史』 권2, 세가2 태조 19년. 宗希와 宗熙는 동일인이다(신호철, 「高麗 건국기 西南海 지방세력의 동향」『역사와 담론』 58, 2011, 13쪽).

된다.[25] 즉 왕건을 보필하면서 해상활동 경험을 두루 쌓아왔던 장수들로 하여금 단위 부대를 독립적으로 지휘통솔토록 하고, 이들이 보좌하던 부장과 같은 직책에 강선힐과 흑상, 김재원과 같은 보병장군들을 새로이 기용하였던 것이 아니었나 하는 것이다. 전함의 규모가 늘어나 단위함과 부대를 지휘 보좌할 장수 및 중견급 군관들이 필요한 상황에서 보병 활동에 종사하고 있던 인물들 중 일부를 재배치하였을 가능성이 있는 것이다.[26] 고려를 건국하기 이전 왕건은 궁예의 치하에서 수군활동에 종사하여 눈부신 전공을 세웠다. 뿐만 아니라 충청도와 경상도 방면의 지상전에서도 뛰어난 활약상을 발휘하였다. 이 같은 사실은 전황의 추이와 전투지역의 중요성, 전략 및 전술적 상황의 변화에 따라서는 장수와 병사들이 융통성 있게 운용되었음을 말해준다.

한편 지배영역을 확장해가는 과정에서 복속시켰던 호족세력 휘하의 인물들 역시 수군장수와 군관 등으로 배속되었던 것 같다. 궁예가 염주(鹽州 : 연백군) 지방의 호족인 유긍순(柳矜順)을 격파하는 과정에서 항복해온 태평(泰評)이라는 인물이 오랫동안 복종하지 않자 그를 졸오(卒伍)에 편입시켰다는 기록이 그것이다. 이후 태평은 왕건을 따르게 되었고, 고려를 건국하는 과정에서 기여한 바가 컸기

25) 전함 100여 척의 증치가 수군 병력의 절대적인 증원을 의미하지는 않는다고 본다. 노후되었거나 손상된 전함을 교체하기 위한 목적으로도 건조되었을 것이기 때문이다. 그렇다고 하더라도 전함의 증치는 병력의 증가를 수반하였을 것이다. 수군 증강 이전에 운용하던 병력이 2,000~2,500명이었음에 비해 이후에는 3,000명의 병력이 수군활동을 벌였던 사실이 확인된다.

26) 수군에 보병장군을 부장으로 삼은 사실에 대해 전력을 보강하기 위한 것이 아닌 궁예가 왕건을 감시하기 위한 배치로 보기도 한다(李在範, 「高麗太祖 卽位時의 社會動向에 관한 一考察」『阜村申延澈敎授停年退任紀念史學論叢』, 일월서각, 1995, 491쪽).

때문에 순군낭중(徇軍郎中)에 기용되었다고 한다.[27] 복속해온 호족 세력의 정치·군사적 위상 등을 고려하는 가운데 실제 그 휘하 인물들의 능력과 공적의 과소 등에 따라 장수 및 중견급 군관의 임무 등이 부여되었던 것이다. 말단의 병졸에는 해안 지방에 거주하던 연해민들이 수군으로 동원되는 경우가 있었을 것이다. 태조 14년(931)에 참소를 당하여 곡도(鵠島 : 백령도)[28]에 귀양을 갔던 유금필(庾黔弼)의 행동 속에서 그러한 사실을 확인할 수 있다. 유금필이 유배를 당하고 있던 시기는 고려가 후백제를 상대로 고창전투(古昌戰鬪)에서 대승을 거둔 직후였다.[29] 위기의식을 느낀 후백제는 수군을 동원하여 서해 중부 해역에 위치한 대우도(大牛島)[30]와 인근에 산재한 도서지방을 상대로 대대적인 약탈을 감행하였다. 마침 유금필이 유배를 갔던 곳이 그 해역이었는데, 후백제가 침탈해오는 모습을 보고 곡도와 포을도(包乙島 : 대청도)에 거주하던 장정들을 선발하여 군대를 편성하고 전함을 수리하여 방어토록 하였다고 한다.[31] 섬 지방에서 귀양 중이던 현실에서 취할 수밖에 없었던 조처였다고도 하겠지만, 수군에 종사하는 병졸 중에는 해상활동 경험이 풍부하였던 연해민들이 편성되었던 사정을 반영한다 하겠다.

이상에서 살펴본 바와 같이 태봉 말기에는 전함의 증치와 이에

---

27) 『高麗史』 권92, 열전5 왕순식 부 태평. 卒伍는 일반 병졸을 의미한다.

28) 鄭淸柱, 앞의 책, 1996, 116쪽.

29) 고창전투를 전후한 후삼국전쟁의 전개 과정과 추이는 柳永哲, 「古昌戰鬪와 後三國의 정세 변화」 『한국중세사연구』 7, 1999, 5~60쪽(앞의 책, 2004, 127~179쪽) ; 문안식, 『후백제 전쟁사 연구』, 혜안, 2008, 164~187쪽 참조.

30) 평북 용천으로 보기도 하지만(鄭淸柱, 앞의 책, 1996, 116쪽), 충남 서산시 지곡면 도성리에 위치한 섬으로 추정된다(국토지리정보원, 『한국지명유래집(충청편)』, 2015, 481~482쪽).

31) 『高麗史』 권92, 열전5 유금필.

따른 병력의 확충을 중심으로 수군력을 증강하는 사업을 추진하였다. 그 배경과 전략적인 의미는 그동안 수립하여 추진해 왔던 수군전략이 통일전쟁의 주도권을 장악하는 데 효과적이고, 또한 이에 기반한 수군운용이 서남해역의 해상권 장악과 전쟁 재원을 확보하는 데 있어 효용성이 컸던 사실에서 비롯한다고 생각된다. 기왕의 연구를 통해 밝혀진 것처럼 태봉은 903년 나주 공취를 계기로 변경지대를 안정시키면서 지배 영역을 확장해가는 '안변척경책(安邊拓境策)'을 논의하였다.[32] 이 과정에서 태봉은 나주를 후백제의 배후를 강력하게 위협하면서 서남해역의 해상권을 장악하는 수군활동의 전략거점으로 구축하는 한편, 이 지역으로부터 생산되는 경제·군사적 재원을 확보하여 후삼국통일을 도모해 가는 수군전략을 수립하였다.[33]

서남해역 해상권 장악과 통일전쟁의 재원 확보를 골자로 하는 태봉의 수군전략은 말기적 시점에 이르러서도 별다른 변함없이 지속되어졌던 것 같다. 이 점은 전함을 증치하던 시기에 나타나는 궁예와 왕건의 해양에 대한 인식과 수군활동의 전략적 가치를 높이 평가하며 공감하는 태도 속에서 잘 드러난다. 시중에서 해임된 왕건이 나주에 내려가 후백제와 해상세력의 준동을 제압하고 귀환한 자리에서 궁예에게 수군운용의 이점을 보고한 내용이 그것이다. 즉 "태조(太祖)가 돌아와서 주즙(舟楫)의 이로움과 응변(應辯)의 마땅함을 보고하자 궁예가 기뻐하면서 좌우(左右)에게 일러 말하기를, '나의 여러 장수 중에서 누가 이 사람과 비교할 수 있겠는가' 하였

---

32) 안변척경책의 내용과 의미는 丁善溶, 「高麗 太祖의 對新羅政策 樹立과 그 性格」『한국중세사연구』 27, 2009, 126~139쪽 ; 신성재, 앞의 논문, 2010, 215~218쪽 참조.

33) 신성재, 앞의 논문, 2010, 212~227쪽.

다"[34] 한다. 수군운용을 통하여 확보하는 경제적인 실리와 군사적인 효용성을 궁예와 왕건이 모두 중시하고 있었고, 또한 향후로도 통일 전쟁의 경제·군사적인 이익을 확보하는 데 있어 수군력이 지닌 전략적인 가치를 적극적으로 활용하겠다는 의지를 반영하는 표현이라 생각된다.

이러한 사실에 주목해 보아 태봉 말기에 실시된 수군력 증강은 서남해안 지방에 대한 해상원정을 염두에 두고 추진한 사업이었을 가능성이 높다고 생각된다. 직접적인 기록이 없어 조심스럽지만 태봉정권이 몰락하던 918년에 발생한 일명 왕창근고경문사건(王昌瑾古鏡文事件)[35]에 나오는 '선조계후박압(先操雞後搏鴨)'이라는 구절 중에서 '압(鴨)'의 의미를 새롭게 해석한 이재범의 성과를 통해 그와 같은 가능성을 유추해 볼 수 있지 않을까 싶다. 이 견해에서는 대다수의 연구자들이 '압(鴨)'의 의미를 압록강으로 이해하였던 것과 달리 현재의 전라남도 곡성에 위치한 지명인 압록으로 비정하였다. 그리고 압록이 곧 후백제를 지칭하는 것이라고 보았다.[36] 그 이유에 대해 이재범은 태봉 말기가 되면 후백제는 고려의 수군활동에 의해 서해안의 해상권을 거의 상실한 상태였고, 해상 진출이 가능한 출구는 섬진강구 외에는 없었다고 한다. 따라서 후백제의 수군활동은 섬진강과 보성강이 합류하는 지점에 위치한 압록을 거점으로 이루어졌고, 이곳은 후백제를 의미하는 지역이라 불리어질 정도로 중요한 전략기지로 성장하였다고 한다.[37] 그렇다고 한다면 이와 같은

---

34) 『高麗史』 권1, 세가1 태조 건화 4년 갑술. "太祖還告舟楫之利應變之宜 裔喜謂左右曰 我諸將中誰可比擬乎".

35) 李丙燾, 『高麗時代의 硏究』, 乙酉文化社, 1948, 6~11쪽. 왕창근고경문사건에 대한 기록은 『高麗史』 권1, 세가1 태조 정명 4년 참조.

36) 이재범, 「나말여초 '鴨綠'의 위치 비정」 『史林』 27, 2007, 110~119쪽.

군사적 동향은 압록과 인접한 나주에서 활동하고 있던 태봉 수군에게도 그 사실이 알려지고 있었다고 보여진다.

압록을 위시한 인근 해안지방이 후백제의 수군활동 거점으로 활용되었을 가능성은 있다. 903년에 태봉이 나주를 선점하자 이를 빼앗기 위해 견훤이 수륙 양면으로 공격하였을 때 순천지역의 호족들과 군인들이 어느 정도 역할을 수행하였다고 하는 견해에[38] 의지해 보면 순천을 포함한 이 지역은 태봉 말기에 이르러서도 친후백제적인 성향이 남아있던 지역이었다고 봄이 마땅할 것이다. 수군활동을 벌여 나주를 공취하고, 점차 주변 해역으로 해상권의 범위를 확대해가던 태봉의 입장에서 보아 이러한 지역은 원정의 대상지로 선정되기에 용이하였음직하다. 특히 순천과 여수 일대에 대한 원정작전을 벌여 후백제를 지지하던 세력들을 제압하고, 이후 압록 지역에 이르는 항로를 장악한다면 내륙의 무주 등지에서 활동하던 후백제의 보기병마저 견제할 수 있기 때문에 주목받기에 이르지 않았나 추정된다.[39]

이와 같이 태봉 말기에 추진된 수군력 증강의 배경을 통해 보건대 고려 건국 초기의 수군전략은 태봉정권하에서부터 추진하였던 내용

37) 이재범, 위의 논문, 2007, 115쪽.

38) 鄭淸柱, 「新羅末·高麗初 順天地域의 豪族」『全南史學』 18, 2002, 48쪽. 순천 및 여수 지역에서 친후백제 해상세력의 존재와 활동은 姜鳳龍, 앞의 논문, 2002 ; 邊東明, 「金惣의 城隍神 推仰과 麗水·順天」『歷史學硏究』 22, 2004 ; 李道學, 「新羅末 甄萱의 勢力 形成과 交易」『新羅文化』 28, 2006 참조.

39) 태봉의 원정 대상지역이 반드시 이 지역이었을 것으로 단정하기는 어렵다. 나주를 전략거점으로 해상권을 확대하기 용이하면서도 후백제와 신라의 군사활동에 영향력을 행사하기 적합한 여러 지역 등이 모색되었다고 생각되기 때문이다. 고려 건국 이후인 927년에 실제 강주지역에 진출한 사례가 그것을 적절히 설명해준다.

을 수용하되 이를 발전시켜 나아가는 방향으로 수립되었던 것으로 보여진다. 즉 궁극적으로는 후삼국통일을 지향하면서 태봉정권하에서 목표로 삼았던 서남해역 해상권 장악과 통일전쟁의 재원 확보를 지속적으로 계승·발전시켜 나아가는 방향으로 설정되었다고 보여진다. 국호와 연호 문제를 비롯하여 정치체제, 대외정책, 사상적 측면에 있어서도 고려가 태봉정권을 계승하였고,[40] 수군의 독자적인 편제와 직제 역시 계승하였다고 하는 견해를[41] 통해 보건데 수군전략과 수군력의 운용 또한 비슷한 방향으로 추진하고자 하였던 것으로 짐작된다. 태봉 말기에 나타나는 수군력 증강은 바로 이상과 같은 배경하에서 원정작전을 계획하는 등 기존의 수군전략을 발전적으로 계승하는 방향으로 추진될 것임을 예고하는 것이었다.

3. 건국 초기 수군활동 기반 강화와 전쟁재원 확보

태봉 말기에 이루어진 전함의 증치와 병력의 충원 작업은 기본적으로 수군력의 증강을 의미하는 것이었다. 그 목적은 통일전쟁을 수행함에 있어 수군의 역량을 적극 활용하기 위한 것이었다고 생각된다. 앞서 살펴본 것처럼 수군활동을 통해 경제적으로나 군사적으로 해상으로부터 발생하는 실리적 가치를 크게 인식하고 있었던 만큼 이를 지속적으로 운용하는 방향으로의 수군활동은 자연스런

40) 이재범, 「궁예·왕건정권의 역사적 연속성에 관한 고찰」 『史林』 24, 2005, 115~125쪽.

41) 金南奎, 앞의 논문, 1983, 205쪽.

추세였다. 하지만 건국 직후 원정활동과 같은 방식을 통한 또 다른 해안지방으로의 해상권 확대는 실행되지 않았던 것 같다. 고려가 건국되는 어수선한 정국이었으므로 새로운 지방을 대상으로 해상권 확대를 추진하기란 쉬운 일이 아니었을 것이다. 더구나 왕조 성립기가 그러하듯이, 고려가 건국되던 시기에도 왕권을 위협하는 반란이 끊이지 않았다. 마군장군인 환선길(桓宣吉)이 역모를 꾸미다가 잡혀 죽는가 하면,[42] 한 때 왕건과 어깨를 나란히 견주었던 마군대장군 이흔암(李昕巖) 역시 반역을 도모하다가 처형되었다.[43] 뿐만 아니라 그동안 고려를 지지하던 지방이 이탈하는 경우도 속출하였다. 웅주(雄州 : 공주)와 운주(運州 : 홍성)를 포함한 10여 주현(州縣)이 모반하여 후백제에 붙은 것이었다. 이에 왕건은 이전 시중인 김행도(金行濤)를 동남도초토사지아주제군사(東南道招討使知牙州諸軍事)로 삼아 토벌토록 하는 등[44] 접경지역에 대한 안정적인 방위와 반란군에 대한 토벌에 주력하였다. 이와 함께 그동안 신라(新羅)에 대해 적대적인 정책을 취해온 노선을 청산하고 유화적인 외교관계를 수립하였다.[45] 지방호족들을 대상으로도 중폐비사(重幣卑辭)를 근간으로 하는 회유책을 시행함으로써[46] 대외적 안정을 꾀하였다.

정국이 점차 안정 국면으로 접어들면서 왕건은 태봉정권하에서 추진해왔던 수군전략을 지속적으로 실천하기 위한 노력을 기울였다고 보여진다. 그 방향은 후삼국통일을 이룩하는 데 소요되는 전쟁재

---

42) 『高麗史』 권1, 세가1 태조 원년 6월 경신.
43) 『高麗史』 권1, 세가1 태조 원년 6월 기사.
44) 『高麗史』 권1, 세가1 태조 원년 8월 계해.
45) 『高麗史』 권1, 세가1 태조 3년 정월.
46) 『高麗史』 권1, 세가1 태조 원년 8월 기유.

원을 서남해안 지방으로부터 안정적으로 확보하는, 태봉정권하부터 후삼국통일을 지향하면서 해상권 확대 전략과 함께 꾸준히 실천되고 있던 전쟁재원 확보전략을 추진하는 것이었다. 이는 수군활동을 수행하는 기반을 강화하는 방식으로 실행되었다. 도항사(都航司)를 중앙의 관부로 설치하고, 수군활동의 전략거점으로 확보하였던 나주지방에 대한 지배력을 강화한 것이 그것이다.

도항사는 왕건이 고려를 건국한 직후 관제를 정비하는 과정에서 새롭게 설치한 관부로 도항사령(都航司令)과 도항사경(都航司卿)이 그 임무를 담당하였다. 한찬 귀평(歸評)과 임상난(林湘煖)은 초기 관직 설치 시에 임명된 인물이었다.[47] 그렇다면 도항사는 어떠한 기능과 역할을 담당하였을까. 종래 이 관부에 대해서는 신라의 선부(船府), 태봉의 수단(水壇), 고려의 수부(水部)에 해당하는 것으로서 수군을 관장하는 관부로 이해하였다.[48] 하지만 실제 수군 병력을 관할하거나 전투 시에 이를 운용하는 등의 업무는 관장하지 않았다고 보여진다. 당시 군정권(軍政權)을 장악하고 있던 관부로 병부(兵部)가 설치 및 운영되고 있었고, 실제 수군과 육군 병력을 지휘하는 군령권(軍令權 : 용병작전권)은 국왕의 명을 받은 장수들이 행사하고 있었다.[49] 따라서 도항사는 그 명칭을 통해 유추할 수 있듯이 강운(江運)이나 해운(海運)의 항로와 그를 통한 운송과 같은 임무를 담당하지 않았을까 생각된다. 나주를 비롯한 서남해안 지방에서 수군활동을 통해 획득하게 되는 재원을 왕도와 주요 전투 장소에 안정적으로 조달하

47) 『高麗史』 권1, 세가1 태조 원년 6월 신유.

48) 李基白, 「貴族的 政治機構의 整備」 『한국사』 5, 국사편찬위원회, 1975, 22쪽(『高麗貴族社會의 形成』, 一潮閣, 1990, 102쪽 재수록).

49) 鄭景鉉, 「高麗初期 京軍의 統帥體系－徇軍部의 兵權에 대한 再解釋을 겸하여」 『韓國學報』 62, 1991, 30~31쪽.

기 위해서는 이를 체계적으로 전담할 부서가 필요하였을 것이므로 이러한 임무를 총괄하는 관부로 도항사를 설치하였던 것이 아니었나 추정된다.[50] 요컨대 내륙수로와 해상항로를 관리하는 관부를 제도적 차원에서 마련함으로써 통일전쟁의 재원 확보를 효과적으로 보장하기 위한 것이었다.

나주지방에 대한 지배력 강화는 나주도대행대(羅州道大行臺)를 설치 및 운영함으로써 실천되었다. 『고려사』에 전하는, 이전에 시중을 역임한 구진(具鎭)을 나주도대행대의 시중(侍中)으로 삼아 보내고자 하였으나 구진이 전 임금 때에 오랫동안 수고하였다는 이유를 들어 가지 않으려고 하였다는 기록을[51] 통해 이 관부가 고려 건국 초기부터 설치되었음을 알 수 있다. 나주도대행대의 존재에 대해서는 위에서 제시한 기록이 유일하다. 이에 대해서는 일찍이 박한설이 오래전에 연구한 성과를 통해 그 실체와 성립 과정, 존속 시기와 성격 등이 밝혀졌다. 그의 견해에 따르면 나주도대행대는 신라 9주의 하나였던 무주(武州) 지역 중 태봉 및 고려가 점령하고 있던 지역에 나주를 설치하고 이 나주 관내의 수십여 군현을 관리하기 위하여 설치한 별도의 행정 관부로서 시중 아래에는 행정을 담당하는 여러 관직이 있었다고 한다. 이 관부는 군사와 민사행정을 관장하면서 고려의 후삼국통일에 있어 중대한 역할을 담당하였으며, 그 존속 기간은 구진이 시중으로 파견되던 918년(태조 원년) 9월부터 후삼국이 통일되는 936년(태조 19)까지였다고 한다.[52]

---

50) 수군을 관장하는 관부로 파악하되 군사적인 면보다는 경제적인 면에서 더 비중을 차지하는 관부로 보기도 한다(金甲童,「高麗太祖 初期의 中央官府와 支配勢力」『史學硏究』 71, 2003, 86~87쪽 ; 한국중세사학회 편,『고려 중앙정치제도사의 신연구』, 혜안, 2009, 22쪽).

51)『高麗史』 권1, 세가1 태조 원년 9월 계사.

왕건이 건국 초기부터 나주도대행대를 설치한 데에는 특별한 배경과 목적이 있었을 것이다. 관부의 명칭상 '행(行)'이라는 글자를 넣어 임시적인 뜻을 담고 있고, 부(部)나 성(省)이 아니라 '대(臺)'라는 명칭을 쓴 것으로 보아 다른 중앙관부와 비교 시 격이 떨어진다고도 생각된다. 하지만 해당 부서의 장으로 시중이라는 명칭을 사용하고 있는 점과 국왕이 직할한다는 행재소와 같은 의미도 보여지는 점에서 그 실질적인 위상은 높았던 것 같다. 나주도대행대가 이러한 비중을 가지면서 설치되었던 이유는 바다를 거쳐야만 통할 수 있는 먼 곳에 위치한 서남해안 지방을 통치하기 위해 별도의 행정관부가 필요했기 때문일 것이다.[53] 다시 말해 나주 현지를 경영하기 위한 목적에서 설치한 특수한 관부였다는 것이다. 그런데 중요한 사실은 나주지역을 경영하기 위해서는 수군의 역할과 조력이 반드시 필요하였다는 점이다. 따라서 나주도대행대의 기능과 역할에는 나주 경영에 필요한 수단으로서 수군을 관리하고 그 활동을 보장하는 임무 또한 포함되었을 것이다. 수군활동을 지원하는 임무를 수행함에 있어 나주를 포함한 서남해역의 전략적 가치와 국초 이래 고려정부가 수립하였던 수군전략은 당연히 중시되었을 것이다. 이런 점에서 보아 나주도대행대는 서남해역에서 고려의 수군활동 기반을 강화함으로써 통일전쟁에 소요되는 재원을 지속적으로 확보하는 데 그 역할을 다하였던 것으로 추정된다.

사실 고려 건국 이후로도 수군활동 기반 강화에 의거한 통일전쟁

52) 朴漢卨, 「羅州道大行臺考」 『江原史學』 1, 1985, 19~43쪽.

53) 문안식·이대석, 앞의 책, 2004, 367쪽. 이를 나주도의 행정을 총괄하는 지방관서로서 중앙 광평성의 分司로 보기도 한다(전덕재, 「泰封의 地方制度에 대한 考察」 『新羅文化』 27, 2006, 28쪽).

의 재원 확보는 꾸준히 추진되었다. 우왕(禑王) 14년(1388) 왜구의 침탈로 위기 상황에 직면한 국가 재정의 문제점을 해결하기 위해 사헌부가 올린 상소문의 일부분을 보면, "여러 섬에서 나오는 어염의 이익과 목축의 번성, 해산물의 풍요로움은 국가에서 없어서는 안될 것입니다. 우리 신성(神聖 : 왕건)이 아직 신라와 백제를 평정하지 못하였을 때에 먼저 수군을 다스려 친히 누선(樓船)을 타고 금성(錦城)에 내려가 그곳을 점령하니 여러 섬의 이익이 모두 국가의 자원으로 속하게 되었고, 그 재력으로 마침내 삼한(三韓)을 하나로 통일하였습니다"[54]라는 기록이 나온다. 이 기록은 왕건이 실제 수군활동에 종사하던 태봉 치하의 시기는 물론 고려가 건국된 이후에도 나주를 비롯한 서남해안 지방을 대상으로 수군활동을 전개하여 통일전쟁의 재원인 어염과 목축, 해산물 등을 꾸준히 확보하였던 사정을 반영한다.[55] 이 같은 노력이 보다 구체적으로 실천되었음은 아래 기록을 통해서 확인된다.

> 李悤言은 사기에 그 세계가 전하지 않는다. 신라말에 碧珍郡을 보호하고 있었다. 이때에 도적의 무리가 충만하였으나, 총언이 성을 견고히 고수하자 민들이 의지하고 편안하였다. 태조가 사람을 보내 함께 힘써 禍亂을 평정할 것을 일깨우니, 총언이 글을 받들고 심히 기뻐하여 그의 아들 永을 보내어 군사를 이끌고 태조의 征討를 따르게 하였다. 이때 영은 18세였는데, 태조가 대광 思道貴의 딸로 처를

54) 『高麗史』 권82, 지36 병2 둔전 신우 14년 8월. "諸島魚鹽之利 畜牧之蕃 海産之饒 國家之不可無者也 我神聖之未定新羅百濟也 先理水軍 親御樓船 下錦城而有之 諸島之利 皆屬國家資 其財力遂一三韓".

55) 통일전쟁에 확보한 재원은 곡식, 소금, 말 등이었다. 이들이 갖는 경제·군사적 가치에 대해서는 신성재, 앞의 글, 2010, 222~227쪽 참조.

> 삼게 하였다. 총언을 本邑將軍에 임명하고, 이웃 읍의 丁戶 229호를 더 주었다. 또 忠州·原州·廣州·竹州·堤州 창고의 곡식 2,200석과 소금 1,785석을 주고 손수 편지를 써서 금석의 신의를 보였다. 그 글에 이르기를, '자손에 이르기까지 이 마음은 변치 않을 것이다'라고 하였다. 총언이 이에 감격하여 軍丁을 단결하고, 물자와 양곡을 저축하니 외로운 성으로서 신라와 백제가 반드시 쟁취하려는 곳에 끼어 있으면서도 엄연히 東南을 성원하였다. 태조 21년에 죽으니, 그 때 나이 81세였다. 아들은 達行과 永이다.[56]

위 기록은 왕건의 후삼국 통일전쟁에서 고려를 후원한 인물인 이총언(李悤言)의 세계에 관한 기록이다. 그런데 이총언이 어느 시기에 왕건의 정토전에 협조하게 되었는지는 확인하기 어렵다. 아들 영(永)을 보내어 토벌전에 참가케 한 것으로 보아 최소한 930년의 고창전투를 전후한 시기 혹은 그 이후가 아닐까 보는 견해가 있지만[57] 분명하지 않다. 오히려 이총언이 사망하였을 때의 나이가 81세이고 그 시기가 938년(태조 21)이라고 하는 것을 감안한다면 이전 시기부터 고려에 협조적인 관계를 형성하고 있었던 것이 아닌가도 생각된다. 예컨대 920년 초반에 왕건과 결합하였다고 하더라도 그의 나이는 이미 60세가 넘는다. 18세인 아들 영이 태조를 따라 정토전에

---

56) 『高麗史』 권92, 열전5 왕순식 부 이총언. "李悤言史失世系 新羅季保碧珍郡時群盜充斥 悤言堅城固守 民賴以安 太祖遣人諭 以共戮力定禍亂 悤言奉書甚喜遣其子永 率兵從太祖征討 永時年十八 太祖以大匡思道貴女妻之 拜悤言本邑將軍 加賜傍邑丁戶二百二十九 又與忠原廣竹堤州倉穀二千二百石 塩一千七百八十五石 且致手札示以金石之信曰 至于子孫此心不改 悤言乃感激 團結軍丁儲峙資糧 以孤城介於羅濟必爭之地 屹然爲東南聲援 二十一年卒 年八十一 子達行及永".

57) 류영철, 앞의 책, 2004, 269쪽.

참가하면서부터 왕건을 후원한 것처럼 서술되고 있는데, 어쩌면 고려 건국 직후부터 양자 간의 관계가 형성되었을 가능성이 높다고도 생각된다.

위 기록에서는 이총언이 왕건의 정토 사업을 따르게 된 대가로 충주(忠州)와 원주(原州), 광주(廣州 : 하남), 죽주(竹州 : 안성), 제주(堤州 : 제천) 창고의 곡식 2,200석과 소금 1,785석을 하사받았다는 내용을 중심으로 다음 두 가지 사실에 주목해볼 필요가 있다. 먼저 통일전쟁의 재원인 곡식과 소금을 확보하기 위해 고려 정부가 국초부터 꾸준히 수군활동을 전개하고 있었다는 사실이다. 이 점은 곡식과 소금을 보관해둔 창고의 개략적인 위치를 통해 확인된다. 창고가 설치된 대부분의 지역이 한강과 남한강, 북한강 수로와 인접한 곳으로 보아[58] 이 지역에 보관된 곡식과 소금은 수군을 이용하여 운송하였을 것이다.

다음으로 창고에 보관된 곡식과 소금이 과연 어느 지역에서 생산되었을까 하는 점이다. 곡식이야 고려가 지배하고 있던 모든 지역으로부터 생산되었겠지만, 소금은 분명 해안지방에서 생산되었을 것이다. 아마도 그 지역은 고려말 사헌부 관리들이 왕건이 일찍부터 수군으로 나주를 점령하여 그 지역으로부터 생산되는 어염과 해산물에 기반하여 후삼국통일을 이룩하였다고 인식하였던 것에서 유추해 볼 수 있듯이, 나주를 중심으로 하는 서남해안 지방으로부터 확보하였을 가능성이 높다고 생각된다. 그렇다고 한다면 고려는 건국 초기부터 태봉 치하에서 추진하였던 통일전쟁의 재원 확보를 지속적으로 실천하고 있었던 셈이 된다. 도항사를 설치하여 수군활

58) 신성재, 「일리천전투와 고려태조 왕건의 전략전술」『韓國古代史硏究』61, 2011, 367쪽.

동 기반을 강화하고, 또한 나주도대행대를 설치하여 나주지역에 대한 지방지배력을 강화한 것은 고려정부가 건국 초기부터 제도적인 차원에서 통일전쟁의 재원 확보를 위한 수군전략을 계승하여 적극 추진하였음을 반영한다고 생각된다.

4. 해상권 확대 추진과 서남해역 해상교통 보장

수군활동 기반을 강화하는 한편으로 고려는 해상권의 범위를 확대하기 위한 노력을 기울였다. 고려가 해상권을 확대하기 위해 중시한 지방은 강주였다. 고려가 강주를 주목하였음은 신라와 우호관계를 수립하는 시점인 920년(태조 3)에 강주장군(康州將軍) 윤웅(閏雄)이 아들 일강(一康)을 인질로 하여 귀부해온 사실을 통해 간접적으로 확인할 수 있다. 고려는 귀부해온 일강에게 아찬의 품계를 주고 행훈(行訓)의 누이동생에게 장가를 들게 하였다고 한다. 또한 낭중 춘양(春讓)을 강주에 보내어 귀부해온 자들을 위로하고 설복하였다고 한다.[59] 그런데 여기서 흥미로운 사실은 아직은 고려가 이 지역에까지 육로를 통해 이동하기 곤란하였다는 점이다. 신라와 이제 막 우호관계를 수립한 입장이었고, 군사활동은 북방 쪽과 충청도 방면이 주된 대상이었다. 서경을 개척하여 북방지역의 방위력을 강화하고 웅주와 운주, 청주 일대에서 발생하던 반란에 대응해야 하던 상황에서 경상권역으로의 군사적 진출은 모색되기 어려웠을 것이다. 따라서 육로상으로 고려와 전혀 연결되어 있지 않던 강주의

59) 『高麗史』 권1, 세가1 태조 3년.

지역세력가 윤웅의 고려 귀부는 나주를 통해서 해상 방면으로 이루어졌던 것으로 보여진다.[60] 물론 이들 귀부해온 자들에 대한 감사의 표시로 고려가 사절을 파견하여 위로한 것 역시 해로를 경유하였을 가능성이 높다. 이미 나주를 전략거점으로 장악하여 수군활동을 벌이고 있던 입장이었으므로 이 해역에 전개하고 있던 수군을 이용한다면 육상 이동 시의 위험도 줄이고 보다 안전하게 도착할 수 있었을 것이기 때문이다.

그렇다면 이 시기 고려가 강주 진출을 시도한 이유는 무엇이었을까? 아마도 그것은 해상권의 범위를 남해안 방면에까지 확대함으로써 신라로 진출하고자 하던 후백제의 군사활동을 억제하기 위한 것이 아니었나 여겨진다. 주지하듯이 강주는 남해안을 이용하는 해상교통의 요충지였을 뿐만 아니라 대야성에 있는 후백제군을 배후에서 압박할 수 있는 지역이었다.[61] 남부 내륙지방을 따라 신라의 경주로 진출하고자 하던 후백제군을 수군을 동원하여 견제할 수 있는 거점이 바로 강주였다. 이 지역의 전략적 가치를 잘 알고 있던 후백제는 건국 이래 신라로 통하는 길목에 위치한 대야성을 점령하기 위해 군사활동을 끊임없이 벌였다. 901년(효공왕 5)에 시도한 공략이 그렇고,[62] 태봉 말기인 916년(신덕왕 5)에도 공격을 시도했다가 실패하였다.[63] 결국 920년 10월에 가서야 1만여 명의 보기병을 동원하여 이 지역을 함락한 다음 진례군(進禮郡 : 김해)까지 진출하였고, 위기 상황에 봉착한 신라는 고려에 구원을 요청하였다. 그런데

60) 정요근, 「後三國時期 高麗의 남방진출로 분석」 『한국문화』 44, 2008, 24쪽.
61) 문안식·이대석, 앞의 책, 2004, 368쪽.
62) 『三國史記』 권12, 효공왕 5년.
63) 『三國史記』 권12, 신덕왕 5년.

공교롭게도 후백제가 대야성을 함락한 시점은 강주장군 윤웅(閏雄)이 고려로 항복해온 지 얼마 지나지 않은 시기에 해당한다.[64] 강주지역으로 해상권 확대를 추진하던 고려의 수군활동에 위협을 느낀 후백제가 대규모의 군사를 동원하여 대야성을 끝내 함락해버린 것이 아닌가 한다.

대야성 방면에 후백제의 군사활동이 집중되고, 이 지역을 견제하는 데 강주지역이 전략적으로 유리한 지역이었음은 고려가 남해안 방면으로 해상권 확대를 추진하는 데 직접적인 계기가 되었을 것이다. 신라와 우호관계를 맺은 입장이었으므로 고려는 최대한 후백제의 군사적 진출을 억제해야만 했던 것이다. 다행히 대야성을 함락시킨 후백제는 얼마 뒤 고려의 반격을 받아 철수하였다. 하지만 대야성 일대에 대한 후백제의 도전은 이후로도 계속되었다. 924년 7월에 견훤이 아들 수미강(須彌强)으로 하여금 대야성과 문소성(聞韶城 : 의성)의 군사를 내어 조물성(曹物城)[65]을 공격토록 한 기록으로 보아 이 시기에 이르러 일시적으로 점령한 것도 같고, 925년(태조 8) 12월에는 실제 거창(居昌) 등 20여 성을 점령하였다.[66] 후백제가 차지한 20여 성이 거창을 비롯하여 인접한 고령과 합천 등지에 위치하는 것으로 추정되는 점에서[67] 대야성 일대에 대한 영향력은 매우 강성하였던 것 같다. 결국 고려는 대야성 일대에 집중된 후백제의 군사활동을 억제하기 위해 강주지역에 대한 해상원정을 추진하였다.

---

64) 『三國史記』 권12, 경명왕 4년.

65) 조물성의 위치는 미상이다. 선산 금오산성, 안동 부근, 김천 조마면, 안동과 상주 사이, 의성 금성으로 보는 등 견해가 다양하다. 제 견해는 문안식, 앞의 책, 2008, 126쪽 참조.

66) 『三國史記』 권50, 열전10 견훤.

67) 문안식, 앞의 책, 2008, 140쪽.

여름 4월 임술일에 해군장군 英昌과 能式 등을 보내어 舟師를 거느리고 가서 康州를 공격하게 하였다. (이들은) 轉伊山·老浦·平西山·突山 등 4개 鄕을 함락시키고 사람과 물자를 노획하여 왔다.[68)]

위 기록을 통해 보듯이 왕건은 927년(태조 10) 4월에 해군장군 영창(英昌)과 능식(能式) 등을 보내어 수군을 거느리고 강주를 비롯한 남해안 지방을 공격하게 하였다. 원정군은 지금의 남해군과 여수 앞바다의 섬들을 포함하는 지역을 함락하고[69)] 연해민과 그 지역의 물자를 노획해 오는 등 전공을 세우고 귀환하였다. 수군을 동원한 강주원정은 대야성 일대에 대한 고려의 군사적 진출을 가능케 함은 물론 신라 방면에 대한 후백제의 군사활동을 억제하는 데 효과를 보였던 것 같다. 해상원정이 종료된 3개월 뒤인 7월에 원보 재충(在忠)과 김락(金樂) 등이 대량성(大良城 : 대야성)을 공격하여 깨뜨리고 후백제의 장군 추허조(鄒許祖) 등 30여 명을 사로잡아 오는 전과를 올렸다는 기록이 보인다.[70)]

그런데 주목해볼 점은 927년 7월에 실시된 재충과 김락의 대야성 공파가 남해안 지방에까지 해상권 확대를 추진한 수군활동을 통해 가능하였던 것이 아닌가 하는 점이다. 이듬해인 928년에 왕건이 견훤에게 보낸 답서를 보면, "윤빈(尹邠)을 해안(海岸)에서 쫓으니 쌓인 갑옷이 산더미와 같았고 추조(鄒祖)를 변방의 성에서 사로잡으니 넘어진 송장이 들을 덮었다"[71)]는 기록이 있다. 이 기록에서 윤빈을

68) 『高麗史』 권1, 세가1 태조 10년 4월. "夏四月壬戌 遣海軍將軍英昌能式等 率舟師往擊康州 下轉伊山老浦平西山突山等四鄕 虜人物而還".

69) 文秀鎭, 앞의 논문, 1992, 174쪽. 함락한 4개 향에 대한 위치에 대해서는 문안식, 앞의 책, 2008, 147쪽 ; 姜鳳龍, 앞의 논문, 2002, 130쪽 참조.

70) 『高麗史』 권1, 세가1 태조 10년 7월.

해안가에서 쫓고 변방에서 추허조를 잡은 사건은 별개의 전투가 아니었을 가능성이 높다. 수군활동으로 해안지방을 공략하는 과정에서 대항하던 윤빈을 쫓고 이어서 인접한 내륙으로 이동하여 대야성을 공격하는 상황에서 추허조를 사로잡았다고 생각된다. 이러한 점에서 보아 927년 4월 고려 수군의 강주 진출은 태봉 당대에는 영향력을 행사하지 못했던 해상권의 범위를 남해안 지방에까지 확대하였다는 점에서 의미를 갖는다.[72)]

하지만 동년 9월 후백제와의 공산전투(公山戰鬪)에서 패배하고,[73)] 이듬해 5월 강주를 지키던 장군 유문(有文)이 후백제에게 항복하였던 사건은[74)] 고려가 추진해 왔던 남해안 지방으로의 해상권 확대에 제동을 거는 것이었다. 더구나 강주지역을 장악한 후백제가 이 지역에 도독(都督)을 파견하는[75)] 등 지배력을 강화하면서 나주지역의 해상교통로를 위협해오던 상황 속에서 남해안 방면으로의 해상권 확대는 더 이상 추진하기 어려운 상황에 직면하게 되었다.

> 18년에 태조가 여러 장군들에게 이르기를, '나주 지경의 40여 郡은 우리의 藩籬가 되어 오랫동안 風化에 복종해 왔다. 일찍이 대상 堅書,

---

71) 『高麗史』 권1, 세가1 태조 11년.

72) 태봉정권하인 903년 3월에 왕건이 나주에 진출하면서 지금의 양산 지방에서 위기에 처해 있던 김인훈을 구원한 사례가 있기는 하다. 하지만 일시적인 구원활동으로 해상권을 남해안 지방에까지 확대시켜 실질적인 영향력을 행사한 것과는 거리가 멀다.

73) 『高麗史』 권1, 세가1 태조 10년 9월. 공산전투의 실상과 전개 과정은 다음 논고를 참고. 閔丙河, 「申崇謙과 公山桐藪 戰鬪」 『軍史』 29, 1994 ; 류영철, 앞의 책, 2004 ; 문안식, 앞의 책, 2008 ; 신성재, 「고려와 후백제의 공산전투」 『한국중세사연구』 34, 2012 참조.

74) 『高麗史』 권1, 세가1 태조 11년 5월.

75) 『三國史記』 권50, 열전10 견훤.

> 權直, 仁壹 등을 파견하여 안무했는데 근자에 백제의 약탈을 당하여 6년 동안이나 해로가 통하지 않으니 누가 나를 위하여 이를 안무하겠는가?' … 드디어 (유금필을) 都統大將軍으로 임명하고 예성강까지 가서 송별했으며 어선을 주어 보냈다. 그리고 3일간 체류하다가 금필이 바다로 나가고 난 뒤에 돌아왔다. 금필이 나주로 가서 經略하고 돌아오니 태조가 또 예성강에 행차하여 맞이하고 위로하였다.[76]

위 기록을 통해 보듯이 935년(태조 18) 당시 나주지역은 후백제의 해상 봉쇄로 말미암아 고려의 수군활동이 자유롭지 못하던 상황이었다. 왕건 스스로 무려 6년 동안이나 '해로가 불통되었다(海路不通)'고 근심해 하는 것을 보면 나주지역에 대한 후백제의 군사적 위협이 매우 심각한 수준이었음을 말해준다. 그런데 나주의 고립과 후백제의 해상봉쇄가 언제부터 시작되었는지는 분명치 않다. "근자에 백제의 약탈을 당하여 6년 동안이나 해로가 통하지 않았다"는 기록으로 보아서는 대략 929~930년 사이의 어느 시기에 해당한다고도 생각된다. 하지만 그것이 고려가 공산전투의 패배를 설욕하고 후백제를 상대로 대승을 거둔 930년 정월의 고창전투 이전인지 혹은 그 이후인지 확인하기 어렵다. 종래에는 후백제가 고창전투에서 참패한 것을 만회하기 위해 나주지역을 공략하였던 것으로 보았다.[77] 즉 고창전투 이후의 시기로 본 것이다. 최근에도 이렇게 이해하는 견해가 있다. 이 시기를 전후하여 양국이 동시에 두 군데 이상에서 전투를

---

76) 『高麗史』 권92, 열전5 유금필. "十八年太祖謂諸將曰 羅州界四十餘郡 爲我藩籬久服風化 嘗遣大相堅書權直仁壹等往撫之 近爲百濟劫掠 六年之閒海路不通 誰爲我撫之 … 遂以爲都統大將軍 送至禮成江 賜御船遣之 因留三日候黔弼下海乃還 黔弼至羅州經略而還 太祖又幸禮成江迎勞之".

77) 池內宏, 앞의 책, 1937, 57쪽 ; 文秀鎭, 앞의 글, 1992, 176쪽.

벌인 점이 없었음을 고려해 볼 때 견훤의 나주 겁략은 930년 정월의 고창전투 이후부터 그 해 12월 사이의 어느 시점의 일이라는 것이다.[78)]

하지만 달리 볼 여지도 있다. 927년 9월의 공산전투에서의 패배와 928년 5월 강주장군 유문의 항복 이후 강주지역은 후백제가 남방지역을 방위하는 거점으로 매우 중시되었을 것이다. 이러한 상황에서 고려의 수군활동 범위는 서남해역으로 점차 축소되었을 것이고, 남해안 방면으로의 영향력 행사는 더 이상 추진하기 어려운 지경에 봉착하게 되었을 것이다. 고려가 이 같은 상황에 처하였음에 비해 후백제는 공산전투에서의 승리를 기점으로 경상도 중북부 지역에서 군사적 우세권을 장악하면서 나주지방에도 관심을 두었다고 보여진다. 특히 고려의 수군이 나주를 거점 삼아 강주지역으로 해상권 확대를 추진하던 사정을 파악하고 있었을 것이므로 이를 견제하기 위한 방안으로 나주로 통하는 길목에 위치한 서남해안 지방 공략에 주목하였을 것이다. 그 시기는 강주장군 유문이 항복하여 고려의 수군활동이 위축된 시점과 어떤 연관성이 있지 않을까 싶다. 이러한 점에서 보아 고려의 왕도인 개성과 나주 간 해로가 불통되던 6년 전의 시점이라 함은 강주지역이 상실되는 928년 5월 이후부터 고창전투가 발발하기 이전의 어느 시기가 아니었나 추정된다.[79)]

또 하나 주목되는 사실은 '해로불통(海路不通)'이 어떠한 상태를 의미하는 것인가 하는 점이다. 글자 그대로 송악과 나주 간 해상교통

---

78) 金明鎭, 『高麗 太祖 王建의 統一戰爭 硏究』, 慶北大學校 博士學位論文, 2009, 77~78쪽.

79) 비슷한 시각에서 나주가 고립되기 시작한 시점을 공산전투의 패배와 강주지역 상실 직후로 본 견해가 있어 참고된다(정요근, 앞의 논문, 2008, 25쪽).

망이 두절되었던 것을 말하는 것인지, 아니면 아예 후백제가 나주지역을 점령하였던 것을 의미하는 것인지 분명치 않다.[80] 6년 동안이나 교통이 두절된 상태에서 나주지역 스스로 독자적인 생존이 가능하였을지, 또한 유금필이 나주를 '경략(經略)'하고 돌아왔다는 표현으로 보아서는 후백제의 수중에 들어갔을 가능성도 있다고 생각된다.[81] 그러나 이러한 견해에 수긍도 가지만 나주지역의 독자적 생존성 문제와 '경략'의 의미만을 갖고 후백제가 이 지역을 점령하였던 것으로 이해하기에는 곤란한 면도 없지 않다. 무엇보다도 나주지역 자체가 태봉 치하인 903년에 공취된 이래 후백제에게 빼앗긴 적이 없었다는 사실이다. 태봉 수군이 진도군(珍島郡)과 고이도성(皐夷島城)을 함락하는 909년을 전후로 후백제가 나주를 일시적으로 점령한 것으로 보는 견해도 있지만,[82] 추정일 뿐 직접적인 기록은 확인되지 않는다. 또 고립된 상태하에서의 독자성이 가능했겠는가를 고려하고 있지만, 후삼국 전란기에 독자적인 성향이 컸던 지방은 여럿 있었다. 따라서 이 시기 해로불통에 대해서는 그동안 송악과 나주를 연결해주고 있던 해상교통로가 후백제의 침탈로 말미암아 교통하지 못하던 상황으로 평가함이 어떨까 한다. 서남해역에 대한 해상권 장악이라고 하여 당 해역의 모든 항로를 장악하였다기보다는 선박이 이동하는 주요 항로를 통제하고 있었음을 고려해 볼 필요가 있다. 어쨌든 중요한 사실은 고려의 수중에 있던 서남해역에 대한 해상권이 후백제로 넘어갔다고 하는 점이다. 이는 그동안 고려가

80) 文秀鎭, 앞의 논문, 1987, 28쪽.

81) 金明鎭, 앞의 논문, 2009, 78쪽.

82) 金甲童, 『羅末麗初의 豪族과 社會變動 硏究』, 高麗大民族文化硏究所, 1990, 102쪽 ; 鄭淸柱, 앞의 책, 1996, 152쪽.

서남해역에 대해 해상권을 장악하고, 이 지역을 전략거점으로 삼아 강주를 공략하는 등 남해안 지방에까지 영향력을 확대하였던 사정과 비교해볼 때 중대한 변화를 수반하는 것이었다.

주지하듯이 고려는 태봉이 후삼국통일을 목표로 수립하였던 통일전쟁의 재원 확보와 서남해역 해상권 장악이라고 하는 수군전략을 국초부터 마련하여 적극 추진하였다. 도항사를 설치하여 제도적 차원에서 수군활동을 적극적으로 지원하는가 하면, 나주도대행대를 설치하여 수군활동을 보장하는 노력을 기울였다. 이와 함께 927년에는 강주진출을 감행함으로써 태봉으로부터 계승되어온 해상권 장악의 전략적 가치를 남해안 지방에까지 확대하기도 하였다. 하지만 후백제의 해상 침탈로 나주가 고립되는 상황에서 고려가 그동안 추진해왔던 수군전략에는 변화가 불가피하였다. 그 변화는 해상권의 범위를 남해안 방면으로 확대하기보다는 송악과 나주를 연결하는 해상교통을 중점적으로 보장하는 방향으로의 변화를 의미하는 것이었다.

고려의 수군전략이 송악과 나주를 연결하는 서남해역 해상교통 보장으로 변화된 이유에는 932년(태조 15) 후백제가 수군을 동원하여 예성강 일대를 공격하고, 대우도(大牛島)를 비롯한 서해 중·북부 해역에 대한 약탈을 감행하던 사정과[83] 이에 대응하는 고려 수군의 열세한 상황이[84] 직접적인 영향을 미쳤을 것이다. 왕도가 위치한 개성 앞바다까지 후백제의 수군이 진출하여 위협을 가해 오던 상황에서 고려의 해상권 장악의 범위는 현실적인 수준에서 나주를 핵심으로 하는 서남해역에 국한될 수밖에 없었던 것이다. 수군을 동원한

83) 『高麗史』 권2, 세가2 태조 15년 9월.
84) 『高麗史』 권2, 세가2 태조 15년 10월.

후백제의 침탈과 도전을 억제하기 위해서는 그 배후에 위치한 나주 지역을 탈환하면서 해상교통을 재개하는 것이 효과적인 대응전략이었던 만큼 나주를 연결하는 해상교통 보장에 주력하였던 것이다. 고려는 이를 실현하기 위해 당시 군사들로부터 신망을 두텁게 받고 있던 유금필을 도통대장군(都統大將軍)에 임명하여 나주를 경략토록 하였다.

결국 이러한 방향으로 집중한 해상교통 보장 노력에 따라 고려는 송악과 나주를 연결하는 해상교통을 재개할 수 있게 되었다. 종국에는 후백제 내부의 정변 발생으로 금산사(金山寺)에 유폐되어 있던 견훤이 나주로 탈출하여 귀부를 요청해오자 수군을 파견하여 호송해옴으로써[85] 통일전쟁의 주도권을 장악할 수 있게 되었다. 송악과 나주를 연결하는 서남해역 해상교통을 지속적으로 보장함으로써 고려는 후삼국통일의 대업을 앞당길 수 있게 되었다.

5. 맺음말

후삼국시대는 수군의 역량이 어느 시기보다도 왕성하게 발현된 시기였다. 후삼국통일의 주역이었던 고려는 서남해역에 대한 해상권을 장악하기 위해, 또한 해상으로부터 발생하는 군사·경제적인 이익을 확보하기 위해 수군활동을 적극 전개하였다. 고려가 수군활동을 적극적으로 전개할 수 있었던 배경에는 태봉 말기에 추진된 일련의 수군력 증강 작업과 태봉 당대부터 후삼국통일을 목표로

85) 『高麗史』 권2, 세가2 태조 18년 6월.

실천하였던 수군전략을 발전적으로 계승하였기에 가능한 것이었다.

태봉 말기의 수군력 증강은 전함의 증치와 이를 지휘·통솔할 장수 및 군관, 말단의 일반 병졸의 충원을 통해 이루어졌다. 무려 100여 척의 전함이 증치되었고, 보병으로 활약하던 장수와 호족세력 휘하의 인물, 연해민들이 수군으로 편성되었다. 고려가 수군력을 증강한 이유는 태봉정권하부터 수립하여 추진해왔던 서남해역 해상권 장악과 전쟁재원 확보를 골자로 하는 수군전략이 통일전쟁의 주도권을 장악하는 데 효용성이 높았기 때문이었다. 따라서 고려 건국 초기의 수군전략은 서남해역 해상권 장악과 전쟁재원 확보를 계승·발전시키는 방향으로 추진될 것이었다. 고려는 이를 실현하기 위해 서남해역의 주요 해안지방에 대한 원정작전을 모색하기도 하였다.

하지만 고려가 건국되는 어수선한 정국에서 새로운 해안지방을 대상으로 해상권 확대를 추진하기란 쉬운 일이 아니었다. 그 대신에 고려는 정국이 점차 안정적인 국면으로 접어들면서 후삼국통일을 이룩하는 데 소요되는 전쟁재원을 서남해안 지방으로부터 안정적으로 확보하는 전략을 추진하였다. 고려는 이를 위해 수군활동 기반을 강화하는 노력을 기울였다. 도항사와 나주도대행대를 설치하여 운영한 것이 그것이다.

도항사는 왕건이 고려를 건국한 직후 관제를 정비하면서 설치한 관부로 도항사령과 도항사경이 임명되었다. 그리고 도항사는 수상 및 해상 항로와 그를 통한 운송과 같은 임무를 담당하였다. 나주를 비롯한 서남해안 지방에서 수군활동을 통해 획득하게 되는 재원을 왕도(王都)와 주요 전투 장소에 안정적으로 조달하기 위해서는 이를 체계적으로 전담할 부서가 필요하였으므로 이를 총괄하는 관부로 도항사를 설치한 것이었다.

나주도대행대 역시 비슷한 임무와 역할을 수행하였다. 나주 현지를 지배하기 위해서는 수군의 역할과 조력이 반드시 필요하였으므로 이들을 효과적으로 관리하고 활동을 보장하는 임무가 부여되었던 것이다. 이를 수행하는 과정을 통해 나주도대행대는 통일전쟁에 소요되는 재원을 지속적으로 확보하는 데 그 역할을 다하였던 것으로 추정된다. 고려말 사헌부 관리들이 후삼국통일의 기반으로 어염과 목축, 해산물로 대표되는 전쟁재원의 가치를 지목하고, 왕건이 후삼국통일에 협조한 이총언에게 충주와 원주 등지에 보관하던 곡식과 소금을 하사하였다고 하는 기록은 건국 초기 전쟁재원 확보의 실상을 잘 보여준다.

고려는 수군활동 기반 강화를 통한 전쟁재원 확보를 추진하면서 해상권의 범위를 확대하기 위한 노력을 기울였다. 고려가 해상권을 확대하기 위해 중시한 지방은 강주였다. 고려가 이 지역으로 해상권 확대를 추진한 이유는 남해안의 해상교통 요충지이자 신라 진출을 위해 대야성을 공략하던 후백제를 수군활동을 통해 견제할 수 있는 지역이었기 때문이었다. 927년 4월, 고려는 해군장군 영창과 능식으로 하여금 강주를 비롯한 인근 해안지방을 공략하는 해상원정을 실행하였다. 고려 수군의 강주진출은 대야성에 집중된 후백제의 군사활동을 억제함은 물론 태봉 당대에는 영향력을 행사하지 못했던 해상권의 범위를 남해안 지방에까지 확대하였다는 점에서 의미를 갖는다.

하지만 동년 9월 공산전투에서 패배한 이후 후백제의 수군이 나주로 통하는 서남해역 해상교통로를 6년 동안이나 통제하고, 예성강 수역에까지 침탈해오면서부터는 해상권 확대를 추진하기 어려운 상황에 처하게 되었다. 이는 나주를 거점 삼아 강주를 공략하는 등 해상권 확대를 추진해가던 수군전략에 중대한 변화를 수반하는 것이었다.

그 변화는 해상권의 범위를 남해안 방면으로 확대하기보다는 송악과 나주를 연결하는 해상교통을 보장하는 방향으로의 변화를 의미하는 것이었다. 왕도가 위치한 개성 앞바다까지 후백제의 수군이 진출하여 위협을 가해 오던 상황에서 고려의 해상권의 범위는 현실적인 수준에서 나주를 핵심으로 하는 서남해역에 국한될 수밖에 없었던 것이다.

결국 이러한 방향으로 집중한 해상교통 보장 노력에 따라 고려는 나주로 탈출하여 귀부를 요청해온 후백제왕 견훤을 호송해옴으로써 후삼국통일을 앞당길 수 있게 되었다. 태봉 치하에서부터 추진해왔던 수군전략을 발전적으로 계승하는 가운데 고려는 후삼국을 통일하는 대업을 이루어낼 수 있었던 셈이다.

후백제의 수군활동과 전략·전술

1. 머리말

후삼국시대 서해와 남해상에서 추진된 수군활동과 관련해서는 태봉(泰封)과 고려(高麗)를 중심으로 적지 않은 연구가 선행되었다. 최근에는 선행하는 연구성과에 기반하여 이들 양 정권이 수립하였음직한 수군전략(水軍戰略)의 구체적인 내용을 살펴보고, 수립된 전략에 토대하여 추진되었던 수군활동이 고려의 후삼국통일 과정에서 중추적인 역할을 담당하였던 사실이 자세하게 검토된 바 있다. 태봉이 나주(羅州)를 공취하여 서남해역에 대한 해상권(海上權) 장악과 통일전쟁에 소요되는 재원을 확보하는 거점으로 구축하고, 이어서 등장한 고려왕조가 이를 발전적으로 계승함으로써 후삼국을 통일하였던 것으로 평가한 견해가 그것이다.[1]

그런데 이러한 연구 분위기와 달리 동일한 시기에 존속하였던 후백제(後百濟)가 추진한 수군활동에 대해서는 별다른 관심이 베풀어지지 못했다.[2] 후삼국 간의 쟁패 과정과 해상교통무역 파괴전을 중심으로 서술한 일본인 학자의 초창기 연구를 비롯하여,[3] 한국

---

1) 신성재, 「태봉의 수군전략과 수군운용」 『역사와 경계』 75, 2010 ; 신성재, 「고려의 수군전략과 후삼국통일」 『東方學志』 158, 2012a.

2) 후백제와 견훤에 대한 연구동향은 조법종, 「후백제와 태봉관련 연구 동향과 전망」 『新羅文化』 27, 2006 ; 조법종, 「후백제와 태봉」 『한국고대사 입문 3－신라와 발해』(김정배 편), 신서원, 2006 참조.

역사상 전개된 주요 해전과 수군활동사를 개설적으로 정리한 동시기의 연구,[4] 수군사·해양사 및 전쟁사를 다룬 통사류,[5] 견훤정권(甄萱政權)의 성립에서부터 몰락까지의 과정과 주요 정책을 다룬 성과,[6] 후삼국시대 호족(豪族)의 대두와 세력화 과정 등을 심도 있게 분석한 단행본[7] 등을 통하여 간혹 언급되었지만 그 내용은 단편적이며 소략하기만 하다. 그나마 다행스러운 것은 근래에 들어 왕건(王建)의 서남해안 지방 경략과 견훤 및 토착세력과의 해양쟁패전에 의미를 부여한 성과들[8] 속에서 견훤 정권이 수행한 수군활동이 비중있게 논의되고 있다는 점이다. 하지만 여전히 후백제의 수군활동을 전론으로 다룬 논고는 부재하다. 또한 후백제의 수군활동을 반영한 기왕의 성과 역시 고려의 그것을 조명하는 과정에서 상대적으로 서술되거나 부수적으로 취급되고 있는 형편이다. 후백제가 수군을 운용하였던 사실을 상기해본다면 그 구체적인 실상은 물론 전략·전술적인 특징과 의미 등에 관심을 가져볼 필요가 있다고 생각한다. 특히

---

3) 日野開三郎, 「羅末三國の鼎立と對大陸海上交通貿易(四)」 『朝鮮學報』 20, 1961.

4) 海軍本部 政訓監室, 『韓國海戰史』 上, 1962 ; 崔碩男, 『韓國水軍史研究』, 鳴洋社, 1964 ; 崔碩男, 『韓國水軍活動史』, 鳴洋社, 1965.

5) 陸軍本部, 『韓國古戰史 2』(中世篇), 1976 ; 오붕근, 『조선수군사』, 한국문화사, 1998 ; 윤명철, 『한국 해양사』, 학연문화사, 2003 ; 강봉룡, 『바다에 새겨진 한국사』, 한얼미디어, 2005 ; 문안식, 『후백제 전쟁사 연구』, 혜안, 2008 ; 정진술, 『한국 해양사』, 景仁文化社, 2009.

6) 申虎澈, 『後百濟 甄萱政權研究』, 一潮閣, 1983.

7) 鄭清柱, 『新羅末高麗初 豪族研究』, 一潮閣, 1996.

8) 姜鳳龍, 「後百濟 甄萱과 海洋勢力-王建과의 海洋爭覇를 중심으로」 『歷史敎育論集』 83, 2002 ; 姜鳳龍, 「羅末麗初 王建의 西南海地方 掌握과 그 背景」 『島嶼文化』 21, 2003 ; 문안식·이대석, 「왕건의 서남해지역 경략과 토착세력의 동향」 『한국고대의 지방사회-영산강유역의 역사와 문화를 중심으로』, 혜안, 2004 ; 신성재, 「태봉과 후백제의 덕진포해전」 『軍史』 62, 2007 ; 김대중, 「王建의 後三國統一과 羅州의 戰略的 位相」 『고려의 후삼국통합과정과 나주』(호남사학회 편), 景仁文化社, 2013.

후백제의 수군이 929년(태조 12)을 전후하여 송악(松嶽 : 개성)과 나주를 연결하는 서남해역 해상항로를 통제함으로써 나주지역에 주둔하고 있던 고려군의 수군활동을 고립시키고, 나아가 서해 중북부 해역에까지 진출하여 고려 정부를 압박하였던 사건은 후백제의 수군활동이 후반기로 접어들면서부터 이전과는 다른 방향으로 변화되었음을 반영한다는 점에서 주목해 볼 부분이다. 그 변화는 단순히 활동 양상이 달라진 것 이상의 전략·전술상의 변화를 의미한다고 생각된다.

이 글에서는 후백제의 수군활동에 주목하여 그 전략·전술적인 특징과 의미를 살펴보고자 한다. 직접적인 자료가 부족한 만큼 태봉 및 고려의 군사활동 기록에 반영된 관련 내용을 중심으로 정밀하게 분석하되, 수군활동에 변화가 발생하였던 것으로 판단되는 시점을 기준으로 크게 전반기와 후반기로 나누어 정리하고자 한다.[9] 이를 위해서는 태봉 및 고려가 추진하였던 수군활동을 다룬 학술적 성과가 도움이 되는 만큼 이들이 추진하였던 수군전략 및 수군활동과 적절히 비교하면서 서술하고자 한다.

본 연구를 통하여 후백제가 수행하였던 수군활동의 구체적인 내용과 변화의 흐름을 파악할 수 있을 것으로 본다. 또한 태봉 및 고려와 대비하여 후백제의 수군활동이 안고 있었던 전략·전술의 특징과 한계점, 그리고 그와 같은 형태의 전략·전술이 형성될 수밖에 없었던 배경 또한 유추해볼 수 있는 계기가 될 것으로 기대한다.

---

9) 후백제의 수군활동은 910년을 중심으로 나주와 서남해역을 둘러싼 태봉과의 싸움에서 나타나고, 고창전투가 발발하던 929년을 전후하여 활발히 전개된 사실이 확인된다. 이 글에서는 수군활동이 활발하게 나타나는 910년대와 920년대에 주목하여 각각 전반기와 후반기로 나누어 서술하고자 한다.

나아가 후삼국 통일전쟁에서 어떠한 개념에 입각한 수군운용 전략이 효과적이었으며 또한 유용한 전략이었는가를 전쟁사적인 교훈으로 깨닫게 되는 계기가 될 것으로 기대한다.

2. 전반기의 수군활동과 전략·전술

견훤이 장성하여 신라(新羅)의 왕경(王京)에 들어갔다가 서남해를 방수(防守)하는 임무를 띠고 파견되었던 경험에 비추어 보아,[10] 건국 이후 해안지방의 방위를 담당하는 군사를 운용하였을 것임은 어렵지 않게 짐작해 볼 수 있다. 그 군사력의 실체는 수군이었을 것이다. 후백제의 수군을 지휘하던 인물이 해군장(海軍將)의 직함으로 활동하고,[11] 기왕의 성과에서도 견훤을 수군장(水軍將)으로까지 높이 평가하였던 점[12] 등을 통해 볼 때 후백제가 관할하고 있던 서남해안지방에 대한 방위를 위해 수군을 운영하였던 사정을 살필 수 있겠다. 후백제가 수군을 운영하였던 군사적인 배경은 태봉과 고려가 서남해안 지방으로 남진 전략을 추진하면서 해상권을 확대해오던 현실적인 위협에서 비롯하였다.

주지하듯이 후백제와 태봉·고려는 후삼국 통일전쟁이 종식되는 순간까지 서남해역에 대한 해상권을 장악하기 위해 치열한 싸움을 벌였다. 태봉 및 고려의 입장에서 보아 후백제의 배후를 위협하면서

---

10) 『三國史記』 권50, 열전10 견훤. 견훤의 방수처에 대해서는 李道學, 「新羅末 甄萱의 勢力 形成과 交易」 『新羅文化』 28, 2006, 213~226쪽 ; 배재훈, 「견훤의 군사적 기반」 『新羅文化』 36, 2010, 182~191쪽 참조.

11) 『高麗史』 권2, 세가2 태조 15년 冬 10월.

12) 崔碩男, 앞의 책, 1965, 65~67쪽.

동시에 신라 방면으로의 군사적 진출을 견제하기에 적합하였던 나주는 해상 전략거점으로서 일찌감치 확보해야 할 지역이었다. 뿐만 아니라 낙동강 수계를 통해서 경남 동남부의 김해·부산지역으로 연결되고, 사천시와 남해도로 에워싸인 진주만과 연결되는 강주(康州 : 진주)[13] 역시 후백제의 동진(東進)을 억제하면서 신라를 압박하기에 용이한 지역이었으므로 적극적으로 확보해야 할 전략적 요충지였다.

나주와 강주지역에 대한 전략적 입장은 후백제 역시 마찬가지였다. 지정학적으로나 전쟁을 수행하는 전략적인 측면에서나 이들 양 지역은 전쟁 주도권의 전환점을 마련할 수 있는 요충지였다. 그렇기 때문에 우선적으로 공취하여 지배영역으로 편입시키거나, 재지세력의 독자적인 성장을 억제하고 외부세력의 침투를 차단해야만 했다. 견훤이 건국 초기인 901년에 대야성(大耶城 : 합천) 공격에 실패하자 군사를 이동시켜 금성(錦城 : 나주) 남쪽의 연변 부락을 공략하였다고 하는 기록은[14] 재지세력의 발호를 억제하고 배후의 안전성을 확보하기 위한 것이었다. 하지만 이때의 시도는 재지세력이 견훤의 군사력으로는 공파할 수 없을 정도로 강성하였기 때문에[15] 실패로 돌아갈 수밖에 없었다.

전략적 요충지를 둘러싸고 양국이 대립 구도를 형성하던 상황에서, 903년 태봉 수군의 나주 진출은[16] 이 지역에 대한 헤게모니(hegemony)를 놓고 후백제와 해상권 쟁탈전을 가속화시키는 계기가

---

13) 姜鳳龍, 앞의 논문, 2002, 128쪽.
14) 『三國史記』 권12, 효공왕 5년.
15) 鄭淸柱, 앞의 책, 1996, 150쪽.
16) 『高麗史』 권1, 세가 태조 천복 3년. 신성재, 「궁예정권의 나주진출과 수군활동」 『軍史』 57, 2005 ; 신성재, 앞의 논문, 2010 참조.

되었다. 이후 태봉이 나주를 포함한 주변 해역에 산재한 도서지방에까지 수군활동을 벌여 해상권의 범위를 더욱 확대해 가자[17] 이를 견제하기 위한 후백제의 대응은 필연적으로 수반될 수밖에 없었다. 나주성을 둘러싸고 전개된 공방전이 바로 그것이다. 그런데 흥미로운 사실은 나주지역을 공취하기 위한 싸움에서 양국 간의 군사적 대응 방식에 차이가 발생하고 있다는 점이다.

> 견훤이 몸소 步騎 3천을 인솔하여 나주성을 포위하고 열흘이 지나도록 풀지 않았다. 궁예가 수군을 발하여 그것을 습격하자 견훤이 군사를 이끌고 물러갔다.[18]

위 기록은 태봉 수군의 거듭된 서남해안 지방에 대한 경략으로 910년에 이르러 나주가 궁예(弓裔)에게 투항하자[19] 위기의식을 느낀 견훤이 군사를 동원하여 나주성(羅州城)을 포위 공격하였고, 위급한 상황을 접수한 궁예가 수군을 파견하여 물리친 내용을 담고 있다. 그런데 전술한 바와 같이, 이 시기 나주지역을 둘러싼 태봉과 후백제의 공방전에서는 그 군사적인 대응 방식에 있어 차이점이 나타난다.

먼저 태봉의 경우를 보면 전적으로 수군을 주력으로 활동하는 방식을 취하고 있다.[20] "궁예가 수군을 발하여 견훤의 군사를 습격하

---

17) 『三國史記』 권12, 효공왕 11년 ; 『高麗史』 권1, 세가1 태조 양 개평 3년.

18) 『三國史記』 권12, 효공왕 14. "甄萱躬率步騎三千 圍羅州城經旬不解 弓裔發水軍襲擊之 萱引軍而退".

19) 『三國史記』 권50, 열전10 견훤.

20) 태봉이 동원한 수군의 병력은 확실하지 않다. 다만 909년에 2500명으로 진도군을 공취하였던 기록으로 보아 그와 비슷한 수준의 병력이 동원되지 않았을까 추정된다.

였다"고 하는 기록이 이를 말해준다. 궁예가 수군을 보내어 대응하였던 것은 무엇보다도 나주지역이 육로를 이용해서는 접근하기가 용이치 않던 지역이었기 때문이었다. 보기병을 동원한다면 나주 외곽지역으로 우회하여 접근해야 하는데, 이는 위험 부담이 클 수밖에 없다. 이동 과정에서 후백제가 배치해 놓은 수비군의 감시망을 피하기가 쉽지 않기 때문이다. 문제는 또 있다. 태봉이 비록 903년에 금성을 공취하여 지배력을 확대하고는 있었지만, 여전히 독자적인 성향을 지닌 호족세력들이 영향력을 행사하고 있었다. 이러한 이유로 말미암아 태봉은 은밀성이 높은 해상항로를 이용하면서, 또한 기습 전술을 발휘하기에 적합한 수군활동에 의존하였던 것이다. 특히 태봉정권이 왕건을 해군대장군(海軍大將軍)에 임명하여[21] 수군의 독자적인 작전능력을 강화시키는 한편 중앙정부의 필요성에 따라 수군으로 동원할 수 있는 최소 5천 명 정도의 잠재적 인적자원을 확보하고 있었던 점은[22] 수군활동을 전개함에 있어 직접적인 기반이 되었을 것이다.

태봉이 수군을 운용하였음에 비해 후백제는 보기병으로 대응하는 전술에 치중하였던 것 같다. "견훤이 몸소 보기 3천을 인솔하여 나주성을 포위하고 열흘이 지나도록 풀지 않았다"고 하는 기록이 이를 뒷받침해준다. 그런데 이 기록에서 좀더 주의깊게 보아야 할 대목이 있다. 견훤이 "나주성을 포위하고 열흘이 지나도록 풀지 않았다"고 하는 부분이 그것이다. 이 점은 태봉이 수군을 동원하여

21) 『高麗史』 권1, 세가1 태조 양 개평 3년.
22) 이 병력의 수치에 대해서는 유사시에 수군으로 동원될 수 있는 인원, 즉 전투에 투입되는 선단을 구성하는 인원을 일컫는 것이지 고정 불변의 병종으로서 수군을 지칭하는 것은 아니라고 한다(이창섭, 「高麗 前期 水軍의 運營」 『史叢』 60, 2005, 20~21쪽).

후백제군을 습격하는 전술을 구사한 것과 동일한 방식으로 후백제 또한 수군을 인솔하여 얼마든지 대응할 수 있었던 것임을 생각해본다면 하나의 의문이 아닐 수 없다. 육로를 경유하는 보기병과 해상항로를 이용하는 수군을 함께 동원하여 공격하였다면 전술적인 효과가 컸을 것이기 때문이다. 요컨대 보기병만으로 포위공격하는 것보다는 수군을 동원하여 협공하는 전술이 나주성을 확보하는 데 유리하였을 것이다.

하지만 견훤은 나주성을 장기간 동안이나 포위 공격하면서도 수군을 동원하거나 그와 유사한 임무를 띤 별도의 군사를 동원하지 않았다. 이것이 910년 당대 후백제의 수군활동에 있어 전략·전술적인 측면에서 의미하는 바는 무엇일까? 태봉의 수군이 903년에 나주를 선취함으로써 해상으로부터의 위협이 더욱 가중되어 가던 상황에서 후백제로서는 배후의 안전을 보장하기 위해 무엇보다도 나주지역에 대한 지배권을 확보해야만 했다. 그런데 후백제의 나주지역에 대한 지배권 확보는 서남해역에 대한 해상권을 장악하느냐 못하느냐에 따라 좌우되는 문제였다. 그리고 서남해역에 대한 해상권 장악은 실질적으로 수군의 역할과 활동에 의해 달성될 것이었다. 이처럼 수군활동이 그 어느 시기보다도 중요하였음에도 불구하고 후백제는 수군을 활용하는 전략과 전술을 구사하지 않았다. 아마도 그 이유는 당시 후백제가 보기병의 전략·전술적 가치를 중시하는, '보기병 중심의 군사력 운용체제'를 유지하는 입장이었기에 해전을 전담하는 수군의 양성이 체계적인 수준으로까지 성장하지 못하였기 때문이 아닌가 추정된다. 이 점은 태봉의 군사력 운영이 수군과 육군을 공히 포괄하였던 것과 비교하여 후백제의 수군 운영이 질적으로나 제도적인 측면에서 열세한 처지에 있었음을 반영한다.[23)]

양국 간의 이러한 차이점은 비슷한 시기에 발발한 덕진포해전(德津浦海戰)에서도 나타난다.

> 나주포구에 이르니, 견훤이 친히 군사를 거느리고 전함을 늘어놓아 木浦에서 德津浦에까지 이르렀다. 머리와 꼬리를 서로 물고, 수륙종횡으로 병세가 심히 성하였다. 제장들이 근심하기에 태조가 말하기를, '근심하지 마라. 군사가 승리하는 것은 和에 있지 衆에 있는 것이 아니다.' 이에 군을 급히 몰아 공격하니 적선이 퇴각하였다. 바람을 타 불을 놓으니, 타죽거나 익사자가 태반이었다. 5백여 급을 참획하였으나, 견훤은 작은 배를 타고 달아났다. 처음에 나주 관내 여러 郡들이 우리와 떨어져 있고 적병이 길을 막아 서로 응원할 수 없었기 때문에 자못 동요하고 있었는데, 이때에 견훤의 정예부대를 격파하니 무리들의 마음이 모두 정해졌다. 이리하여 三韓의 땅에서 궁예가 大半을 차지하게 되었다.[24]

위는 후백제의 나주성 공략이 실패로 돌아간 뒤로부터 2년이 경과한 912년에 견훤의 후백제군과 궁예의 태봉 수군이 나주지역에 대한 지배권을 둘러싸고 덕진포에서 해상결전을 벌인 내용을 전한다. 기록을 통해 알 수 있듯이 왕건이 거느린 태봉군은[25] 전적으로

---

23) 신성재, 앞의 논문, 2005, 184쪽.

24) 『高麗史』 권1, 세가1 태조 양 개평 3년. "及至羅州浦口 萱親率兵列戰艦 自木浦至德眞浦 首尾相銜 水陸縱橫 兵勢甚盛 諸將患之 太祖曰 勿憂也 師克在和 不在衆 乃進軍急擊 敵船稍却 乘風縱火 燒溺者大半 斬獲五百餘級 萱以小舸遁歸 初羅州管內諸郡 與我阻隔 賊兵遮絶 莫相應援 頗懷虞疑 至是 挫萱銳卒 衆心悉定 於是 三韓之地 裔有大半".

25) 덕진포해전을 지휘한 주체에 대해서는 왕건이 아닌 궁예로 보기도 한다(최연식, 「康津 無爲寺 先覺大師碑를 통해 본 弓裔 행적의 재검토」 『목간과

수군이 주력으로 구성된 가운데 비록 병력 규모는 열세하였던 것 같지만 조직적인 해전 수행능력을 갖추고 있었음이 확인된다. 왕건이 근심하는 여러 장수들을 독려하여 "군을 급히 몰아 공격하니 적선이 퇴각하였다"고 하거나 "바람을 타 불을 놓으니 타죽거나 익사자가 태반이었다"고 하는 기록은 과감한 돌파력과 전장 해역에 대한 기상정보를 충실히 활용할 정도로 해전 전술에 능숙한 태봉 수군의 면모를 보여준다. 이러한 점은 태봉이 해전을 전담하는 수군을 양성하여 별도의 군사조직으로 편성 및 운영해왔던 사정을 짐작케 한다. 서남해역에서 해상작전을 수행하기 위해 매 출정 시마다 수군 병력 2~3천 명과 전함 70여 척을 단위로 하는 해상 원정부대를 구성하였던 것은[26] 단순한 우연이 아닐 것이다. 뿐만 아니라 이들을 지휘통솔하는 최고 지휘관의 직책에 해군대장군(海軍大將軍)을 설치하고 이를 제수하였던 점도[27] 수군조직의 독자성에 무게를 더해준다. 어쩌면 이 시기 태봉의 수군력은 100척 전후의 함선과 군사 3천 명 전후를 상비시킬 수 있을 정도로 정비된 체제를 형성하고 있었던 것이 아니었나 추정된다.[28]

이에 비해 후백제군에는 수군과 보기병이 모두 동원되고 있다.

문자』 7호, 2011, 203~215쪽).

26) 909년 출정 시에는 2천 5백 명이 동원되었다. 이후 914년에는 2천 명과 전함 70여 척이 동원되었고, 명확하지는 않지만 비슷한 시기에 3천 명이 출정하였던 사실이 확인된다.

27) 왕건이 해군대장군에 임명된 사례가 그것이다

28) 日野開三郎, 앞의 논문, 1961, 89쪽. 이와 달리 후삼국시대 태봉 및 고려 수군의 성격에 대해서는 항구성을 지닌 정비된 체제라기보다는 사안이 발생하면 임시적으로 설치하는 '임사설관적(臨事設官的)'인 성격으로 이해하기도 한다(金南奎, 「高麗의 水軍制度」 『高麗軍制史』, 陸軍本部, 1983, 204~207쪽 ; 이창섭, 앞의 논문, 2005, 20~27쪽 ; 육군본부 군사연구소, 『한국군사사 3』(고려 I), 경인문화사, 2012, 172~176쪽 참조).

배치된 부대의 규모가 “수륙종횡으로 병세가 심히 성하였다”고 하거나 나주 관내의 여러 군(郡)이 태봉 수군과 미리 연락할 것을 우려하여 보기병으로 하여금 길목을 차단하였던 것이 이를 말해준다. 그런데 실제 해전을 수행하기 위한 함대의 형태를 보면 해안가에 배치해둔 보기병의 지원에 의존하는 듯한 인상을 보인다. “견훤이 친히 군사를 거느리고 전함을 늘어놓아 목포(木浦)에서 덕진포(德津浦)에까지 이르렀다”는 기록을 보면 후백제가 장사진을 취하여 대응하고자 하였음을 알 수 있다. 이러한 형태의 배치는 공격보다는 수비에 치중하는 것으로 견훤이 처음부터 수비전술로 나왔음을 짐작케 한다.[29] 이를 병세가 수륙종횡으로 심히 성하였다고 하는 기록과 연결시켜 보면 후백제군이 해전에 주안을 두기보다는 배후인 육지에 배치한 보기병과 연대하는 전술로 대응하고자 하였음을 반영한다.[30] 물론 견훤이 직접 함대를 지휘하였던 점에서 보아 상당수의 수군이 동원되었을 것이다. 하지만 다수의 병력은 해전을 전문적으로 수행하는 군사들로 구성하기보다는 해상전이 격화되어 가던 현실적인 필요성에 따라 물에 익숙하고 싸움을 잘하는 자들을 선발하여 편성하였던 것 같다.[31] 배후의 보기병과 연대하는 형태의 전술은 그러한 병력 구성상의 특징에서 나왔던 것이 아닌가 싶다. 결국 후백제군은 전문적인 수군인력의 부족에 따른 해상전투 능력의 약화, 지휘관의 지휘 통솔력 부족 등으로 인하여 패배하고 말았다.[32]

---

29) 임용한, 『전쟁과 역사』, 혜안, 2001, 317쪽.

30) 후백제가 수륙병공작전이나 수륙협공전술을 구사하고자 하였던 것으로 볼 여지도 있겠으나, 수군으로 해전을 적극적으로 벌이기보다는 배후의 보기병력에 의존하는 듯한 인상이다.

31) 신성재, 앞의 논문, 2007, 84쪽.

32) 신성재, 앞의 논문, 2005, 190쪽 주106.

이로써 보건대 후백제는 태봉과 덕진포에서 해상 결전을 벌이던 912년에 이르러서도 보기병 중심의 군사운영체제를 유지하고 있었고, 독자적으로 해상작전을 수행할 정도의 함대를 건설하거나 해전을 전담하는 수군조직을 독립적으로 운영하지 못하고 있었던 것이 아니었나 추정된다.

한편 근래 후백제의 군사조직과 병력 구성을 살핀 견해에 따르면 대략 육상의 군사력으로서 보병이 주력을 이루는 군사조직과 기병으로 이루어진 부대가 있었으며, 이러한 지상군과는 다른 수군조직이 별도의 지휘체계 아래 운용되었던 것으로 파악하기도 한다. 또한 이러한 병종의 차이에 따른 별도의 부대조직은 견훤정권 성립기에 이미 그 틀이 갖추어지기 시작했으며, 900년에 전주로 천도한 이후 국가체제의 정비과정을 거치면서 좀 더 완성된 모습을 갖게 되었다고 한다.[33] 그러나 910년의 나주성 공방전을 통해 나타나듯이 후백제가 수군을 동원하여 대응한 흔적은 확인되지 않는다. 물론 912년 덕진포해전 시에는 수군이 참가하기도 하였다. 하지만 이 시기의 수군은 해전을 전담하는 주역으로 활동하기보다는 보기병 중심의 전술을 보조하는 역할에 머물러 있었던 것 같다. 전문적인 수군 병력이 부족하고, 독자적인 해전 수행능력이 미비한 점 등으로 보아서는 후백제의 수군이 정권 성립기부터 그 틀이 갖추어졌던 것으로 해석하기에는 조심스러운 면이 있다.[34] 오히려 후백제의 군사조직

33) 李文基, 「甄萱政權의 軍事的 基盤－특히 新羅 公兵組織의 再編과 關聯하여」 『후백제와 견훤』, 서경문화사, 2000, 109~110쪽.

34) 후백제가 초기에는 수군활동을 활발히 전개하였으나, 912년 덕진포해전에서 패배한 이후로 상당히 위축되었던 것으로 보기도 한다(윤명철, 「後百濟의 海洋活動과 對外交流」 『후백제 견훤정권과 전주』(전북전통문화연구소 편), 주류성, 2001, 321쪽).

에서 수군이 별도의 조직으로 형성되기까지는 이후로도 얼마의 시간이 지난 뒤에야 가능하였던 것 같다. 덕진포해전 이후 나주지역이 다시금 불안정한 정국이 조성되자 이에 대처하는 태봉과 후백제의 대응 양상을 통해서 그러한 면모를 살필 수 있다.

> 乾化 4년 甲戌에 궁예 또한 수군 장수의 지위가 낮아 적을 위압하기에 부족하다고 하여 마침내 태조를 侍中에서 해임하고 다시 수군을 거느리게 하였다. 貞州 포구로 나아가 전함 70여 척을 수리하여 군사 2천 명을 싣고 나주에 이르렀다. 百濟와 海上草竊이 태조가 다시 이른 것을 알고 모두 두려워 엎드려 감히 준동하지 못하였다. 태조가 돌아와서 舟楫의 이로움과 應變의 방책을 보고하니 궁예가 기뻐하며 좌우에 일러 말하기를, '나의 여러 장수 중에서 누가 가히 비길 만하겠는가?'라며 칭찬을 하였다.[35]

912년 덕진포해전 이후 나주지역은 잠시나마 소강 상태를 맞이하였던 것 같다. 동요하던 지역민들이 태봉정권을 지지하는 방향으로 정치적인 입장을 굳혔으므로 지방사회 내에서의 갈등과 반목은 사그라질 수 있었다.[36] 하지만 그로부터 불과 2년이 경과한 914년(건화 4)에 이르러서는 서남해 도서지방을 근거지로 활동하던 군소해상세력(群小海上勢力)들과 후백제가 나주 일대를 위협해옴에 따라[37]

35) 『高麗史』 권1, 세가1 태조 건화 4년 갑술. "四年甲戌 裔又謂 水軍帥賤 不足以威敵 乃解太祖 侍中 使復領水軍 就貞州浦口 理戰艦七十餘艘 載兵士二千人 往至羅州 百濟與海上草竊知太祖復至 皆懾伏莫敢動 太祖還告舟楫之利 應變之宜 裔喜謂左右曰 我諸將中 誰可比擬乎".

36) 신성재, 앞의 논문, 2012a, 49쪽.

37) 조인성, 『태봉의 궁예정권』, 푸른역사, 2007, 207~208쪽.

지역 정세에 변동 조짐이 발생하고 있었다. 이러한 상황에 직면하자, 궁예는 수군 장수의 지위가 낮아 적을 위압하기에 부족하다고 판단하여 왕건을 시중에서 해임하고 수군을 거느리도록 조치하였다. 궁예의 명을 받은 왕건은 전함 70여 척을 정비한 다음 수군 2천 명을 싣고 나주지역에 도착하여 위세를 과시하고 복귀하였다.

궁예가 수군을 동원하여 나주지역이 처한 위기 상황을 극복하였음에 비해 후백제는 수군이나 보기병이나 그 어떠한 병력으로도 적절한 대응을 취하지 못했던 것 같다. "백제와 해상초절이 태조가 다시 이른 것을 알고 두려워 엎드려 감히 준동하지 못하였다"고 하는 기록이 이를 상징적으로 말해준다. 다소 과장스럽게 표현된 측면도 있지만 태봉 수군의 위세에 눌려 저항하지 못하고 있던, 해전을 벌여 대응하기에는 여전히 미약한 수준에 머물러 있던 후백제 수군의 면모를 살펴볼 수 있다.

후백제의 수군 양성과 수군력을 확충하기 위한 노력은 그 이후로도 그다지 이루어지지 않았던 것으로 보여진다. 태봉이 915년 즈음에 이르러 100여 척의 전함을 건조하면서 수군력을 증강하고,[38] 이 수군력을 바탕으로 나주지역을 비롯한 또 다른 해안지방에 대한 원정작전을 모색하는 상황 속에서도[39] 후백제의 수군을 확보하기 위한 노력은 좀처럼 확인되지 않는다. 이를 두고 기록상의 누락이라고 평가할지도 모르겠으나 견훤이 건국 초기부터 910년대에 이르기까지 보기병 중심의 군사운영체제를 중시하고, 결국 이러한 체제에 기반하여 수군활동을 추진하다보니 자연스럽게 해전을 전담하는 수군의 양성과 확충은 더뎌질 수밖에 없었던 것이 아니었나 추정된

38) 『高麗史』 권1, 세가1 태조 건화 4년 갑술.

39) 신성재, 앞의 논문, 2012a, 55~57쪽.

다. 결국 후백제는 보기병 중심의 '수세적 수군전략'을 추진함에 따라 전반기 동안 서남해역에 대한 해상권을 장악할 수 없게 되었고, 배후의 안전을 보장하는 나주지역에 대한 지배권마저도 확보하는 데 실패할 수밖에 없었다.

3. 후반기 수군활동 변화와 그 의미

전반기에 나타나는 후백제의 수군활동은 보기병에 의존한 수세적 수군전략을 추진함에 따라 수군이 해전을 전담하거나 주도하지 못하는 상황이었다. 이러한 상황은 918년 6월에 태봉정권이 몰락하고 고려 왕조가 수립된 이후로도 얼마동안 지속되었던 것 같다. 하지만 그로부터 대략 10년 남짓 지난 929년 말의 고창전투가 발발하던 시점에 이르면서부터는 변화가 발생한다. 그 변화는 후백제의 수군이 서남해역에 진출하여 해상권을 장악하고 나주지역에 주둔하고 있던 고려군의 수군활동을 고립시킬 정도로 성장하였던 사실을 통해서 확인할 수 있다. 후백제가 920년 후반기로 접어들면서 수군활동을 적극적으로 전개하였던 배경에 대해서는 고창전투에 이르기까지 서남해역과 경상권역을 둘러싸고 고려와 벌인 군사활동의 전개 양상을 통해서 살펴볼 수 있다.

후백제와 고려의 관계는 925년 10월 조물성(曹物城)전투를 기점으로 상호 인질을 교환하는 등 화친을 모색하는 단계로까지 발전하였다.[40] 그러나 이듬해 4월 고려에 인질로 보낸 진호(眞虎)가 죽자

40) 『高麗史』 권1, 세가1 태조 8년 冬 10월. 조물성의 위치에 대해서는 선산의 금오산성, 안동 부근, 김천 조마면, 안동과 상주 사이, 의성 금성으로 보는

양국 간의 관계는 급속히 냉각되었고, 견훤은 고려에서 인질로 잡혀와 있던 왕신(王信)을 죽이고 웅진 방면으로 진격하였다.[41] 이후 양국 간의 관계는 해륙상의 전략적 요충지를 둘러싸고 치열한 싸움을 벌이는 관계로 변모하였다. 초기의 전쟁 주도권은 공산전투(公山戰鬪)가 발발하는 927년 이전까지는 고려가 주도하는 형국이었다. 이 시기에 고려는 내륙과 해상 양 방면으로 군사활동을 적극 추진하였다. 먼저 내륙으로는 경북지역으로 세력 확장을 도모하기 위해 문경과 안동지역에 대한 남진공략을 감행하였다. 927년 정월에 용주(龍州 : 예천군 용궁)를 공격하여 후백제군의 항복을 접수하고,[42] 3월과 8월에는 근품성(近品城)과 고사갈이성(高思葛伊城 : 문경)을 함락함으로써 지역세력의 자발적인 항복을 이끌어냈다.[43] 이에 따라 고려는 내륙으로의 남진공략에 요구되는 거점과 주요 교통로를 확보하면서 경상도 지역에서 군사적 주도권을 장악할 수 있게 되었다.[44]

해상 방면으로는 927년 4월에 수군으로 하여금 해상원정을 감행케 하여 강주를 함락시키고, 7월에는 그 북쪽에 위치한 대야성(大耶城)마저 함락하였다.[45] 고려는 남해안의 강주와 대야성 일대를 연결하는 교통망을 확보할 수 있게 되었고, 경상도 중북부 내륙지역으로 북상할 수 있는 기반 또한 마련할 수 있게 되었다. 이는 내륙지역을

등 견해가 다양하다. 여러 견해에 대해서는 문안식, 앞의 논문, 2008, 126~127쪽 참조.

41) 『高麗史』 권1, 세가1 태조 9년 夏 4월.

42) 『高麗史』 권1, 세가1 태조 10년 春 정월.

43) 『高麗史』 권1, 세가1 태조 10년 3·8월.

44) 신성재, 「고려와 후백제의 공산전투」 『한국중세사연구』 34, 2012b, 189~190쪽.

45) 『高麗史』 권1, 세가1 태조 10년 4·7월.

따라 남진하던 보기병과 남해안 및 낙동강 수로를 따라 북상하던 수군이 경상권역을 남북으로 연결하는 병참운송망을 구축함으로써 후백제의 군사활동을 봉쇄하고 이 지역에서의 군사적 우위를 발판으로 후삼국 통일전쟁에서 주도권을 장악할 수 있는 계기를 마련하였다는 점에서[46] 전략적으로 커다란 의미를 갖는 것이었다.

후백제는 해륙상으로 압박을 가해오던 고려의 군사활동에 대해 심각한 위협으로 인식하였을 것이다. 그리고 그 위협은 경상도 지역을 둘러싼 고려와의 대결 정국에서 패권을 상실할지 모른다는 위기감을 불러일으켰을 것으로 짐작된다. 더구나 이 시기 신라와 고려의 관계는 신라의 국상(國相) 김웅렴(金雄廉)이 왕건을 경주에 초빙할 정도로[47] 동맹적인 수준으로 발전하고 있었다. 위기 상황에 직면하자 후백제는 이를 타개하기 위한 방안을 모색하였다. 남해안의 해상교통로와 경북 내륙지역의 육상교통로를 따라 형성되고 있던 고려의 병참운송망을 차단하고, 동시에 군사적으로도 포위되어 신라 방면으로의 진출이 어려워지고 있던 난국을 타개하는 방략으로는 신라의 왕도(王都)를 공격하는 것이 효과적이었다. 927년 겨울, 후백제는 신라의 경주를 습격하여 경애왕(景哀王)을 자진케 하고 구원군을 이끌고 내려온 고려군마저 공산지역에서 격파하는 대승을 거두었다.[48]

---

46) 신성재, 위의 논문, 2012b, 192쪽.

47) 『高麗史』 권1, 세가1 태조 10년 12월.

48) 『高麗史』 권1, 세가1 태조 10년 9월. 후백제와 고려의 공산전투는 閔丙河, 「申崇謙과 公山桐藪 戰鬪」 『軍史』 2, 1994 ; 柳永哲, 「공산전투의 재검토」 『鄕土文化』 第9·10合集(斗山 金宅圭 博士 停年紀念 鄕土史論叢), 1995 ; 류영철, 「公山戰鬪의 배경과 전개과정」 『高麗의 後三國 統一過程 硏究』, 景仁文化社, 2004 ; 신성재, 앞의 논문, 2012b 참조.

공산전투에서 승리한 뒤, 후백제는 해륙상으로 추진하던 고려의 전략을 좌절시키기 위한 군사활동에 주력하였다.[49] 928년 1월에는 강주를 구원하기 위해 출정한 고려의 장수 김상(金相)과 직량(直良)을 격파하였고, 동년 5월에는 이 지역을 습격하여 유문(有文)의 항복을 받아내었다.[50] 뿐만 아니라 929년 7월에는 의성부(義城府 : 의성)를 지키던 고려의 장수 홍술(洪術)마저 전사시킴으로써[51] 경북 내륙의 요충지를 확보하게 되었다. 이로써 후백제는 남해안을 통하여 경북 내륙지역으로 북상하던 고려 수군의 도전을 억제하는 한편 경상도 지역에서 군사적 우세권을 장악하면서 전쟁을 주도적으로 수행할 수 있게 되었다.[52] 그러나 남해안 지방과 경북 내륙지역에서 후백제가 장악하고 있던 군사적 우세권은 929년 12월~930년 정월에 걸쳐 치러진 고창전투에서 패배함으로써 고려로 넘어가게 되었다. 결과적으로 고려는 남해안 지방을 대상으로 수군활동을 다시금 추진할 가능성이 높았고, 나주와 강주를 비롯한 해륙상의 전략적 요충지를 장악하는 것이 후삼국을 통일하는 전쟁에서 중대한 과제로 대두한 상황이었다. 이런 상황 속에서 후백제의 수군운용 전략과 전술의 변화, 이를 뒷받침할 수군의 양성과 수군력 확보는 필연적으로 수반될 문제였다. 아래의 기록을 통하여 그러한 변화의 면모를 살펴볼 수 있다.

---

49) 후백제가 공산전투를 계기로 고려와 신라의 재접근을 방지하고자 양국간의 육로 및 해상교통로를 차단하는 작전에 착수한 것으로 평가한 견해가 있어 참고된다(陸軍本部, 앞의 책, 1976, 29쪽).

50) 『高麗史』 권1, 세가1 태조 11년 春 정월·5월.

51) 『高麗史』 권1, 세가1 태조 12년 秋 7월.

52) 신성재, 앞의 논문, 2012b, 202쪽.

> 18년에 태조가 여러 장수들에게 이르기를, '나주 지경의 40여 군은 우리의 울타리가 되어 오랫동안 풍화에 복종해 왔다. 일찍이 대상 堅書·權直·仁壹 등을 파견하여 안무했는데, 근자에 백제의 약탈을 당하여 6년 동안이나 해로가 통하지 않으니 누가 나를 위하여 이를 안무하겠는가?" … 드디어 (유금필을) 都統大將軍으로 임명하고 예성강까지 가서 송별했으며 어선을 주어 보냈다. 그리고 3일간 체류하다가 금필이 바다로 나가고 난 뒤에 돌아왔다. 금필이 나주에 이르러 經略하고 돌아오니 태조가 또 예성강에 행차하여 맞이하고 위로하였다.[53]

위는 935년(태조 18)에[54] 왕건이 휘하 장수들에게 후백제의 침탈로 말미암아 송악과 나주를 잇는 항로가 불통되고 있던 현실을 유시(諭示)하고, 장수들의 추천을 받은 유금필(庾黔弼)이 도통대장군(都統大將軍)에 임명되어 나주지역에 출정하여 항로를 개통하고 복귀한 사실을 담고 있다. 기록을 통해 알 수 있는 바와 같이, 935년을 포함하여 6년 동안 서남해역 해상항로는 후백제의 수군이 통제하고 있었다. "근자에 백제의 약탈을 당하여 6년 동안이나 해로가 통하지 않았다"고 하는 왕건의 절박한 하소연이 이를 말해준다. 그런데 후백제가 서남해역의 해상항로를 통제하고 나주지역을 고립시켰던 시점 및 기간에 대해서는 명확하지 않다. 후백제가 930년 정월 고려와의 고창전투(古昌戰鬪)에서 패배한 이후부터로 보는가 하면,[55] 930

53) 『高麗史』 권92, 열전5 유금필. "十八年太祖謂諸將曰 羅州界四十餘郡 爲我藩籬 久服風化 嘗遣大相堅書權直仁壹等往撫之 近爲百濟劫掠 六年之閒海路不通 誰爲我撫之…遂以爲都統大將軍 送至禮成江 賜御船遣之 因留三日候黔弼下海乃還 黔弼至羅州經略而還 太祖又幸禮成江迎勞之".

54) 고려사절요에는 935년 4월의 기록으로 나온다(『高麗史節要』 권1, 태조신성대왕 18년 夏 4월).

년부터 935년까지의 기간,[56] 928년 5월 고려의 강주장군 유문(有文)의 항복을 받아낸 직후부터로[57] 설정하는 등 견해가 다양하다. 어느 견해로 이해된다고 하더라도 중요한 사실은 후백제가 고창전투가 발발하는 시점에 이르기까지 수군활동 능력을 강화 및 발전시켰다고 하는 사실이다.[58]

후백제의 수군활동 능력 강화작업에는 마땅히 수군을 어떻게 운용할 것인가 하는 전략 및 전술의 변화가 수반되었을 것이고, 이와 병행하여 해전을 전담하는 수군의 양성 등이 포함되었을 것이다. 우선 수군을 운용하는 이른바 수군전략은 보기병에 의존하던 수세적 전략에서 '수군 중심의 공세적 전략'으로 변화되었던 점이 주목된다. "근자에 백제의 약탈을 당하여 6년 동안이나 해로가 통하지 않았다"고 하는 기록이 이를 짐작케 한다. 후백제가 전반기와는 달라진 방향으로 수군전략을 추진하여 서남해역에서 고려의 수군활동을 현저히 위축시키고 해상권을 장악해 가던 분위기를 엿볼 수 있다. 변화된 후백제의 수군전략에는 해륙상의 전략적 요충지이자 통일전쟁을 수행함에 있어 핵심적인 거점으로 부상하였던 나주와 강주지방에 대한 효과적인 대응 방략이 포함되었을 것이다. 그 방략은 나주지역에 주둔하고 있던 고려의 수군활동은 고립시키는 반면

55) 文秀鎭,「王建의 高麗建國과 後三國統一」『國史館論叢』35, 1992, 176쪽 ; 金明鎭,『高麗 太祖 王建의 統一戰爭 硏究』, 慶北大學校 博士學位論文, 2009, 77~78쪽.

56) 鄭淸柱, 앞의 책, 1996, 174쪽.

57) 정요근,「後三國時期 高麗의 남방진출로 분석」『한국문화』44, 서울대규장각한국학연구원, 2008, 25쪽.

58) 고창전투에서 패배한 후백제가 수군력을 대대적으로 증강한 것으로 보는 견해가 있어 참고된다(文暻鉉,『高麗太祖의 後三國統一硏究』, 螢雪出版社, 1987, 146~147쪽).

에 후백제의 수군활동과 영향력은 확대하는 것이었다. 이를 위해서는 나주지역으로 통하는 해상교통로를 통제하고 서남해역에 대한 해상권을 장악하는 것이 적합한 방안이었다. 이처럼 후백제의 변화된 수군전략에는 서남해역 해상권을 장악하기 위해 수군을 공세적으로 운용하는 개념이 반영된 것이었다.

수군전략이 공세적인 성격으로 변화됨에 따라 이를 구체적으로 실천하는 전술에도 변화가 불가피하였다. 그것은 전반기에 나타나는 수군활동과는 다른 방식으로의 변화를 의미하는 것이었다. 앞서 살펴본 것처럼 910년을 전후한 전반기의 수군활동은 보기병력의 지원에 의존하는 양상으로 전개되었다. 실제 해전에서의 전술 역시 과감한 공격력을 구사하기보다는 수비력에 치중하는 방식을 취하였다. 그러나 후반기에는 보기병과 연대하는 전술을 탈피하여 수군이 독자적으로 서남해역의 주요 항로를 통제하면서 해상권을 장악해가는 해상통제전(海上統制戰)을 수행하는 방식으로 변화되었다. 나주로 통하는 항로가 6년 동안이나 막혀 있었다고 하는 기록은 후백제의 수군이 서남해역의 주요 해상교통로를 성공적으로 통제하고 당 해역에 대한 해상권을 장악하였음을 말해준다.[59)]

한편 전략과 전술이 변화함에 따라 해전을 전문적으로 수행할 수 있는 수군의 양성에도 관심을 기울였을 것으로 짐작된다. 주지하듯이 일정한 해역에 대한 해상권을 장악하고, 또한 주요 해상교통로를 통제할 수 있는 능력은 얼마나 우수하게 해전을 수행할 수 있는

---

59) 후백제가 이러한 성과를 거둘 수 있었던 것은 909~912년에 걸쳐 태봉 수군이 수행하였던 해상통제전의 전술적 가치를 교훈적으로 받아들였기에 가능하였던 것으로 보여진다. 태봉 수군이 서남해역에서 수행한 해상통제전의 내용은 신성재, 앞의 논문, 2005, 178~183쪽 참조.

능력을 갖춘 수군을 보유하고 있느냐에 따라 결정된다고 본다. 예나 지금이나 한반도의 서남해안 지방은 무수히 산재한 섬과 뱃길로 이루어진 그야말로 복잡하기 이를 데 없는 해상 공간이다. 이러한 공간을 누비며 고려의 수군이 이동하는 길목을 파악하고, 이들을 효과적으로 제압하기 위해서는 해상지리에 밝고 해전능력이 우수한 수군을 확보하고 있어야 한다. 후백제가 이 시기에 수군을 양성하였다는 직접적인 기록은 찾아보기 어렵다. 그러나 간접적이지만 아래 기록을 통하여 후백제가 그와 같은 노력을 경주하였던 사정을 유추해봄직하다.

> 丙申 정월에 견훤이 그 아들에게 말하기를, '老夫가 신라말에 후백제라는 이름으로 건국하여 지금까지 여러 해가 되었다. 병사는 北軍보다 배나 되는데도 오히려 이처럼 불리하니, 아마도 하늘이 고려를 도우는 것 같다. 어찌 북쪽의 왕에게 귀순해서 생명을 보전하지 않을 수 있겠느냐?'라고 하였다. 그의 아들인 神劍과 龍劍, 良劍 등 세 사람은 모두 응하지 않았다.[60]

위는 견훤이 후백제 말년에 불리해지고 있던 전황을 탄식하면서 고려로의 귀부 의사를 세 아들에게 표현한 사실을 전하는 기록이다. 그 시기는 병신년이 태조 19년이므로 곧 936년 정월에 해당한다. 그런데 이 기록은 시기적으로 의문의 여지가 있다. 신검이 정변을 일으켰던 것이 935년 3월이고, 금산사(金山寺)에 유폐되어 있던 견훤

---

60) 『三國遺事』 권2, 기이2 후백제 견훤. "丙申 正月 萱謂子曰 老夫新羅之季 立後百濟名 有年于今矣 兵倍於北軍 尙爾不利 殆天假手爲高麗 盍歸順於北王 保首領矣 其子 神劍龍劍良劍等三人 皆不應".

이 고려로 귀부해온 해가 935년 6월이라는 점을[61] 감안해 볼 때 936년 정월은 견훤이 이미 고려에 귀부해 있던 시기에 해당한다. 고려에 귀부해 있던 견훤이 그 아들들과 대화를 나눈다는 것은 불가능하다.[62] 이처럼 시기상의 오류가 있음에도 불구하고 이 기록에서 주목해보아야 할 부분이 있다. 후백제왕 견훤이 "병사는 북군(北軍)보다 배나 되는데도 오히려 이처럼 불리하다"라고 언급하는 대목이다. 여기서 견훤이 지칭한 북군은 고려군을 말한다. 견훤은 자신의 군사가 고려군보다 두 배나 많은데도 불구하고 불리한 처지에 있다고 하는 현실에 한탄하고 있는 것이다. 물론 이 기록을 문맥 그대로 후백제가 고려보다 실제 두 배나 많은 병력을 보유하고 있던 것으로 받아들이기에는 무리가 있다. 통일전쟁의 마지막 전투라고 할 수 있는 936년 일리천전투(一利川戰鬪)에 고려가 87,500명이라는 대규모의 병력을 동원한 사례를[63] 제외하고는 대체로 양국 간에 엇비슷한 병력이 동원되어 싸운 경우가 많기 때문이다.[64] 따라서 이 기록에 대해서는 후백제가 고려보다는 많은 수의 병력을 보유하고 있었고, 그런 군사력의 우위에 대해 견훤이 자부심을 느끼고 있었던 정도로 이해할 수 있지 않을까 싶다.

그런데 여기서 한 가지 의문이 발생한다. 견훤이 고려군에 비해

61) 『高麗史』 권2, 세가2 태조 18년 3·6월.

62) 류영철, 앞의 책, 2004, 187~188쪽.

63) 『高麗史』 권2, 세가2 태조 19년 秋 9월. 고려와 후백제의 일리천전투는 鄭景鉉, 「高麗 太祖의 一利川 戰役」 『韓國史硏究』 68, 1988 ; 金甲童, 「高麗太祖와 後百濟 神劍의 전투」 『滄海朴秉國敎授停年紀念史學論叢』, 1994 ; 柳永哲, 「一利川 戰鬪와 後百濟의 敗亡」 『大邱史學』 63, 2001 ; 김명진, 「高麗太祖의 一利川戰鬪와 諸蕃勁騎」 『한국중세사연구』 25, 2008 ; 신성재, 「일리천전투와 고려태조 왕건의 전략전술」 『한국고대사연구』 61, 2011 참조.

64) 3~5천 명에서 많게는 1만 명까지 동원되었으나, 그 이상은 확인하기 어렵다.

자신의 군사가 배나 많다고 인식한 시점이 언제였을까 하는 점이다. 견훤이 후백제를 건국하여 지금까지 여러 해가 지났다고 하는 앞 문단의 연속선상에서 보자면 건국 이후부터 현재까지 고려보다 늘상 많은 병력을 보유하고 있었던 것으로도 읽혀진다. 하지만 앞 문단의 내용과 별개로 본다면 건국 이후로 여러 해가 지난 어느 시점부터 병력이 두 배에 이를 정도로 많게 되었다는 의미로도 해석된다. 그 시점을 명쾌하게 밝혀내기는 어렵지만, 어쩌면 927년 공산전투에서의 승리를 기점으로 경북 내륙지역으로 군사적 영향력을 확대하는 과정에서 상당수가 늘어나게 되었던 것이 아니었나 여겨진다. 늘어난 병력에는 기본적으로 보기병이 포함되었을 것이다. 뿐만 아니라 해전을 전담하는 수군 역시 포함되었을 것으로 짐작된다. 후백제의 수군이 서남해역에 대한 해상권을 장악하여 무려 6년 동안이나 송악과 나주를 연결하던 해상항로를 통제하였다고 하는 기록은 견훤 정권이 후반기에 이르면서부터 징집한 병력 중 일부를 해전을 전담하는 수군으로 양성하였던 사정을 반영하는 것으로 보여진다. 후백제가 해전에 적극적으로 대처하기 위하여 공세적인 방향으로 수군전략을 전환하고, 이를 전술적으로 뒷받침할 수 있는 수군을 양성하는 노력을 경주하였음을 추정해 볼 수 있겠다.

수군을 양성함과 동시에 전함을 정비하고 수군활동을 수행하는 수군기지 또한 설치 및 운영하였을 것이다. 이에 대해서는 직접적인 근거가 부재하여 그 구체적인 실상을 살피기에는 한계가 따른다. 다만 순천과 광양 일대의 해안지역에 적지 않은 규모의 후백제 선단이 머물렀다고 해석하는 견해가 있어 참고된다.[65] 또 일찍이 이러한 지역들을 중심으로 친후백제적인 분위기가 형성되고, 이 같은 성향을 가진 해상세력들이 활동하였던 것으로 파악하는 견해[66] 역시 후백제의 수군활동 거점을 추정하는 데 도움이 된다. 요컨대 후백제는 정권 후반기로 접어들면서 해전을 전담하는 수군 병력과 활동 거점을 확보하고 공세적인 전략·전술로 전환하여 고려와의 해양쟁패전에서 일시적이나마 주도적인 위치에 올라서게 되었다. 이를 기반으로 후백제는 수군활동을 더욱 확대하는 방향으로 추진해 나아갔다.

> 9월에 견훤이 일길찬 相貴를 보내어 舟師로써 예성강을 침입케 하였다. 塩·白·貞 3州의 선박 1백 척을 불태우고 猪山島에서 방목하던 말 3백 필을 탈취해 갔다.[67]

위 기록은 견훤이 932년 9월에 일길찬 상귀(相貴)로 하여금 수군을 거느리고 고려의 예성강 수역을 공략케 한 사실을 전한다. 후백제는 이때의 수군활동을 통하여 염주(塩州)와 백주(白州), 정주(貞州) 등 3개 주에 분산 배치되어 있던 고려의 선박 1백여 척을 불태우고 저산도(猪山島)[68]에서 기르던 말 3백 필을 획득하는 전과를 올린다.

---

65) 문안식, 앞의 책, 2008, 121쪽.

66) 鄭淸柱, 「新羅末·高麗初 順天地域의 豪族」『全南史學』 18, 2002 ; 姜鳳龍, 앞의 논문, 2002 ; 邊東明, 「金惣의 城隍神 推仰과 麗水·順天」『歷史學硏究』 22, 2004 ; 李道學, 앞의 논문, 2006. 930년대에 활약한 후백제의 해상세력에 대해서는 금강 및 만경강 하구 등 현재의 전라북도 해안에서 활동하던 해상세력으로 보기도 한다(윤명철, 앞의 논문, 2001, 321쪽).

67) 『高麗史』 권2, 세가2 태조 15년 9월. "甄萱遣一吉粲相貴 以舟師入侵禮成江 焚塩白貞三州船一百艘 取猪山島牧馬三百匹 而歸".

68) 황해남도 안악군 제도로 보는 견해가 있지만(오붕근, 앞의 책, 1998, 115~116쪽), 분명하지 않다.

후백제가 예성강 수역에까지 수군활동을 확대하였던 배경에는 당시의 전황이 크게 고려되었던 것 같다. 930년 정월에 발발한 고창전투를 기점으로 전세는 다시금 후백제에서 고려로 역전되었다. 명주(溟州 : 강릉)로부터 흥례부(興禮府 : 울산)에 이르기까지 1백여 성이 고려로 투항할 정도로[69] 이 전투의 결과는 후백제에게 심각한 후유증을 남겼다. 이는 경상도 내륙지역에서 후백제의 군사적 영향력이 크게 약화되었음을 의미하는 것이었다. 후백제의 입장에서는 육전에서의 열세를 극복하면서[70] 경북지역에 집중된 고려군의 관심을 분산시킬 필요가 있었을 것이다. 수군이 서남해역에 대한 해상권을 장악하고 있던 상황에서 그러한 문제의 해결은 수군을 활용하는 방안이 적합하였을 것이다. 후백제 수군의 기습적인 예성강 수역에 대한 공략은 이러한 배경하에서 마련되었던 것이다.

그런데 이 기록에서는 후백제의 수군이 정주를 공격하였던 사실이 주목된다. 주지하듯이 정주는 태봉 및 고려가 해상활동을 벌이던 중심 거점이자 해군기지로 활용하던 곳이었다.[71] 그런데 이처럼 고려의 수군활동 거점이자 최대 전략기지인 정주를 후백제의 수군이 공략해온 것이다. 물론 이 시기 후백제의 수군활동은 정박 중이던 선박을 불태우고 도서지방에서 방목하고 있던 말을 탈취해갔다고 하는 사실에 비추어 보아 예성강 수역 일대를 점령하기 위한 목적이었다기보다는 고려의 수군력을 약화시키기 위한 작전이었을 가능성이 높다.[72]

---

69) 『高麗史』 권1, 세가1 태조 13년 2월.

70) 문안식·이대석, 앞의 책, 2004, 335쪽.

71) 金甲童, 『羅末麗初의 豪族과 社會變動 硏究』, 高麗大民族文化硏究所, 1990, 104쪽 ; 鄭淸柱, 앞의 책, 1996, 113쪽.

72) 金甲童, 위의 책, 1990, 104쪽. 최근의 성과에서는 견훤이 고려의 수군력을

하지만 이 시기 후백제 수군의 예성강 수역 공략은 전략적인 측면에서 큰 의미를 갖는다. 후백제가 공세적 수군전략으로 전환 뒤 서남해역에 대한 해상권을 장악함은 물론 서해 중·북부해역에까지 진출할 수 있는 기반을 마련함으로써 고려의 왕도가 위치한 개경 앞바다를 위협할 수 있게 되었다는 사실이다. 후백제의 수군력이 전반기와는 비교할 수 없을 정도로 크게 신장되었고, 체계적이며 조직적인 활동 능력을 갖춘 수준으로 변화 발전하였음을 알 수 있다. 이후 후백제는 신장된 수군력을 바탕으로 서해 중부해역에 대한 공세적인 수군활동을 거듭 전개하였다.

> 겨울 10월에 견훤이 海軍將 尙哀 등으로 大牛島를 공략케 하였다. (왕건이) 대광 萬歲 등에게 명하여 구하게 하였으나 불리하였다.[73]

위는 후백제가 예성강 수역에서의 수군활동이 종료된 1개월 뒤에 해군장(海軍將) 상애(尙哀)를 보내어 대우도(大牛島)[74]를 공략케 한 사실을 담고 있다. 이 기록에서는 후백제의 수군활동과 관련하여 그동안 사서에서는 등장하지 않던 해군장이라고 하는 직함이 나타

소진시키고 왕건을 제거하기 위한 목적에서 기습한 것으로 보기도 한다(이도학, 『후삼국시대 전쟁 연구』, 주류성, 2015, 371~379쪽).

73) 『高麗史』 권2, 세가2 태조 15년 冬 10월. "冬十月 甄萱海軍將尙哀等 攻掠大牛島 命大匡萬歲等救之 不利".

74) 압록강 하구에 위치한 용천으로 비정하거나(鄭淸柱, 앞의 책, 1996, 116쪽), 경기도 남양 해상의 대부도로 보기도 한다(池內宏, 「高麗太祖の經略」 『滿鮮史硏究』 中世 第二冊, 吉川弘文館, 1937, 57쪽). 당시 후백제가 추진하던 수군활동 범위와 전략적인 목표 등을 고려해 볼 때 서해 중부해역에 위치한 섬이 아닐까 추정된다. 국토지리정보원, 『한국지명유래집(충청편)』, 2015, 481~482쪽에서는 충남 서산시 지곡면 도성리에 위치한 섬으로 서술하였다.

나 있어 흥미를 불러일으킨다. 아마도 이 직함은 고려의 장수 영창(英昌)과 능식(能式)이 927년 강주 원정시에 부여받았던 해군장군(海軍將軍)[75]의 직함과 동일한 성격의 의미를 갖는 것이 아닌가 생각된다. 즉 영창과 능식이 고려의 수군 부대를 거느리고 강주를 원정하였던 것처럼, 후백제의 경우 역시 상애가 수군으로 구성된 단위부대를 지휘하여 대우도를 공략하는 임무와 역할을 수행하고 있는 것이다. 전반기와 달리 후반기에 이르러서는 후백제가 특정한 해역에서 임무를 수행하는 수군 부대를 지휘할 장수급 직함에 대해 해군장과 같은 직함을 설치하여 운영하는 공세적인 방향으로 수군활동을 전개하고 있음을 짐작해 볼 수 있다.

하지만 공세적으로 추진하던 후백제의 수군활동도 대우도를 공략한 지 3년여의 기간이 경과한 935년에 이르러서는 더 이상 지속시키기 어려운 상황에 처하게 되었다. 후백제의 해상 압박에 시달리고 있던 고려가 반격을 해온 것이었다. 왕건은 서남해역 해상교통로가 두절되고 있던 상황에 대하여 매우 근심하였고, 이 해역에 대한 해상권을 탈환하기 위해 고려의 최고 명장인 유금필을 도통대장군에 임명하여 나주를 경략토록 하였다. 935년 4월, 왕건의 명을 받은 유금필은 수군을 거느리고 나주지역을 경략하고 서남해역 해상교통을 재개토록 한 다음 귀환하였다.[76]

고려가 나주지역을 수복할 수 있던 것은 후백제의 수군력이 압도하던 상황에서도 꾸준히 수군력을 강화하는 노력을 경주하였기 때문일 것이다. 그러나 후백제 내부적으로 발생한 정치적 변란, 즉 신검 형제들이 반란을 일으켜 부왕인 견훤을 금산사(金山寺)에

---

75) 『高麗史』 권1, 세가1 태조 10년 4월.

76) 주53과 같음.

유폐시킨 사건이 보다 중대한 변수로 작용하지 않았나 생각된다.[77] 변란 발발에 따른 정치세력 간의 갈등이 존재하고, 공세적 수군활동을 추진하던 견훤마저 금산사에 갇혀 있던 상황에서 고려 수군의 도전에 대한 후백제 수군의 대응은 효과적이지 못하였을 것이다. 견훤이 935년 6월에 금산사를 탈출하여 고려로 귀부한[78] 뒤로는 후백제가 추진하던 수군활동은 역사의 무대에서 완전히 그 자취가 사라지기에 이른다.

4. 맺음말

후백제는 건국 초기부터 태봉과 나주를 중심으로 하는 서남해역에 대한 해상권 장악을 놓고 치열한 쟁탈전을 벌였다. 서남해역 해상권 장악이 나주지역의 지배권을 보장하는 전략적 기반이었던 만큼 이를 확보하기 위한 군사활동은 줄기차게 전개되었다. 910년에 발발한 나주성 공방전과 912년 덕진포 해상에서의 해전은 그 대표적인 전투였다. 그런데 이 시기 태봉과의 해상 대결에서 후백제가 취한 전술은 수군을 동원하여 적극적으로 대응하기보다는 보기병력을 동원하여 대응하거나, 보기병과 연대 혹은 이들 병력에 의존하는 듯한 양상으로 해전을 수행한 점이 특징적이다. 물론 이러한 방식에 입각한 전술이 나타난다고 하여 910년 단계에 후백제의 군사조직에 수군이 부재하였던 것은 아니었다. 하지만 다수의 병력은 해전을

77) 申虎澈, 앞의 책, 1983, 69쪽.
78) 『高麗史』 권2, 세가2 태조 18년 6월.

전문적으로 수행할 수 있는 군사들로 구성되기보다는 해상전이 점차 격화되어 가던 현실적인 필요성에 따라 물에 익숙한 자들을 동원하여 편성한 수준이었다.

수군 조직 역시 독자적인 해상작전을 수행할 정도의 함대를 건설하거나 해전을 전담하는 수준으로 성장하지 못하던 상황이었다. 이 같은 양상은 태봉의 수군이 수군력을 증강하여 남해의 또 다른 해안지방을 대상으로 원정작전을 모색하던 즈음에도 별다른 진척이 이루어지지 않았던 것 같다. 수군운용과 관련하여 견훤 정권 전반기에 나타나는 이러한 현상은 후백제가 보기병의 가치를 중시하는 군사운영체제를 유지하고, 이러한 체제에 입각하여 수세적인 수군 전략을 추진하다보니 자연스럽게 해전을 전담할 전문적인 수군의 양성과 수군조직의 정비는 그만큼 더뎌질 수밖에 없었던 것이 아닌가 여겨진다.

한편 태봉이 몰락하고 대략 10여 년이 지난 929년 말경에 이르면 후백제의 수군활동에도 변화가 발생한다. 그 변화는 그동안 보기병 중심의 수세적인 수군활동에서 수군을 주력으로 하는 공세적인 수군활동으로의 변화였다. 후백제가 공세적인 수군활동으로 전환하였던 직접적인 배경에는 고려의 수군이 927년 4월에 강주를 함락하여 경북 내륙지역과 연결하는 병참운송망을 구축하였던 사정에 기인한다. 고려의 수군이 나주와 강주를 장악하면서 후백제의 신라 진출을 억제하고, 남해안 지방에까지 해상권의 범위를 확대해오던 상황에서 후백제의 수군운용 전략과 전술의 변화, 전략과 전술을 실천하는 수군의 양성과 수군력의 확보는 필연적으로 수반될 것이었다.

후백제의 수군전략은 보기병에 의존하던 수세적 수군전략에서 수군 중심의 '공세적 수군전략'으로 변화된 점이 주목된다. 변화된 수군전략에는 나주지역으로 통하는 해상교통로를 통제하고 서남해역에 대한 해상권을 장악하기 위해 수군을 공세적으로 운용한다는 개념이 포함된 것이었다. 수군전략이 공세적인 성격으로 변화함에 따라 이를 실천하는 전술 역시 변화하였다. 보기병과 연대하는 전술을 탈피하여 수군이 독자적으로 서남해역의 주요 항로를 통제하면서 해상권을 장악하는 해상통제전을 수행하는 방식으로 변화하였다. 이와 함께 전략과 전술을 무력적으로 뒷받침하는 전문적인 수군을 양성하면서 수군기지 또한 운영하였다. 견훤이 후백제 말기에 병사가 고려군보다 두 배나 많았다고 언급한 내용은 후반기에 이르면서 적지 않은 병력의 수군을 양성하였음을 반영하는 기록으로 이해된다.

후백제는 정권 후반기로 접어들면서 해전을 전담하는 수군 병력과 활동 거점을 확보하고 공세적인 전략·전술로 전환하여 고려와의 해양쟁패전에서 주도적인 위치에 올라서게 되었다. 이를 바탕으로 서해 중부해역에 위치한 도서지방을 공략하는가 하면, 고려의 수군기지가 위치한 정주와 예성강 수역에까지 진출함으로써 왕도를 위협하기도 하였다. 이러한 사실은 후백제의 수군력이 전반기와는 비교할 수 없을 정도로 신장되었고, 제도적인 차원에서도 한결 체계적이며 조직적인 활동 능력을 갖춘 수준으로 변화·발전하였음을 반영하는 것이었다.

하지만 공세적으로 추진하던 후백제의 수군활동도 935년 고려의 장수 유금필의 나주경략을 계기로 서남해역에 대한 해상권을 상실당한 이후로는 더 이상 지속하기 어려운 상황에 처하게 되었다. 더구나 같은 해에 신검 형제가 일으킨 정변으로 말미암아 견훤이 금산사에 유폐되고, 이후 이곳을 탈출한 견훤이 고려로 귀부한 뒤로는 후백제가 추진하던 수군활동은 역사의 무대에서 완전히 사라지기에 이른다.

후백제가 공세적인 수군활동을 지속적으로 추진하지 못하였던 이유는 고려 수군의 반격과 견훤 정권 내부적으로 발발한 정변이 직접적인 원인이었을 것이다. 그러나 보다 구조적이며 근본적인 원인은 태봉 및 고려가 수륙군의 전략·전술적 가치를 공히 중시하는 체제를 조기에 구축하였음에 비해, 후백제는 보기병 중심의 군사운영체제를 장기간 지속하였기 때문이 아닌가도 생각된다. 태봉으로부터 고려로 이어지던 수군운용의 경험과 비교하여 후백제의 수군운용 경험은 상대적으로 짧을 수밖에 없었고, 수군전략 역시 후삼국 통일 문제와 접목하여 거시적으로 설정하지 못하였기 때문이 아닌가도 여겨진다. 사실 태봉과 고려가 이른 시기부터 수군활동을 보장하는 전략거점으로 나주를 확보하고, 나아가 강주지역에까지 진출하면서 그 거점을 확대하였음에 비해 후백제는 중·장기적인 차원에서 이를 견제할만한 그 어떠한 전략거점도 마련하지 못했다. 비록 후반기에 일시적이나마 서해 중·북부 해역에까지 진출하여 그러한 거점을 마련하고자 노력하였던 것도 같지만, 고려의 이어지는 반격에 따라 그 성과에는 다분히 한계가 따를 수밖에 없었다.

후백제가 920년 후반기에 이르러 공세적인 수군전략으로 전환하여 수군활동을 적극적으로 전개하였음에도 불구하고 서남해역에 대한 해상권을 지속적으로 장악하는 데 실패하고, 결국에는 후삼국 통일의 주인공이 될 수 없었던 것은 이처럼 건국 초기에 수립한 보기병 중심의 수세적 수군전략과 수군운용 전술을 장기간에 걸쳐 추진하였던 문제점에서 비롯하는 것이 아닌가 생각된다.

후삼국시대 수군의 운영체제와 해전

1. 머리말

태봉(泰封)과 후백제(後百濟), 고려(高麗)와 후백제가 대립하던 후삼국전쟁기에 수군이 중추적인 역할을 수행하였음은 주지의 사실이다. 태봉이 수군력을 활용하여 서남해역에 대한 해상권(海上權)을 장악하고, 고려 왕조가 이를 지속적으로 보장하는 활동을 계승함으로써 후삼국을 통일하였던 사실은 그 실증적인 사례에 해당한다.

후백제 또한 수군을 적극 운용하였다. 정권 전반기에는 나주지역(羅州地域)에 대한 지배권을 둘러싸고 태봉의 수군과 치열한 쟁탈전을 벌였고, 후반기에는 예성강 수역과 서해 중북부 해역에까지 진출하면서 고려의 왕도(王都)를 위협하기도 하였다. 이러한 사실은 태봉과 고려, 후백제가 후삼국전쟁을 치르는 과정에서 수군활동의 전략적인 가치를 적극 활용하였음을 반영한다.

후삼국시대 수군에 관한 연구는 서남해역의 주요 해상 전략거점을 둘러싸고 태봉·고려와 후백제가 벌인 해상권 쟁탈전을 중심으로 괄목할만한 성과가 축적되었다.[1] 하지만 활발한 수군활동에 비해

---

1) 나주를 비롯한 서남해역에서 태봉 및 고려, 후백제의 수군활동과 관련한 주요 연구 성과는 다음 논문을 참조. 金南奎,「高麗의 水軍制度」『高麗軍制史』, 陸軍本部, 1983 ; 신성재,「궁예정권의 나주진출과 수군활동」『軍史』 57, 2005 ; 이창섭,「高麗 前期 水軍의 運營」『史叢』 60, 2005 ; 신성재,「태봉의 수군전략과 수군운용」『역사와 경계』 75, 2010 ; 신성재,「고려의 수군전략

당대의 수군 운영과 해전의 실상에 관해서는 구체적인 연구가 부족한 실정이다. 다만 태봉 및 고려초기의 수군 관직과 관부를 언급한 논고[2]와 고려전기의 수군 운영과 발전 과정을 서술한 성과 속에서[3] 이 시대 수군 운영의 특징과 성격에 의미가 부여된 바 있다. 그리하여 비록 태봉과 고려의 수군이 독자적인 편제를 가지고 있었지만 항구성을 지닌 정비된 체제로 확정되어 있는 것이 아니라 사안이 발생하면 그 때마다 임시적으로 관직을 설치하는, 이른바 '임사설관적(臨事設官的)'인 성격으로 파악되기에 이르렀다. 이러한 인식의 경향은 최근 한국 군사사를 집대성한 연구서에도 별다른 이견없이 그대로 반영되어 있는 상황이다.[4]

후삼국시대 수군 운영의 특징을 임사설관적인 수준으로 파악한 견해는 고려말~조선초기에 수립된 수군제도와 비교하여 나름의 의미를 갖는다. 수군과 육군으로 구분되는 이군(二軍) 체제가 성립하고,[5] 수군이 양인(良人) 병종의 51%와 양계(兩界) 지역을 제외한 6도 지방군의 70%를 차지하던 조선초기와[6] 비교해 볼 때 후삼국시대의 수군은 제도적인 측면에서나 운영적인 측면에서 미숙한 체제를 형성하고 있었기 때문이다. 하지만 관직과 관부를 언급한 일부의

과 후삼국통일」『東方學志』 158, 2012 ; 신성재, 「후백제의 수군활동과 전략전술」『한국중세사연구』 36, 2013 ; 김대중, 「王建의 後三國統一과 羅州의 戰略的 位相」『고려의 후삼국통합과정과 나주』(호남사학회 편), 景仁文化社, 2013.

2) 金南奎, 앞의 논문, 1983.

3) 이창섭, 앞의 논문, 2005.

4) 육군본부 군사연구소, 「제3절 수군의 설치와 운용」『한국군사사 3－고려Ⅰ』, 경인문화사, 2012.

5) 林容漢, 「조선 건국기 수군개혁과 해상방어체제」『軍史』 72, 2009, 63쪽.

6) 李載龔, 「朝鮮前期의 水軍」『韓國史硏究』 5, 1970(『朝鮮時代社會史硏究』, 一潮閣, 1984, 재수록), 118쪽.

견해만으로 이 시대 수군 운영의 실상과 특징을 온전히 파악했다고 보기에는 한계가 있다고 생각된다. 실제 전투를 수행하는 상황에서 적용된 해전 전술과 무기체계의 운용, 전술과 무기체계를 효과적으로 운용하기 위한 병력의 편성, 전함을 확충하고 운영하는 문제 등에 이르기까지 폭넓은 검토가 수반될 필요가 있다고 본다.

이 글에서는 기왕에 제시된 성과와 이에 내재된 몇 가지 의문점에 기초하여, 특별히 태봉과 고려가 수행한 수군활동 사례를 중심으로 후삼국시대 수군의 운영체제와 해전에 대하여 살펴보고자 한다. 태봉과 고려가 운영하던 수군과 관련한 관직과 관부에 대한 비판적 검토를 시작으로 당대의 해전 전술과 무기체계, 병력의 편성과 전함의 운영 방식 등과 같은 다양한 분야에 대한 상세한 검토를 수행함으로써 후삼국시대 수군 운영체제의 실제적인 모습을 복원하고 그것과 해전 수행전술과의 상관성에 대해서도 의미를 부여하고자 한다.

2. 수군 관직과 지휘체계, 관부

수군은 바다나 하천 또는 연안 등의 작전 지역에서 무력을 통하여 지위를 획득하며 적국의 활동을 방해함으로써 상대의 전쟁 의지에 영향을 주는 군대를 말한다. 여기에는 적 함대의 격파와 봉쇄, 연안에 대한 공격과 초계, 적 함대에 대한 방어, 자국의 해상교통로를 포함한 해양 경제활동은 보호하고 적국의 해양 경제활동은 봉쇄하는 임무 등이 포함된다.[7] 후삼국시대에 태봉과 고려의 수군은 이러한 임무와

7) 이창섭, 앞의 논문, 2005, 5쪽.

역할을 적극적으로 수행하였다. 태봉의 수군이 덕진포해전(德津浦海戰)에서 승리하여 서남해역에 대한 해상권을 장악하고, 이 해역으로 통하는 주요 해상교통로를 통제하는 전술을 구사하여 후백제의 대중국(對中國) 외교 및 경제활동을 고립시켰던 사례는[8] 적국의 함대에 대한 격파와 자국의 해상교통로는 보호하면서 적국의 해양경제활동은 봉쇄하는 임무와 잘 부합한다. 그런데 이처럼 역동적이면서도 성공적인 임무를 수행한 태봉과 고려의 수군에 대해서는 관직과 관부에 대한 검토를 중심으로 제도적인 측면에서 임시적인 성격으로 파악해온 것이 특징적이다. 먼저 관직을 임시적으로 파악함에 있어 주요한 근거로 삼고 있는 기록을 제시하면 아래와 같다.

① 궁예가 나주를 근심하여 태조에게 명하여 지키도록 하고, 階를 올리어 韓粲 海軍大將軍으로 삼았다. … 또 태조로 하여금 貞州에서 전함을 수리하게 하였다. 閼粲 宗希와 金言 등을 부장으로 삼아 병사 2천 5백명을 거느리고 가서 光州 珍島郡을 공격하여 함락시켰다.[9]

② (궁예는) 태조가 누차 변방에서 공적을 드러냈다 하여 階를 높이어 波珍粲 겸 侍中으로 삼아 소환하였다. 수군의 업무는 모두 부장인 金言 등에게 위임하였으나, 征討의 일은 반드시 태조에게 稟하여 행하도록 명하였다.[10]

8) 덕진포해전과 서남해역에서 태봉 수군이 수행한 수군활동은 신성재, 「태봉과 후백제의 덕진포해전」『軍史』 62, 2007 ; 앞의 논문, 2010 참조.

9) 『高麗史』 권1, 세가1 태조 양 개평 3년 기사. “裔以羅州爲憂 遂令太祖往鎭之進階爲韓粲海軍大將軍 … 又使太祖修戰艦于貞州 以閼粲宗希金言等副之 領兵二千五百往擊光州珍島郡拔之”.

10) 『高麗史』 권1, 세가1 태조1 건화 3년 계유. “以太祖屢著邊功 累階爲波珍粲兼侍中以召之 水軍之務盡委副將金言等 而征討之事必令稟太祖 行之”.

③ (왕건이) 해군장군 英昌과 能式 등을 보내어 舟師를 거느리고 가서 康州를 공격하게 하였다. 轉伊山·老浦·平西山·突山 등 4개 鄕을 함락시키고 사람과 물자를 노획하여 왔다.[11]

④ 18년에 태조가 여러 장수들에게 이르기를, '나주의 경계 40여 군은 우리의 울타리가 되어 오랫동안 풍화에 복종해 왔다. 일찍이 대상 堅書·權直·仁壹 등을 파견하여 안무하였는데, 근래에 백제의 약탈을 당하여 6년 동안이나 해로가 통하지 않으니 누가 나를 위하여 이를 안무하겠는가?' … 마침내 (유금필을) 都統大將軍으로 삼았다.[12]

⑤ 견훤이 막내아들 能乂와 딸 哀福, 애첩 姑比 등을 데리고 나주로 도망해와 入朝하기를 청하였다. (왕건이) 장군 庾黔弼과 大匡 萬歲, 元甫 香乂·吳淡·能宣·忠質 등을 보내어 군선 40여 척을 영솔하여 해로로 맞아오게 하였다.[13]

위는 태봉과 고려가 909년부터 935년까지 나주와 강주(康州 : 진주)를 대상으로 수군활동을 벌이던 과정에서 수군을 지휘하는 인물에게 부여한 직함 등을 반영하는 기록이다. 그 내용을 조금 구체적으로 정리하면 다음과 같다.

먼저 사료 ①은 태봉의 수군이 909년에 서남해안의 대표적인 도서지방인 진도를 공략하는 기록이다. 이 기록에서는 궁예(弓裔)가 왕건

11)『高麗史』권1, 세가1 태조 10년 4월. "遣海軍將軍英昌能式等 率舟師往擊康州下轉伊山老浦平西山突山等四鄕 虜人物而還".

12)『高麗史』권92, 열전5 유금필. "十八年 太祖謂諸將曰 羅州界四十餘郡 爲我藩籬久服風化 嘗遣大相堅書權直仁壹等往撫之 近爲百濟劫掠 六年之閒海路不通 誰爲我撫之 … 遂以爲都統大將軍".

13)『高麗史』권2, 세가2 태조 18년 여름 6월. "甄萱與季男能乂女哀福嬖妾姑比等奔羅州請入朝 遣將軍庾黔弼大匡萬歲元甫香乂吳淡能宣忠質等 領軍船四十艘 由海路迎之".

(王建)의 관계(官階)를 높이어 한찬(韓粲) 해군대장군(海軍大將軍)으로 삼았다고 하는 내용과 왕건의 지휘를 보좌하는 인물로 부장인 종희(宗希)와 김언(金言) 등이 활동하고 있음이 주목된다. 사료 ②는 궁예가 913년에 왕건이 그동안 변방에서 여러 차례에 걸쳐 쌓았던 공을 인정하는 조치로[14] 소환하여 파진찬 겸 시중(侍中)으로 삼고 대신 수군과 관련한 업무는 부장인 김언에게 위임토록 한 사실을 반영한다. 여기서는 이러한 조치를 취함과 동시에 수군을 이용한 정벌만큼은 반드시 왕건에게 품(稟)하여 시행토록 하였다고 하는 기록이 주목된다. 사료 ③은 왕건이 927년 4월에 해군장군(海軍將軍) 영창(英昌)과 능식(能式) 등을 보내어 강주지방을 공략토록 한 내용이다. 사료 ④은 고려가 후삼국통일을 목전에 둔 935년 초반의 기록이다. 후백제의 약탈로 말미암아 송악(松嶽 : 개성)과 나주를 연결하는 해상 항로가 무려 6년 동안이나 통하지 않고 있던 상황을 근심하던 왕건이 나주를 경략하기 위해 유금필(庾黔弼)을 도통대장군(都統大將軍)에 임명하여 출정시킨 내용이 주목된다. 사료 ⑤는 금산사(金山寺)에 유폐되어 있던 견훤(甄萱)이 935년 6월에 탈출하여 나주를 통하여 고려 정부로 입조(入朝)를 요청하였고, 왕건이 장군 유금필을 보내어 호송해오도록 하였다는 내용이다.

이상에서 열거한 기록에서 수군 운영과 관련하여 주목되는 부분은 왕건과 영창, 능식 등에게 제수된 해군대장군 또는 해군장군과 같은 직함을 임시적인 성격으로 볼 것인가 하는 점이다.

지금까지 제시된 견해에서는 이러한 관직을 임시적인 것으로 파악하고 있다. 태봉이 통치하던 909년의 사례를 보면(사료 ①) 해군

---

14) 趙仁成, 「弓裔政權의 中央政治組織」 『白山學報』 33, 1986, 74쪽.

대장군의 직함과 그 휘하에 부장이 존재하였던 점에서 일단 독자적인 편제를 가지고 있었던 것으로 생각되지만, 913년에 왕건이 시중에 임명되어 소환되었을 때 수군의 업무를 신임 해군대장군과 같은 수군의 정지휘관이 맡게 된 것이 아니라 부장인 김언 등이 맡게 되었고, 정벌과 관련한 업무는 시중인 왕건에게 품하여 수행케 하였다는 기록을(사료 ②) 통하여 볼 때 태봉 수군의 직제가 어느 정도 항구성을 지닌 정비된 체제로 확정되어 있는 것이 아니라 임사설관하는 임시적인 것이었다고 한다.[15] 태조가 집권한 이후에 나타나는 해군장군에 대해서도(사료 ③) 동일한 임시직으로 파악한다. 927년의 강주지방 공략시에 영창과 능식이 해군장군이라는 직함을 띠고 지휘하였던 점에서 태봉 때의 해군대장군과 맥락이 상통하는 것이지만, 935년 4월의 나주경략 시에 유금필이 띠고 갔던 직함은 도통대장군이고(사료 ④), 같은 해 6월에 귀부해온 견훤을 호송하기 위해 파견되었을 경우에는 장군의 직함을 띠고 출정하였으므로(사료 ⑤) 해군장군 역시 임사설관하는 임시직이었다고 한다.[16]

이러한 견해에는 동의하기 어려운 면이 있다. 우선 왕건이 시중에 임명될 때 신임 해군대장군과 같은 정지휘관이 아닌 부장이 수군의 업무를 대행하였다는 것을 두고 임시적이라고 평가하는 견해에 대해 살펴보자. 왕건이 국정을 총괄하는 시중에 임명되었으므로 해군대장군에는 마땅히 다른 인물이 임명되어야 할 것으로 보인다. 하지만 궁예는 그와 같은 조처를 취하지 않았다. 그리고 부장에게

15) 이러한 평가와 함께 고려의 수군이 독자적인 편제를 가졌던 태봉 수군을 계승하는 형태로 성립되었다고 하였다(金南奎, 앞의 논문, 1983, 205쪽 ; 육군본부 군사연구소, 앞의 책, 2012, 173~174쪽).

16) 金南奎, 앞의 논문, 1983, 206~207쪽 ; 육군본부 군사연구소, 앞의 책, 2012, 174~175쪽.

수군과 관련한 업무를 위임토록 하였다. 부장이 위임받은 수군과 관련한 업무가 무엇이었는지 분명치 않으나, 기본적으로 수군 병력과 전함을 관리하는 내용이 포함되었을 것이다. 그런데 정작 중요한 사실은 수군이 정토(征討) 활동을 추진하는 사안인 경우에는 반드시 왕건에게 품하여 허가를 받고 수행하도록 하였다는 점이다. 왕건이 전쟁을 지휘하는 전략의 수립과 수륙군 운용에 걸출한 능력을 갖춘 인물이었기에 당연한 처사일 수도 있겠지만, 수군이 전투에 참가하는 정벌전과 관련한 사안만큼은 왕건의 판단을 중시하고 있었음을 말해준다.[17] 이러한 사실은 궁예가 왕건에게 수군운용에 관한 권한, 다시 말해 해군대장군으로서 수군에 대한 지휘권을 보장하고 있었음을 반영한다. 왕건을 시중으로 임명 시 해군대장군에서 해임하였다고 하는 표현이 나타나지 않은 것은 아마도 그러한 이유 때문이 아닌가 싶다.[18] 그렇다고 한다면 왕건은 국정 운영을 총괄하는 시중의 관직을 수행하면서 동시에 수군을 지휘하는 해군대장군의 관직을 수행한 셈이 된다.

도통대장군의 직함으로 수군을 영솔한 사례를 근거로 해군장군이 임시적이었다는 견해에도 동의하기 어렵기는 마찬가지다. 이 견해에서는 유금필이 영창과 능식처럼 해군장군으로 활동하였던 것과 달리 도통대장군과 장군의 직함을 띠고 수군을 지휘한 사실에 주목한다. 그런데 이 경우를 두고 해군장군의 직함을 임시적으로 볼

17) 물론 정벌전에 대한 실행 여부는 왕건을 거쳐 최종적으로 궁예의 결정에 의하였을 것이다(신성재, 「궁예와 왕건과 나주」『韓國史硏究』 151, 2010, 14~15쪽).

18) 이로부터 얼마 뒤 나주의 상황이 다시금 악화되자 궁예는 왕건을 시중에서 해임하여 수군을 통솔토록 하였다. 이때 왕건의 직함이 무엇인지 나타나지 않으나, 해군대장군으로 활동하지 않았을까 추정된다.

수 있을지는 의문이다. 왜냐하면 예외적인 직함에 임명되어 활동한 사례를 근거로 해군장군을 임시직으로 볼 것이 아니라 오히려 도통대장군 자체가 상설 무직이 아닌 출전 시에만 주어진 임시적인 지휘관이기 때문이다.[19] 유금필이 장군의 직함으로 수군을 지휘한 사례도 근거로 삼기에는 적합하지 않아 보인다. 수군 관직이 일정한 체계를 갖춘 동안에도 호송과 같은 특별한 임무를 수행해야 하는 상황이라면 그 중요성을 감안하여 그것에 합당한 명칭의 직함은 얼마든지 내려질 수 있다. 또한 그렇지 않은 상황이라고 한다면 임무 수행에 적합한 현행의 장군이 지휘할 수도 있다. 그렇다고 해서 이처럼 예외적이며 특수한 경우를 두고 수군의 관직이 임시적이었다고 평가할 수는 없다고 생각한다.

출정하는 장수들에게 임시적인 직함이 부여되었음은 후삼국전쟁기의 사례를 통해 잘 나타난다. 후백제를 정벌하는 최후의 전투였던 일리천전투(一利川戰鬪)시에 활약한 장수들에게 부여된 보천군대장군(補天軍大將軍)과 우천군대장군(祐天軍大將軍) 등과 같은 직함이나,[20] 유금필이 정서대장군(征西大將軍)과 정남대장군(征南大將軍)의 직함으로 출정한 사례[21] 또한 임시직이었다. 이들 장군직은 특정한 정벌 임무를 위해 편성된 원정군의 최고지휘관에게 주어진 칭호였다.[22] 그런데 이러한 임시직과 달리 태조대에는 이미 중앙의 상설

19) 鄭景鉉, 「高麗前期 武職體系의 成立」 『韓國史論』 19, 1988, 135~136쪽 ; 鄭景鉉, 『高麗前期 二軍六衛制硏究』, 서울大學校 博士學位論文, 1992, 39~40쪽.

20) 『高麗史』 권2, 세가2 태조 19년 9월 참조. 이들 장군의 칭호에 대해서는 출정 시에 임시로 주어진 것이 아니라 중앙 상비군의 지휘관으로서 평상시의 칭호로 보기도 한다(권영국, 「고려 초기 장군직의 기능과 성격」 『崇實史學』 27, 2011, 211쪽).

21) 『高麗史』 권1, 세가1 태조 8년 겨울 10월 ; 『高麗史』 권92, 열전5 유금필.

22) 권영국, 위의 논문, 2011, 210쪽.

무직으로 마군대장군(馬軍大將軍)과 마군장군(馬軍將軍), 해군장군, 대장군(大將軍), 내군장군(內軍將軍) 등이 설치되어 있었다.[23] 이들은 그 명칭에서 보듯이 병종별로 설치되어 있었음이 특징적이다. 태조대 장군직이 이처럼 병종별로 설치되어 있었던 것은 전쟁을 수행하는 데 있어 병력의 범주를 전투 기능과 군사적 편의성에 따라 구분해 놓는 것이 편리했기 때문일 것이다.[24] 장군을 보좌하는 하위 군관급의 직함은 잘 확인되지 않는다. 그러나 해군대장군인 왕건을 보좌하던 인물로 등장하는 김언이 부장이라고 하는 직함을 가지고 활동한 사례를 보면 수군장군으로부터 부장으로 이어지는 지휘체계가 성립하고 있었던 것이 아닌가 싶다. 여기에 좀더 추정을 더해 본다면 해군대장군(해군장군) – 부장 – 전함의 지휘관 – 군관급 장교 – 병졸집단으로 연결되는 수군지휘체계를 설정해 볼 수 있지 않을까도 생각된다. 보기병을 조직화한 사례지만 궁예가 894년에 명주를 점령하는 과정에서 확보한 3천 5백명의 병력을 14개의 대(隊)로 편성하고, 각각의 대를 지휘하는 지휘관들을 사상(舍上)에 임명한 기록이 주목된다.[25] 고려 건국 초기부터 상층부에 해당하는 장군급의 무직들이 하나의 제도로서 설치되고,[26] 태봉 초기 단계부터 확보한 병력을 지휘통솔이 용이하도록 편성하였던 전례에 비추어 보아 후삼국시대에 등장하는 해군대장군과 해군장군, 부장과 같은 상층급 지휘관은 임시직이라기보다는 오히려 상설직에 가깝지 않았나 추정된다. 이는 후백제의 경우도 마찬가지였을 것으로 짐작된다. 932년에 대우도

---

23) 鄭景鉉, 위의 논문, 1988, 140~142쪽.

24) 위와 같음.

25) 『三國史記』 권50, 열전 궁예. 250명의 병력으로 하나의 대를 삼은 셈이 된다.

26) 鄭景鉉, 위의 논문, 1988, 142쪽.

(大牛島)를 침탈한 상애(尙哀)라는 인물이 해군장(海軍將)의 직함으로 나오는데,[27] 후백제의 수군이 정권 후반기에 이르면서부터 독자적인 지휘체계를 갖추고[28] 상층의 장수급 지휘관을 상설직으로 설치하였음을 반영한다고 생각된다.

다음으로 중앙의 관부로 등장하는 도항사에 대해 알아보자. 도항사는 태조 왕건이 고려를 건국하던 918년 6월에 중앙의 관부를 새로이 정비하는 과정에서 설치된 것으로 귀평(歸評)과 임상난(林湘煖)이 도항사령(都航司令)과 도항사경(都航司卿)의 임무를 각각 수행하였다.[29] 그런데 기존 견해에서는 도항사(都航司)가 군사와 관련한 직무를 관장하는 관서가 아니었다(혹은 중앙의 해군사령부와 같은 기관이 아니었다)는 것을 근거삼아 어느 정도 항구성과 정비된 체제를 지니는 수군제도는 선병도부서제도의 성립을 기다려서야 확립된다고 보았다.[30] 필자 역시 도항사가 수군을 관장하는 임무를 수행하지 않았다는 의견에는 동의한다. 즉 이 관부에 대해 수군을 관장하는 관부로 이해하기도 하지만,[31] 도항사라는 명칭을 통해 유추할 수 있듯이 강운(江運)이나 해운(海運)의 항로와 그를 통한 운송과 같은 임무를 담당하였을 가능성이 높다고 생각된다.[32] 하지만 도항사가

27) 『高麗史』 권2, 세가2 태조 15년 10월.

28) 李文基, 「甄萱政權의 軍事的 基盤－특히 新羅 公兵組織의 再編과 關聯하여」 『후백제와 견훤』(충남대학교 백제연구소 편), 서경문화사, 2000, 109~110쪽.

29) 『高麗史』 권1, 세가1 태조 원년 6월 신유.

30) 金南奎, 앞의 논문, 1983, 205~207쪽 ; 육군본부 군사연구소, 앞의 책, 2012, 173~174쪽.

31) 李基白, 『高麗貴族社會의 形成』, 一潮閣, 1990, 102쪽 ; 金甲童, 「高麗太祖初期의 中央官府와 支配勢力」 『史學硏究』 71, 2003, 86~87쪽(한국중세사학회, 『고려 중앙정치제도사의 신연구』, 혜안, 2009, 22쪽).

32) 신성재, 앞의 논문, 2012, 59쪽.

어떠한 임무를 담당하였는가 하는 문제를 놓고, 굳이 태조대 수군의 제도적 항구성 문제를 연결지어 생각하는 것은 바람직하지 않다고 본다. 도항사의 존재와 그것이 담당한 임무는 수군제도의 항구성과 체제의 정비와는 별개의 사안이라고 생각되기 때문이다. 그렇다면 당대 수군을 관장하던 기관은 무엇이고, 어떻게 운용되었던 것일까.

주지하듯이 이 시기 무관의 선발과 군사행정 등과 관련한 군정권(軍政權)은 병부(兵部)가 장악하고 있었다.[33] 특정 지역을 정벌하기 위해 군대를 동원하는 발병권(發兵權)은 순군부(徇軍部)가 행사하고 있었다.[34] 그리고 동원된 병력 자원을 활용하여 어느 지역을 정벌하고 방위할 것인가 하는, 실제 배속받은 병력을 지휘 및 운용하는 장병권(掌兵權)은 태조 왕건 휘하의 대장군과 장군들로 대표되는 무장들이 행사하고 있었다.[35] 이러한 군정권과 군령권은 수군에게도 동일한 방식으로 적용되고 있었을 것이다. 예컨대 진도지방을 점령하는 수군활동 시에 동원된 수군 병력 2천 5백 명에 대한(사료 ①) 군적과 병무행정과 관련한 업무는 병부가 관장하였을 것이고, 왕건은 해군대장군이라고 하는 지휘관으로서 이들을 지휘하는 군령권을 행사하였을 것이다. 중앙의 관부로 설치된 병부가 군적과 병무

---

33) 권영국, 「고려 초기 兵部의 기능과 지위」 『史學硏究』 88, 2007, 484~485쪽.

34) 鄭景鉉, 「高麗初期 京軍의 統帥體系」 『韓國學報』 62, 一志社, 1991, 48~52쪽 ; 권영국, 「고려전기 軍役制의 성격과 운영」 『國史館論叢』 87, 1999, 8~9쪽 ; 권영국, 「고려 초 徇軍部의 설치와 기능의 변화」 『韓國史硏究』 135, 2006, 123~130쪽 ; 권영국, 위의 논문, 2007, 488~489쪽. 병권을 관장한 기구가 아닌 궁예가 군사적 기반을 마련하기 위해 설치한 사민업무 담당 기구 혹은 지방세력을 통제하기 위한 기구로 보기도 한다. 전경숙, 「高麗初의 徇軍部」 『한국중세사연구』 12, 2002 ; 최규성, 「순군부고」 『高麗 太祖 王建 硏究』, 주류성, 2005 참조.

35) 鄭景鉉, 위의 논문, 1991, 30~31쪽 ; 권영국, 위의 논문, 2007, 485~486쪽.

행정 등을 담당하고, 순군부가 병력을 동원하는 권한을 행사하며, 대장군과 장군들이 동원된 병력을 운용하는 체제하에서는 별도로 수군을 지휘하는 조직이나 관부가 나타나지 않는 것이 그다지 이상할 것이 없어 보인다.[36] 이러한 체제였기 때문에 도항사가 수군과 관련한 업무를 관장하지 않은 것은 자연스러워 보인다. 비록 수군만을 별도로 관장하는 관부가 중앙에 설치되어 있지는 않았지만, 군정권을 장악한 병부와 발병권을 장악한 순군부, 장병권을 행사하던 장수들을 연결하는 효과적인 수군 지휘 및 운영체제가 기능하고 있었던 것이다. 상층부에 설정된 수군 지휘관 관직과 부장급 이하로 이어지는 지휘체계, 수군활동을 보장하는 군정·군령 기구의 존재와 역할 등을 통해 볼 때 이 시기의 수군 운영체제는 임시적이라기보다는 상설적인 성격에 가까웠던 것으로 생각된다. 물론 군관급 및 병졸 집단을 아우르는 관직의 체계화와 세분화는 성종대에 이르러서야 비로소 성립된다.

3. 해전 전술과 무기체계

후삼국시대의 수군은 해군대장군, 해군장군, 해군장, 부장을 정점으로 하는 수군 지휘관이 상설직으로 설치되어 단위 함대를 통솔하여 해상작전을 수행하는 체제로 운영되었다. 수군활동이 단위 함대를 중심으로 이루어졌으므로 전투원과 전함, 개별 전함과 함대를 연결하는 효과적인 해전 수행체계를 갖추고 있었을 것으로 짐작된

36) 한국 역사상 전근대의 어느 시기를 보더라도 수군을 관장(지휘 및 통제)하는 관부가 중앙의 조직으로 설치된 사례는 전무하다.

다. 수군은 지상의 일반적인 보병들과는 달리 해상에서 선박을 이용하여 전투를 전개해야 하기 때문에 전문적인 능력을 갖추고 있어야 한다.[37] 해상이라고 하는 유동적인 공간과 고정된 성곽이 아닌 끊임없이 이동하는 전함에서 작전을 수행해야 하는 관계로 작전환경과 무기체계 등을 고려한 효과적인 해전 전술이 개발되었을 것이다.

일반적으로 전근대 시기, 좀더 정확히 표현하자면 화약 무기가 발명되어 화포가 전함에 장착되기 이전까지는 서양이나 동양을 막론하고 육상에서의 전투와 동일한 방식의 해전 전술이 사용된 것으로 이해하는 입장이 지배적이다. 서양 중심적인 성과에 기초하여 일반화된 이러한 인식은 근래에 이르러 후삼국시대에 활동한 태봉과 고려의 수군에도 가감 없이 적용되고 있다. 서양의 고대 지중해 국가를 중심으로 발발한 해전의 성과를 인용한 이 견해에 의하면, 후삼국시대의 해전 전술은 육전의 전술과 동일하였다고 한다. 전투의 진행 과정이 종국적으로 백병전에 의해 마무리되는 형태였으므로 해전은 곧 육상에서의 전법을 해상에 그대로 옮긴 것에 불과하다고 한다. 이 견해의 주요 내용을 소개하면 다음과 같다.[38]

“이 시기에는 적선을 제압하기 위한 전술 형태가 본질적인 면에서 육전의 전술과 다를 바가 없었다. 전투의 수행은 전선이 앞뒤로

37) 고경석, 「신라 수군의 변화 과정 연구」『대외문물교류연구』 8, 2009, 33쪽.
38) 이하의 내용은 이창섭, 앞의 논문, 2005, 17~18쪽 참조. 직접적으로 인용한 성과는 다음과 같다. 金在瑾, 『우리 배의 歷史』, 서울대학교출판부, 1989 ; 青木榮一 著·崔在洙 譯, 『시 파워의 世界史 ①－海軍의 誕生과 帆走海軍의 發達』, 韓國海事問題研究所, 1995, 65~97쪽 ; 海洋戰略研究部, 『世界海戰史』, 海軍大學, 1998, 15~16쪽 ; 海洋戰略研究部, 『韓國海戰史』, 海軍大學, 2007, 10~11쪽.

줄지어 일렬로 노를 저어 접근한 뒤 적군 진형이 가까워지면 옆으로 늘어서서 포진하면서 시작된다. 노가 나와 있는 현측이 약하기 때문에 뱃머리가 적의 현측을 향하게 하고는 거리가 좁혀지면 지휘관의 뜻에 따라 노를 저어 신속하게 선박을 움직여 적선을 향해 돌진한다. 접근하면서 활과 쇠뇌 등을 발사하여 상대편 인명에 손상을 가하거나 화공으로 적선에 불이 붙게 한다. 그러다가 뱃머리에 부착된 예리한 충각(衝角)으로 적선의 옆구리를 들이받아 그 충격으로 파괴 또는 침몰시키거나 적선의 노를 부러뜨려 최소한 기동성을 약화시킨다(Ramming). 적선과 현측을 맞대고 있는 상태에서 최후에는 어느 쪽으로부터이던 갈퀴 같은 장구를 이용하여 적선을 끌어당기고는 전사를 적선에 승선시켜 백병전으로 상대편 승조원을 제압하고 배를 탈취한다(Boarding). 적함을 향하여 직진, 충격, 돌격하는 전투 유형은 육상의 전투법을 그대로 해상으로 옮긴 해상에서의 백병전이라 할 수 있다. 이런 싸움이라면 육지에서 치르는 것이나 선상에서 하는 것이나 다를 바가 없었다. 즉 이런 전술을 사용하여 선상에서 전투를 벌이는 병사에게 요구되는 능력은 육상에서의 전투를 효과적으로 수행하기 위해 요구되는 능력과 본질적으로 같았다. 따라서 육상에서 근무하는 병력이라도 필요한 경우 곧바로 수군으로 편성하는 데 문제가 없었을 것이다."[39]

39) 이상과 같은 내용의 고대 서양의 해전 전술과 특징은 다음 논고를 통해서도 살펴볼 수 있다. 金州植, 『西歐海戰史』, 淵鏡文化社, 1995, 29~32쪽 ; 존 워리 지음·임웅 옮김, 『서양 고대 전쟁사 박물관』, 르네상스, 2006, 48~54쪽 ; 라이오넬 카슨 지음·김훈 옮김, 『고대의 배와 항해 이야기』, 가람기획, 2001, 82~88쪽 ; 베리 스트라우스 지음·이순호 옮김, 『살라미스 해전』, 갈라파고스, 2006, 13~20쪽 ; 이에인 딕키·마틴 J. 도헤티·필리스 J. 제스티스·크리스터 외르겐센·롭 S. 라이스 지음·한창호 옮김, 『해전(海戰)의 모든 것』, Human & Books, 2010, 31~46쪽.

이 견해에서는 후삼국시대에 수군이 수행하였음직한 해전 전술을 서양의 고대 해전에 등장하는 그것과 비교하여 유사점을 살펴본 점에서 의미가 있기도 하다. 하지만 문제도 없지 않다. 우선 서양의 해전을 다룬 일부의 성과를 수용한 것인데, 과연 이를 한국의 후삼국시대 해전에 그대로 적용할 수 있는가 하는 점이다. 더구나 후삼국시대에 적용하고 있는 서양의 해전사 관련 성과는 대체로 기원전 480년에 그리스와 페르시아 사이에 발발한 살라미스 해전과 이를 전후한 해전들을 다룬 것으로 시기적으로 상당한 차이가 발생한다. 한국 역사상 중세 초기에 해당하는 후삼국시대와 기원전의 지중해 국가들이 해전을 벌이던 방식을 동일한 수준으로 수용할 수 있을지 의문인 것이다. 물론 지상에서 사용되던 무기와 확연히 구분될 정도로 해상 무기체계가 발달하지 않았던 시대적 조건을 감안한다면 해전을 수행하는 과정에서 지상전과 흡사하거나 유사한 형태의 전술과 전투행위가 존재하였을 가능성이 있다. 하지만 실제 후삼국시대의 해전이 서양의 방식과 동일하였는가에 대해서는 당대의 기록을 중심으로 구체적으로 살펴볼 필요가 있다. 이 점은 한국의 후삼국시대 해전과 지중해 국가의 고대 해전이 어떠한 측면에서 유사점과 차이점이 나타나는 것인가를 살펴볼 수 있는 중요한 사안이라고 생각한다. 과연 기존의 견해처럼 후삼국시대의 해전은 육상의 전투와 본질적으로 차이가 없는 육상전투의 연장선상이었던 것일까. 아래의 기록을 보자.

> 5월 중순 무렵 고려국의 병선 수백 척이 적(여진 해적)을 습격하였다. 이에 해적들이 힘을 다해 싸웠으나, 고려의 기세가 맹렬하니 감히 상대가 되지 않았다. 고려국의 병선은 선체가 크고 높고 兵仗도 많이

> 보유하고 있었다. 배를 뒤집고 사람을 죽이는데 적도들이 그 맹렬함을 감당할 수 없었다. 포로가 된 사람들은 배 안에서 죽임을 당하거나 혹은 바다에 뛰어들었는데, 石女 등도 함께 바다로 뛰어들어 표류하였다. 이에 전투는 자세히 보지 못하였다. 얼마 후 고려의 전함에 구조되었다. 구조된 배 안을 보니 광대하기가 다른 배에 비할 바가 아니었다. 2층으로 만들어져 위에는 櫓를 세우고 좌우에는 각각 4개의 枝가 있고, 別所에는 노를 젓는 水手 5·6인이 있었다. 所所는 병사 20여 명 정도가 들어가는 넓이인데, 이곳에는 노를 걸어놓지 않았다. 또 한쪽 방향에는 7·8개의 지가 있었다. 선면에는 鐵角이 있었는데 적선과 충돌하여 파괴하는 장치 같았다. 배 안에는 여러 가지 기구가 있었는데, 철로 만든 갑주와 크고 작은 鉾와 熊手 등이었다. 병사들은 각기 전문화된 무기를 들고 있었고, 또 大石을 두어 적선을 파괴하는데 사용했다. 다른 배들도 장대하기가 이와 같았다.[40]

위 기록은 현종 10년(1019)에 여진족 해적에게 붙잡혔다가 고려의 수군에게 구출된 일본 여인 석녀(石女)가 본국으로 돌아가 구출될 당시에 목격하였던 고려 수군의 위용과 해전 양상을 진술한 기록이다. 고려가 건국된 918년으로부터 약 100년 뒤에 벌어진 이 사건은

---

40) 「寬仁三年七月十三日 內藏石女等解申進申文事」(張東翼, 『日本古中世日本資料研究』, 서울대학교출판부, 2004, 88쪽). "五月中旬之比 高麗國兵船數百艘襲來擊賊 爰賊人等勵力雖合戰 依高麗之勢猛 無敢相敵之者 卽其高麗國船之體高大 兵仗多儲 覆船煞人 賊徒不堪彼猛 船中煞害所虜之人等 或又入海 石女等同又被入海浮浪 仍合戰案內 不能見給 無幾有高麗船扶了 卽□勞所令蘇生也 但見被救乘船之內 廣大不似例船 □造 二重 上立櫓 左右各四枝 別所漕之水手五六人所乘兵士二十餘人許 不懸檝 又一方七八枝也 船面以鐵造角 令衝破賊船之料也舟中儲雜具 鐵甲胄·大小鉾·熊手等也 兵士面面 各各執特之 又入大石打破賊船又他船長大已以同前".

『고려사』의 기록에도 전할 만큼 규모가 큰 해전이었던 것 같다. “진명선병도부서(鎭溟船兵都府署) 장위남(張渭男) 등이 해적선 8척을 노획하고 이들이 납치하였던 일본인 남녀 259명을 빼앗아 공역령(供驛令) 정자량(鄭子良)으로 하여금 자기의 본국으로 송환하게 하였다”[41]는 기록이 이를 뒷받침해준다. 석녀는 장위남 등에게 구출된 일본인 중 한 명이었을 것이다.

후삼국시대 태봉과 고려의 해전 전술과 관련하여 석녀의 증언에서 주목되는 부분은 고려의 선박이 크고 높고, 선체의 전면에는 철각(鐵角)을 설치하였으며, 병사들이 전문화된 다양한 무기를 보유하고 있었고, 또한 대석을 적재하고 있었다는 사실이다. 우선 선체가 크고 높았다는 기록으로 보아 고려의 선박은 누선이고, 갑판 아래는 이중으로 구성되거나 혹은 상갑판과 하갑판이 분리되어 노를 젓는 수부(水夫)를 위한 공간과 전투병이 승선하는 공간이 구분되어 있었음을 살필 수 있다.[42] 이러한 구조적인 특징은 고려의 수군이 대선중심주의(大船中心主義) 체제였음을 의미한다. 대선 위주의 전술은 다수의 전투병을 밀집 배치함으로써 일본이나 여진족과 같이 무사 개개인의 전투력에 의존하기보다는 조직적인 전투를 전개하기에 유리하다.[43] 선체가 대형이었음은 충각전술에도 효과적이었을 것이다. 고려의 수군이 충각전술을 구사하였을 가능성은 선체의 전면에

41) 『高麗史』 권4, 세가4 현종 10년 4월 병진 ; 『高麗史節要』 권3, 현종 10년 4월.

42) 林容漢, 「고려후기 수군 개혁과 전술변화」 『軍史』 54, 2005, 275쪽. 이처럼 전투원과 수부가 분리되는 이중 갑판구조에 주목하여 현종대에 나타나는 군선이 조선시대의 판옥선과 구조적인 측면에서 연결되는 것으로 파악하기도 한다(石井正敏, 「『小右記』 所載 內藏石女等申文にみえる高麗の兵船について」 『朝鮮學報』 198, 2006, 38~57쪽).

43) 林容漢, 위의 논문, 2005, 276쪽.

설치된 철각의 존재와 그 용도가 적선과 부딪혀 파괴하는 장치와 같았다는 증언을 통해서 입증된다. 또한 배를 뒤집고(覆船) 사람을 죽이는 장면을 목도한 사실을 통해서도 알 수 있다. 이러한 사실들은 현종대와 후삼국시대 사이에 100년 남짓의 시간 차이가 존재하지만, 후삼국시대 태봉 및 고려의 수군이 대선을 건조하여 단위함의 전투 능력을 강화하고 철각과 같은 무기를 장치하여 충각전술을 구사하였을 가능성을 암시해준다. 궁예가 914년에 왕건으로 하여금 전함 100여 척을 증치하도록 하였는데, 이 중에서 대선(大船) 10여 척은 가히 말을 달릴 정도로 장대하였다고 한다.[44] 서양의 해전에서와 같이 태봉과 고려의 수군도 유사한 방식의 충각전술을 구사하였을 가능성이 있는 것이다.

고려의 수군은 충각 이외에도 대석을 적재하고 다니면서 해전에서 활용하였을 가능성이 있다. 석녀의 증언에 나오는 대석을 두어 적선을 파괴하는 데 사용하였다고 하는 기록이 이를 짐작케 한다. 이 대석은 대형의 병선에 투석기나 대형의 노를 보유하고 있었을 가능성이 있으므로 발사형 무기로 사용하였거나,[45] 현측으로 접근하는 적함에 대하여 선체가 크고 높은 이점을 이용하여 수직으로 내리쳐 격파하는 용도로 사용되었던 것 같다.[46] 이는 적선과 전투를 치르기 위해 사격권 내로 접근하는 단계는 물론 적선이 현측으로 가까이 접근하여 등선을 시도하는 근접전에 대비하기 위한 전술로 이해된다. 이러한 전술과 관련하여 고려의 수군이 철로 만든 갑주와 크고 작은 모(鉾), 웅수(熊手) 등과 같은 다양한 형태의 무기를 보유하

44) 『高麗史』 권1, 세가1 태조 건화 4년 갑술.
45) 林容漢, 앞의 논문, 2005, 275쪽.
46) 신성재, 앞의 논문, 2007, 88쪽.

고 있었고, 병사들이 이런 무기를 운용하기에 적합하도록 전문화되어 있다고 하는 점이 흥미롭다. 갑주와 창은 기본적으로 백병전에 사용되는 무기이다. 웅수는 여러 개의 갈고리가 장대에 곰 발바닥 모양으로 달려있는 무기를 지칭하는 것으로 아마도 해전 시에 사용되는 갈고리를 의미했을 것으로 보인다. 그리고 그 용도는 해전을 수행 시에 적선을 끌어오는 역할을 하거나 도망가는 적선을 붙잡는데 사용되었던 것 같다.47) 전함에 적재된 대석과 웅수의 용도 등을 감안해 볼 때 이러한 무기들은 백병전을 벌이더라도 적선에 올라타 직접적으로 적을 공격하는 용도라기보다는 주로 고려의 전함과 백병전을 벌이기 위해 시도하는 적들을 물리치기 위한 수단일 가능성이 높다.48) 이러한 측면에 주목해본다면 고려 현종대의 수군은 가급적 선상에서 발생하는 백병전을 최소화하면서 적선에 타격을 가하여 효과를 거두는 전술을 중시하였던 것이 아니었나 생각된다.

고려 현종대 일본 여인 석녀가 남긴 기록은 후삼국시대의 해전 전술과 무기체계의 상관성은 물론 그 전투방식이 본질적으로 육전과 다를 바가 없었다거나 육상의 전투법을 그대로 해상으로 옮긴 것으로 파악하는 기왕의 견해와 비교하여 시사하는 바가 크다. 석녀의 증언을 통해 볼 때 고려의 수군 역시 서양의 사례처럼 충각전술을 구사하였을 가능성이 있다. 그러나 이런 전술을 선호하거나 적극적으로 적용하였던 것 같지는 않아 보인다. 사실 이 전술을 효과적으로 발휘하기 위해서는 충각으로 타격을 가한 뒤 적이 반격할 틈을

---

47) 도다 도세이 지음·윤준칠 옮김, 『무기와 방어구』, 들녘, 2004, 118~119쪽 ; 한성일, 「고려시기 해전과 초기화약 무기」『STRATEGY 21』 12권 2호, 한국해양전략연구소, 2009, 227쪽.

48) 한성일, 위의 논문, 2009, 228쪽.

주지 않고 재빨리 물러서는 등 기동력 있는 대처가 요구된다.[49) 그렇지 않으면 아군의 배와 상대의 배를 함께 묶어 버릴 수 있으므로[50) 오히려 공격하는 측이 위험한 상황에 봉착할 수 있다. 그러므로 이 전법에는 숙련된 기술이 요구된다. 다시 말해 급하게 징집한 병력이나 지상전에서 활용하던 인력들을 모집하여 단시간 내에 효과를 거둘 수 있는 전술이 아니다. 접근(직진)하는 단계에서부터 실제 적함을 들이받아 격침을 시키는 충격 단계에 이르기까지 고도로 해상훈련을 받은 수군들이 발휘할 수 있는 전술인 것이다. 이런 점에서 접근 단계와 충격 단계까지는 적어도 육상의 전투법과는 구분되는 고유한 해전 전술로 평가함이 바람직할 것이다.[51)

현종대 고려의 수군은 선상에서 백병전을 지양하고 해상전투의 장점을 높이는 방향으로 무기체계를 구성하고 전술을 적용하였던 것 같다. 충각전술의 효과를 높이고 보완하기 위해 선박을 대형화하고 대석을 비롯한 다양한 무기를 배치하여 병사들을 전문적으로 운용하였던 사실이 이를 말해준다. 그렇다면 이보다 100여 년이 앞선 후삼국시대에도 동일한 양상을 보였을까. 당대의 유일한 해전 기록을 통하여 그 대체적인 실상에 접근해 보자.

나주포구에 이르자, 견훤이 친히 군사를 거느리고 전함을 늘어놓

49) 베리 스트라우스 지음·이순호 옮김, 앞의 책, 2006, 15쪽.

50) 林容漢, 앞의 논문, 2005, 276쪽.

51) 육상전투와 유사성이 있다고 생각되는 부분은 적선에 등선하여 백병전을 벌이는 최후의 단계가 아닌가 싶다. 그러나 백병전 단계 역시 지상이 아닌 선상에서 벌이는 전투이므로 해전의 고유한 영역이라고 본다. 병사와 병사 간의 싸움은 육상전과 유사하지만, 선상에서의 우열은 해상 기상과 전함의 운용, 병사의 선상에서의 전투 숙련도 등과도 밀접한 영향을 맺고 있기 때문이다.

> 아 木浦에서 德津浦에까지 이르렀다. 머리와 꼬리를 서로 물고, 수륙종횡으로 병세가 심히 성하였다. 제장들이 이에 근심하자 태조가 말하기를, '근심하지 마라. 군사가 이기는 것은 和에 있지 衆에 있지 않다.' 이에 진군하여 급히 공격하니 적선이 조금 물러났다. 바람을 타 불을 놓으니 타죽거나 익사자가 大半이었다. 5백여 급을 참획하였으나, 견훤은 작은 배를 타고 달아났다. 처음에 나주 관내 여러 郡들이 우리와 떨어져 있고 적병이 길을 막아 서로 응원할 수 없었기 때문에 자못 동요하고 있었다. 이에 이르러 견훤의 정예로운 군사를 물리치니 무리들의 마음이 모두 정해졌다. 이리하여 三韓의 땅에서 궁예가 大半을 차지하게 되었다.[52]

위는 태봉과 후백제가 912년에 덕진포 해상에서 해전을 벌인 상황을 전하는 기록이다. 기록을 통해 알 수 있듯이 이 해전에서 충각전술과 백병전이 구사되었는지는 확인되지 않는다. 태봉 수군이 "진군하여 급히 공격하니 적선이 조금 물러났다"는 표현으로 보아 후백제군과 근접전을 벌인 것은 분명하지만 장시간에 걸쳐 수행한 것 같지는 않다. 이 해전에서 주목되는 점은 태봉의 수군이 과감한 공격을 감행하여 후백제의 전함과 거리를 이격시켜 놓은 다음 화공전(火攻戰)을 전개하여 승리하였다고 하는 사실이다. 화공을 이용한 전술로 후백제를 제압하기 위해 근접전을 벌이고, 화공의 피해로부터 아군을 보호하기 위해 적함과의 거리를 벌려 놓았던

52) 『高麗史』 권1, 세가1 태조 양 개평 3년. "及至羅州浦口 萱親率兵列戰艦 自木浦至德眞浦 首尾相銜 水陸縱橫 兵勢甚盛 諸將患之 太祖曰 勿憂也 師克在和 不在衆 乃進軍急擊 敵船稍却 乘風縱火 燒溺者大半 斬獲五百餘級 萱以小舸遁歸 初羅州管內諸郡 與我阻隔 賊兵遮絶 莫相應援 頗懷虞疑 至是 挫萱銳卒 衆心悉定 於是 三韓之地 裔有大半".

것이다. 이러한 사실은 후삼국시대 태봉 및 고려의 수군이 백병전으로 마무리되는 전술을 추구하기보다는 전함의 기동력과 보유하고 있는 무기체계를 효과적으로 활용하여 가급적 이격된 거리에서 공격 효과를 높이는 전술을 중시하였음을 반영한다고 생각된다. 태봉 수군이 백병전을 지양하는 전술을 중시하였음은 화공전에 사용된 무기를 통해서도 어느 정도 유추해 볼 수 있다. 기존의 견해에서는 고려 인종(仁宗) 13년(1135)에 발발한 묘청(妙淸)의 반란을 진압하는 과정에서 사용된 화구(火毬)와 화선(火船)의 존재에 주목하여[53] 화구가 사용되었다고 보는가 하면,[54] 화시(火矢)와 같은 전통적인 화공무기와 화선을 병행하였다고 보기도 한다.[55] 어느 견해가 타당한가를 막론하고 화구와 화선, 화시는 백병전과 같은 전투보다는 적선과 어느 정도 이격된 거리에서 효과를 볼 수 있는 공격무기라는 사실이다. 이 가운데 화시가 사용되었다고 하는 점은 해전에서 궁수의 역할이 매주 중요하였음을 반영한다.

전통적으로 궁수는 육상에서의 전투는 물론 해상의 전투에서도 중요한 역할을 담당하였다. 『삼국사기』에는 조분니사금(助賁尼師今) 4년(233) 7월에 왜인이 사도(沙道)에 침입하였을 때에 이찬 이사부(異斯夫)가 바람을 이용하여 적선을 모두 불태웠다고 하는 기록이 전한다.[56] 적선을 불태운 무기가 무엇인지 언급되지 않았지만, 아마도 활이 비중있게 사용되었을 것이다. 궁수의 전술적 가치는 신라(新羅) 말기의 사례에서도 잘 나타난다. 진성여왕(眞聖女王)대 왕의 막내아

53) 『高麗史』 권98, 열전 김부식.

54) 金州植·鄭鎭述, 「張保皐와 李舜臣 兩時代의 海洋史的 連繫人物 研究 ― 王建 海上勢力의 成長과 羅州海戰을 중심으로」 『海洋研究論叢』 25, 2001, 190쪽.

55) 신성재, 앞의 논문, 2007, 88~89쪽.

56) 『三國史記』 권2, 조분니사금 4년 7월.

들인 아찬 양패(良貝)가 마침 당나라에 사신으로 가게 되었다고 한다. 그런데 백제의 해적이 진도(津島)를 가로막고 있다는 소식을 접하고는 궁사(弓士) 50인을 뽑아 데리고 갔다고 한다.[57] 해상에서 전투가 발발할 경우에 대비하여 궁수를 대동한 사실을 눈여겨볼 필요가 있다. 왕건의 조부인 작제건(作帝建)이 서해상에서 늙은 여우를 활로 처치하면서 용녀(龍女)를 아내를 맞이하는 설화를[58] 통해서도 해상 활동에서 궁수의 비중을 가늠해볼 수 있다. 서경(西京) 공방전이 한창이던 1135년에는 인종(仁宗)이 정습명(鄭襲明) 등으로 하여금 서경의 서남 해도(海島)에 들어가서 궁수(弓手)와 수수(水手) 4천 6백여 인을 모아서 전함 140척으로써 순화현(順化縣) 남강(南江)에 들어가 방어하게 하였다는 기록이 있다.[59] 궁수와 수수의 비율이 어느 정도였는지 파악하기 어렵지만, 이 역시 해전에서 궁수의 역할이 차지하는 전술적 가치를 충분히 입증한다.

이와 같이 해전에서 활은 전술적으로 그 중요도가 높았던 무기였고, 활을 운용하는 궁수는 해전에서 핵심적인 역할을 담당하였다. 따라서 후삼국시대의 해전은 원거리 공격에서 효용성이 높았던 활을 주요 무기로 삼아 적선과의 거리를 유지하면서 무력화시키는 전술에 치중하였다고 생각된다.[60] 백병전 단계로까지 이어지는 전술은 아군 전함과 병사의 막대한 희생을 각오해야 하는 만큼 그다지

57) 『三國遺事』 권2, 기이2 진성여대왕 거타지.

58) 『高麗史』 고려 세계.

59) 『高麗史』 권98, 열전 김부식.

60) 이와 유사한 관점에서 한국 중세의 해전전술은 원거리 무기, 특히 활을 중심으로 거리를 유지하여 공격하는 전술이었으며, 백병전은 그에 대한 보조적인 위치였던 것으로 파악한 견해가 있어 주목된다(한성일, 앞의 논문, 2009, 231쪽).

선호하지 않았던 것 같다. 이러한 점은 서양의 고대 해전 방식과 대비되는 한국 해전 전술의 고유한 특징으로 전통시대로부터 해상에서 궁시를 꾸준히 활용해 오던 사정에서 비롯하였을 것이다. 궁수의 전술적 가치와 역할은 화약무기가 등장하여 전함에서 운용하던 시기인 조선중기에 이르러서도 변함없이 중시되었다.[61] 충각을 이용한 공격전술은 근접전이 발생하는 상황에서 필연적으로 수반되는 전술이었을 것이다. 기록상 잘 드러나지는 않지만, 후삼국시대의 해전에서 그러한 전술이 일부 구사되었음직하다. 그러나 서양의 사례처럼 직진과 충격, 백병전으로 이어지는 일련의 전투 과정에서 중심적인 전술로 활용되지는 않았을 것이다. 가급적 적함과 일정한 거리를 유지하면서 공격을 시도하는 과정에서 빚어지는 근접전에서 사용되었을 것이다.[62] 궁시를 이용한 원거리 공격과 근접전, 충각전술이 병행되는 해전에서 선상 전투원과 전함을 운항하는 요원간의 팀워크는 매우 중요하다. 이들은 함대를 중심으로 해상작전을 수행하는 체계 속에서, 전함에 설치된 무기를 운용하기에 적합하고, 해전 전술을 구사하기에 효과적인 형태로 조직화되고 전문화되었을 것이다.

---

61) 대형 화기가 본격적으로 수군에 도입되는 시기에도 활이 여전히 중요한 위치를 차지하였음은 한성일, 「16세기 조선 수군의 전술과 궁수」 『역사와 세계』 39, 2011 참조.

62) 중국에서도 사용되었으나 고대 지중해처럼 중요한 위치를 차지하지 않았다는 견해가 있어 참고된다(김주식 역, 「동양 선박의 충각과 장갑 그리고 쇠갈고리 : 해전의 근접전과 사격전」 『SRATEGY 21』 10권 1호, 한국해양전략연구소, 2007, 5~12쪽).

4. 병력의 편성과 전함의 운영

해전이든 육전이든 전투를 효과적으로 수행하기 위해서는 운용 가능한 병력 자원을 확보하는 것과 확보한 병력을 당대의 무기체계와 해전 전술을 구사하기에 용이하도록 적합한 형태로 편성 및 조직하는 것이 중요하다. 너무나도 보편적인 병력 운용의 원칙임에도 불구하고 연구자들은 이따금씩 이를 간과하거나 주의깊게 관찰하지 않는 경향이 있는 것 같다. 기록상 잘 드러나지는 않지만, 후삼국시대에 활약한 태봉과 고려의 수군 또한 이러한 면들이 고려되는 가운데 확보되고 해전을 수행하기에 적합한 형태로 편성되었을 것이다. 병력 자원을 확보하는 과정에서는 지역과 사회·경제적인 측면이, 확보된 병력을 전투원으로 편성하는 과정에서는 기술적이며 군사적인 측면들이 고려되었을 것이다. 후삼국시대에 수군병력 자원은 기본적으로 연해안 지역에 거주하는 지역민들이 주로 동원되었던 것 같다. 아래의 기록을 보자.

> 14년에 참소를 당하여 鵠島로 귀양을 갔다. 이듬해에 견훤의 海軍將 尙哀 등이 大牛島를 공략하였다. 태조가 大匡 萬歲 등을 보내어 구원하게 하였으나 불리하였다. 태조가 이를 근심하였는데 금필이 글을 올려 말하기를, '신이 비록 죄를 입어 귀양살이는 하고 있지만 백제가 우리의 해안지방을 침탈한다는 소식을 듣고 본 도와 包乙島의 丁壯들을 선발하여 군대에 충원하고 또한 전함을 수리하여 방어하도록 하였으니 원컨대 주상께서는 근심하지 마소서'라고 하였다.[63]

63) 『高麗史』 권92, 열전5 유금필. "十四年 被讒竄于鵠島 明年 甄萱海軍將尙哀等 攻掠大牛島 太祖遣大匡萬歲等 往救不利 太祖憂之 黔弼上書曰 臣雖負罪在貶

위는 곡도(鵠島)[64]로 귀양을 갔던 유금필(庾黔弼)이 931년(태조 14)에 백제의 거듭되는 침탈로 말미암아 고심에 빠져 있던 왕건을 안심시키기 위하여 올린 상소문의 내용이다. 유금필이 곡도에 안치되어 있던 시기는 고려가 후백제를 상대로 싸운 고창전투(古昌戰鬪)에서 대승을 거둔 직후였다. 고창전투에서의 패배로 위기의식이 심화되어 가던 상황에서, 후백제는 서해 중부해역에 위치한 대우도(大牛島)[65]와 주변 도서지방에 대한 대대적인 수군활동을 감행하였다. 공교롭게도 당시에 유금필이 유배를 당하고 있던 곳이 그 해역이었다. 그런데 주목해볼 점은 유금필이 후백제가 침탈한다는 소식을 접하고 곡도와 포을도(包乙島)[66]에 거주하고 있던 정장(丁壯)들을 선발하여 군대에 충원하고 전함을 수리하여 방어하도록 하였다는 사실이다. 후백제 수군들이 해상으로부터 침략해 오던 현실에서 지역의 안위를 지켜내기 위한 지역민들의 결집과 대응은 너무나 당연한 것인지도 모른다. 그러나 유금필이 지역민들을 대상으로 이러한 조치를 취할 수 있었던 배경에는 후삼국전쟁기에 연해안지방을 중심으로 거주하던 지역민들이 수군 병력을 구성하는 주요 자원으로 징발되는 상황이 조성되었기 때문이 아닌가 싶다. 유금필이 비록 왕건의 총애를 한 몸에 받았던 장수였다고는 하지만, 엄연히 당시에는 죄인의 몸으로 유배중인 상황이었다. 그럼에도 불구하고

聞百濟侵我海鄕 臣已選本島 及包乙島 丁壯以充軍隊 又修戰艦以禦之 願上勿憂".

64) 현재의 백령도를 말한다고 한다(鄭淸柱, 『新羅末高麗初 豪族研究』, 一潮閣, 1996, 116쪽).

65) 충남 서산시 지곡면 도성리에 위치한 섬으로 비정된다(국토지리정보원, 『한국지명유래집(충청편)』, 2015, 481~482쪽).

66) 현재의 대청도를 말한다.

그가 군대를 편성하고 전함을 건조할 수 있었던 것은 고려의 영향권이 미치던 지역에 거주하고 있던 연해민들이 수군 병력과 전함 건조 사업 등에 자연스럽게 동원되던 체제였기 때문이었을 것이다. 태봉의 수군이 나주 진출 시 동원한 수군 병력 중 대부분이 예성항과 경기만 일대에서 해상 경험을 두루 축적한 선원들이었다고 추정하는 것은[67] 그다지 놀랄만한 일이 아니다. 또 다른 해안지방으로 영향력을 확대해 가는 과정에서 포로로 획득한 연해민들이 수군의 병력으로 편입되는 사례도 있었을 것이다. 고려의 해군장군 영창과 능식 등이 927년 4월에 강주 진출을 감행하여 인물(人物)을 포획해왔다고 하는 기록[68] 속에 나오는 사람들이 그 경우에 가깝다고 할 수 있다.

해안지역에 거주하는 연해민 외에도 해상 무역활동에 종사하던 인물들 또한 수군 병력을 구성하는 자원으로 활용되어졌음직하다. 당시 송악 일대와 패서지방에는 해상 무역을 통하여 부를 축적한 세력이 다수 존재하고 있었기 때문에 주로 이들을 규합하여 수군을 건설하고 운용하였을 것으로 보인다. 이들 해상세력들은 무역활동을 수행하는 과정에서 해적을 만나는 등 돌발 상황이 발생할 경우에 대비하여 상선을 지켜낼 수 있는 유능한 승조원들을 확보하고 있었을 것이다.[69] 왕건이 903년부터 914년까지 서남해역에서 수군활동을 수행하기 위해 거느리고 내려갔던 2~3천 명의 군사들 속에는 해상세력과 상인의 신분에서 전사로 변신한 인물들이 어느 정도 포함되어 있었을 것으로 보여진다. 이들은 수군으로 편입될 당시에

67) 정진술, 『한국 해양사』(고대편), 해군사관학교, 2009, 333쪽.
68) 주11과 같음.
69) 이창섭, 앞의 논문, 2005, 15쪽.

세력의 규모 여하에 따라 부장이나 군관급 정도의 지위를 부여받는가 하면 단순한 병졸집단에 편성되기도 하였을 것이다.

이와 같이 고려의 영향권 안에서 어업 경제활동에 종사하던 연해민들과 상업활동에 종사하던 해상세력, 해상세력 휘하의 상인과 무사집단들은 당시 자신들이 활동하던 지역과 사회·경제적인 처지 등을 배경으로 태봉과 고려의 수군을 구성하는 주요한 인적 자원으로 활용되고 있었다.[70] 그 규모는 태봉과 고려가 수군활동을 수행하던 기간 동안에 동원하였던 병력의 수치로 보아 최소한 5천 명 정도는 중앙 권력이 필요에 따라 통제하고 수군으로 동원할 수 있는 잠재적 자원이지 않았을까 추산된다.[71]

확보된 병력은 당대의 무기체계를 운용하기에 적합하고 해전을 수행하기에 효과적인 형태로 조직되었을 것으로 보여진다. 당대의 기록에는 나타나지 않지만, 궁수와 수수(水手), 초공(梢工)[72] 등이 그러한 역할을 수행하는 존재들이었을 것이다. 앞 장에서 살펴본 석녀의 기록에 등장하는 단병무기를 운용하는 병사와 대석을 운용하는 존재들이 그것에 해당할 것이다. 이들은 후삼국시대의 주요 해전 전술인 원거리 화공전과 궁시 공격에 용이하면서도, 근접전에서의 해상전투와 충각전술을 구사하기에 적합한 조직으로 편성되었을 것이다. 궁수는 이격된 거리에서 화살을 이용한 공격을 감행하는

70) 대체로 왕건 휘하에서 상업활동에 종사하던 인물들과 상인들을 주요 구성원으로 이해하는 경향이 높으나, 연해안 지역에서 어업에 종사하던 연해민들 역시 동원되었을 것으로 여겨진다. 또한 기록상으로는 잘 확인되지 않지만, 내륙에서 귀부해온 호족과 그 휘하의 인물들이 수군으로 편입되는 경우도 존재하였을 것이다.

71) 이창섭, 앞의 논문, 2005, 20쪽.

72) 선박이 항해 시 타를 운용하여 방향을 조종하는 역할을 담당하는 요원을 말한다.

등 중심적인 전투 임무를 수행하였을 것이다. 전함을 운항하고 조종하는 수수와 초공은 지휘관[73]의 명에 따라 빠른 기동은 물론 공격하기에 유리한 위치를 점하는 역할을 수행하였을 것이다.

일반적으로 이 시기 수군의 병력 편성에 대해서는 궁수와 같은 존재는 수상에서 전투를 담당하였고, 수수와 초공은 항해를 담당하였던 것으로 구분하여 파악되고 있다. 즉 궁수는 전투원이고, 수수와 초공은 운항요원으로 비전투원으로 보는 것 같다.[74] 그러나 이처럼 이원적으로 파악하기에는 신중함이 요구된다. 궁수가 활을 이용하여 적함과 적선에 공격을 가하는 행위가 전투 행위인 것처럼, 수수와 초공이 해전을 치르기 용이하도록 전함을 운항하여 적함과 일정한 거리를 유지하거나 근접하는 것 역시 전투 행위에 포함된다. 더구나 전함을 조종하여 충각전술을 구사해야 하는 상황이라고 한다면 전함 자체가 하나의 강력한 무기에 해당하므로 수수와 초공의 행위는 무기를 운용하는 전투원의 행위에 해당한다. 따라서 궁수와 수수, 초공 모두를 전투원으로 파악해야지만 이 시대 수군의 편성과 해전의 특징을 이해하는 데 합리적이라고 생각된다. 육전과 달리 하나의 전함을 기초로 하여 해전을 벌이는 상황에서 전함이 전투원으로서의 역할을 수행하므로 승선한 군사들 역시 전투원인 셈이다. 다만 전함을 중심으로 수행하는 일련의 전투 효과를 높이기 위하여 궁수는 사격의 임무를 담당하도록 편성하였고, 수수와 초공은 기동과 항해를 담당토록 하였던 것이다. 이러한 사정에서 유추해볼 때 전함

---

73) 이 시기 전함을 지휘하는 지휘관의 존재에 대해서는 명확하지 않다. 1018년(현종 9)의 기록에 나오는 船頭의 존재가 이와 흡사하지 않았나 추정해본다(『高麗史』 권81, 지35 병1 현종 9년 2월).

74) 이창섭, 앞의 논문, 2005, 11~14쪽.

의 확충과 운영은 수군 병력의 전투 능력을 높이는 방향으로 설정되었을 것으로 짐작된다.

후삼국시대에 해전을 위해 동원된 선박은 기본적으로 전함이었다. 태봉과 고려의 수군이 서남해역에서 해상작전을 전개하는 과정에서 거느린 수군 함대가 주사(舟師)로 표현된 사례를 제외하고, 동원된 선박의 명칭이 전함 혹은 병선(兵船)[75]으로 지칭된 것이 이를 말해준다. 전함 또는 병선으로 지칭된 이 선박이 어떠한 과정을 거쳐 확충되었는지는 분명치 않다. 기왕의 견해에서는 해상세력이 보유하고 있던 선단을 수군으로 편성하여 태봉의 수군을 구성하였고, 이렇듯이 구성된 수군이 주력을 형성하였던 것으로 파악한다. 특히 해양을 사이에 두고 있는 두 육상세력이 서로 다툴 때에도 국가가 많은 선단을 상비하고 있는 경우는 많지 않았고, 상인으로부터 징발하거나, 필요한 선박을 급조하여 수요를 충당하였다가 사태가 수습되고 나면 그 선박을 반환하거나 그대로 방치하는 것이 보통이었기 때문에 후삼국시대와 고려전기의 수군 역시 다르지 않았다고 한다.[76]

이 견해는 중세~근세 시대에 영국을 비롯한 서유럽의 국가들이 해군을 운영한 경험과 그것을 토대로 작성한 성과에 기반한다. 즉 유럽의 경우 근세 초기까지 해군은 평시에는 상선대나 해적의 형태로 유지되다가 전시에 필요하면 용이하게 전투력으로 바뀌는 형태였다는 견해를[77] 후삼국시대의 수군에 적용한 것이다. 해상세력인 왕건이 궁예에게 귀부하는 과정에서 휘하의 선원과 선박 역시 귀속

75) 『三國史記』 권12, 효공왕 13년.
76) 이창섭, 앞의 논문, 2005, 15~16쪽.
77) 青木榮一 著·崔在洙 譯, 앞의 책, 1995, 34~37쪽.

하였을 것이므로 903년의 나주 진출과 같은 초기 수군활동 시에는 무역선을 전함으로 개조한 선박이[78] 일부 운용되었을 가능성이 있다. 왕건가(王建家)를 중심으로 하는 개성 재벌들이 선척과 군량, 경비의 상당 부분을 부담하였다는 견해도[79] 이러한 가능성에 무게를 더해 준다. 여러 정황으로 보아 정권이 수립되던 초창기의 수군활동 단계에서는 해상세력이 보유하던 상선이 일부 사용되었을 것이다. 그러나 910년을 전후하여 해전이 본격화되면서부터는 해상에서의 전투를 전문적으로 담당하는 전함을 확충 및 운영하는 방향으로 변화되었을 것이다. 해상작전에 등장하는 선박이 대략 이 시점부터 전함과 병선으로 지칭되고 있음은 전투용 선박이 건조 및 확보되던 분위기를 반영한다 하겠다. 이는 아래의 기록이 시사적이다.

> 태조는 舟舸 백여 척을 증치하였다. 이 중에서 大船 10여 척은 각 方이 16步요, 그 위에는 樓櫓를 세웠는데 가히 말을 달릴 만하였다. 군사 3천여 명을 거느리고 군량을 싣고 나주로 갔다.[80]

위는 914~915년 사이의 어느 시기에 태봉이 수군력을 증강한 사실을 반영하는 기록이다.[81] 이 기록에서 흥미로운 점은 궁예의 명을 받은 왕건이 주가(舟舸) 백여 척을 증치하였다는 사실과 증치된

---

78) 정진술, 앞의 책, 2009, 333쪽 ; 崔碩男, 『韓國水軍史研究』, 鳴洋社, 1964, 72쪽.

79) 朴漢卨, 「王建世系의 貿易活動에 對하여－그들의 出身究明을 中心으로」 『史叢』 『史叢』 10, 1965, 285쪽.

80) 『高麗史』 권1, 세가1 태조 건화 4년 갑술. “遂以步將康瑄詰黑湘金材瑗等副太祖增治舟舸百餘艘 大船十數各方十六步 上起樓櫓可以馳馬 領軍三千餘人 載粮餉往羅州”.

81) 신성재, 앞의 논문, 2012, 50쪽.

선박 중에는 말을 달릴 정도로 규모가 큰 대선이 10척 포함되어 있었다고 하는 점이다. 우선 주가 1백여 척을 증치한 것은 기존에 운용하고 있던 전함과는 별도로 새롭게 추가적으로 건조하였음을 반영한다. 그 목적은 태봉이 나주에 대한 지배권을 확보하고 해상권의 범위를 더욱 확대하는 과정에서 해전을 전문적으로 수행할 수 있는 전함을 확보하기 위한 것이 아니었나 여겨진다. 당시 태봉이 나주를 확보한 상황이었으므로 남해안 방면으로 진출을 확대하거나, 후백제와 지속적으로 대치하던 해상전에서 우세한 입장을 유지하고자 하였을 것이다.

해상전에서 우세한 위치를 점하기 위해서는 많은 수의 전함이 필요하였을 것이다. 뿐만 아니라 기존에 운용하던 전함보다 전투능력 면에서나 원정 수행능력 면에서나 규모가 큰 전함이 요구되었을 것이다. 증치된 선박에 포함된 대선 10여 척이 이를 말해준다. 이 선박은 미터법으로 환산할 경우에 대략 17.5~35m,[82] 또는 31m 정도에[83] 달한다고 한다. 선체의 길이가 이 정도였다고 한다면 당시로서는 보기 드문 규모의 전함이었을 것이다. 이 전함은 궁수의 전술적인 가치를 중시하던 근접전에서 큰 위력을 발휘하였을 것으로 짐작된다. 대형이기에 속력은 비록 느리지만 선체가 높아 성벽과 같은 역할을 하고, 병력을 많이 태울 수 있는 장점이 있어 집중 사격의 효과를 높일 수 있으므로[84] 해전을 수행하는 상황에서 전술적으로 유리하였을 것이다.

이러한 사실은 해전에 동원되던 선박이 상선을 징발하거나 개조

---

82) 오붕근, 『조선수군사』, 한국문화사, 1998, 107쪽.
83) 곽유석, 『고려선의 구조와 조선기술 연구』, 민속원, 2012, 24쪽.
84) 林容漢, 앞의 논문, 2005, 279쪽.

하여 운영하던 단계를 벗어나 점차 해상에서의 전투를 전문적으로 담당하는 전함이 주력을 형성해 가던 사정을 반영한다고 생각된다. 서남해상에 대한 해상권 장악을 둘러싼 해전이 지속적으로 벌어지던 상황 속에서 무기체계와 해전 전술을 구사하기에 적합하도록 전문화된 전함이 확충되고 운영되었던 것이다.

5. 맺음말

후삼국시대의 수군과 수군활동과 관련해서는 태봉과 고려를 중심으로 중요한 여러 성과가 제시되었다. 하지만 수군이 실제 해상에서 전투를 어떻게 전개하였고, 해전에서 사용된 무기체계는 어떠하였으며, 전술과 무기체체는 유기적으로 어떻게 결합되고 있었는지, 해전을 수행하는 핵심 주체인 병력의 편성과 전함의 운영 등에 대해서는 구체적인 연구가 진행되지 못했다. 또한 이러한 수군 운영 실상을 관직과 관부로 대표되는 제도적인 특징 등과 연계하여 어떠한 의미를 갖는 것인가에 대해서도 충분한 성과가 축적되지 못하였다. 이 글은 이러한 점에 문제의식을 갖고 태봉과 고려의 수군활동 사례를 중심으로 후삼국시대 수군의 운영체제와 해전의 특징에 대하여 살펴보았다. 그 결과 다음과 같은 결론을 얻기에 이르렀다.

먼저 수군의 관직과 지휘체계 및 관부를 통해 볼 때 이 시대의 수군은 단순히 임사설관적인 성격을 갖는 것으로 단정하기보다는 전쟁의 시대에 걸맞게 수군을 효과적으로 운영하는 체제를 유지 및 정비하고 있었던 것으로 이해된다. 지금까지는 해군대장군이나 해군장군이 아닌 다른 명칭으로 표현된 직함을 띤 인물이 수군을 지휘하거나 그 휘하의 부장이 임무를 대행한 사례와 도통대장군과 같은 직함으로 수군을 영솔한 사례를 들어 수군의 제도가 임시적이었다고 평가해왔다. 그러나 고려 건국 초기부터 상층부에 해당하는 무직들이 이미 제도적으로 설치되었던 점에서 해군대장군과 해군장군, 부장 등은 단위함대를 영솔하는 상설직에 가까웠던 것으로 생각된다. 이 점은 후백제의 수군을 지휘한 인물이 해군장의 직함을 띠고 활동한 사례가 있는데, 이 역시 상층의 장수급 지휘관이 상설직으로 설치되었음을 반영한다. 도항사가 군사와 관련한 직무를 관장한 관서가 아니거나 중앙의 해군사령부과 같은 기관이 아니었다는 것을 근거로 수군의 항구성과 정비된 체제에 의문을 제기하기도 한다. 그렇지만 이를 가지고 태조대 수군제도의 항구성 문제와 연결지을 필요는 없다고 본다. 병부가 군정권을 장악하고, 순군부가 발병권을 행사하며, 태조 휘하의 무장들이 장병권을 행사하는 체제하에서는 수군 역시 동일한 방식으로 운영되었을 것이고, 별도로 수군을 지휘하는 조직이나 관부가 필요치 않았던 것이다. 수군의 상층 지휘관급이 상설직으로 설치되고, 병부와 순군부, 해군대장군·해군장군으로 연결되는 병력 징발 및 운용체제가 이 시대에 나타나는 수군 운영상의 특징이자 성격으로 여겨진다.

해상에서의 전투 전술은 가급적 선상에서 발생하는 백병전을 최소화하면서 적선에 타격을 가하여 효과를 거두는 전술을 중시하였다. 기왕의 견해에서는 동서양을 막론하고 육상에서의 전투와 동일한 방식으로 전개된 것으로 이해하는 입장이 지배적이었다. 직진, 충격, 돌격으로 이어져 종국에는 백병전으로 마무리되는 전투 방식은 육상의 전투 방법을 그대로 해상으로 옮긴 해상의 백병전이었던 것으로 보아왔다. 하지만 백병전을 중심으로 수행되는 해전

방식은 군사들의 막대한 희생을 각오해야 하는 만큼 후삼국시대의 수군들은 이러한 전술을 그다지 선호하지 않았던 것 같다. 그보다는 궁수의 전술적 이점을 활용하여 원거리 혹은 일정한 거리를 유지하면서 사격의 효과를 높이는 전술을 구사하되, 근접전을 수행하는 과정에서 일부 충각전술을 사용하였던 것으로 생각된다. 궁수에 의한 원거리 공격과 근접전, 충각전술이 병행되는 해전에서 선상 전투원과 전함을 운항하는 요원간의 팀워크는 대단히 중요하였다. 이들은 단위 함대를 중심으로 해상작전을 수행하는 체계 속에서, 각각의 전함에 설치된 무기체계를 운용하기에 적합하면서 동시에 해상에서의 전투 전술을 구사하기에 적합한 형태로 조직화되고 전문화되었다.

수군 병력의 확보와 편성 역시 무기체계를 운용하기에 용이하면서도 해전 전술을 구사하기에 적합한 형태로 운영되었다. 후삼국시대의 수군 병력 자원은 태봉과 고려의 영향권 안에서 어업 경제활동에 종사하던 연해민들과 상업활동에 종사하던 해상세력, 해상세력 휘하의 상인과 무사집단들을 중심으로 구성되었다. 당시 이들이 활동하던 지역과 사회·경제적인 처지 등이 반영된 결과였다. 확보된 병력은 무기체계를 운용하기에 적합하고 해전을 수행하기에 효과적인 형태로 편성 및 조직되었다. 궁수와 수수, 초공 등이 그러한 역할을 담당한 존재들로, 이들은 모두 전투원이었다. 궁수는 전투원으로 수수와 초공은 운항을 담당하는 비전투원으로 파악하기도 하지만, 이들은 전투원이었던 것으로 이해된다. 하나의 전함을 기초로 해전을 벌이는 상황에서 전함이 전투원의 역할을 수행하는 체제였으므로 승선한 군사들 역시 전투원이라고 볼 수 있는 것이다.

해전에 동원된 선박은 기본적으로 전함이었다. 물론 정권이 수립되던 초창기의 상황에서는 해상세력이 보유하던 상선이 개조되어 사용되기도 하였을 것이다. 그러나 점차 해전이 격화되는 시점에 이르면서부터는 이를 전문적으로 담당하는 전함이 확충되어 주력을 형성하는 방향으로 변화되어 갔다. 해전을 주도적으로 수행하기 위해서는 전문적인 전투능력을 보유한 전함을 확보할 필요가 있었던 것이다. 서해와 남해상에 대한 해상권 장악을 둘러싸고 해전이 장기간에 걸쳐 격화되어 가던 상황에서, 태봉과 고려는 당대의 무기체계와 전술적 요건에 부합하도록 전문화된 전함을 확충 및 운영하였던 것이다.

후삼국시대 태봉과 고려의 수군이 장기간에 걸쳐 서남해역에 대한 해양 우세권을 장악하고, 후삼국을 통일하는 과정에서 중추적인 역량을 발휘할 수 있었던 배경에는 운영적인 측면에서나 해전을 수행하는 전술적인 측면에서나 전쟁의 시대에 걸맞게 조직적이며 전문화된 체제를 구축하고 있었기 때문에 가능하였던 것이 아니었나 생각된다.

보론

궁예와 왕건과 나주

1. 머리말

나주(羅州)는 후삼국전쟁의 향배를 좌우할 정도로 주목받던 지역이었다. 후백제(後百濟)의 왕 견훤(甄萱)과 태봉(泰封)의 궁예(弓裔)가 정권 초기부터 진출을 시도한 것도 그 때문이었다. 그러나 후백제는 진출에 실패한 반면, 태봉[1]은 수군활동에서 두각을 보였던 왕건(王建)을 기용, 해상 원정을 감행함으로써 나주에 진출하는 데 성공한다. 903년 3월의 일이었다.

태봉의 나주 진출은 전쟁의 양상을 해상전으로까지 확대시킨 일대 사건이었다. 그동안 태봉과 후백제는 보기병을 운용하는 전술에 치중하였다. 하지만 이 사건을 계기로 양국은 수군을 적극적으로 운용하는 전략을 수립하기에 이른다. 그 결과 나주를 연결하는 서해상과 주변 해역은 910년을 전후로 격심한 해상권쟁탈전(海上權爭奪戰)의 장으로 변모하게 된다. 그리고 이 같은 양상은 태봉 당대는 물론 고려(高麗)가 후삼국을 통일하는 936년까지 계속되었다. 실로 나주는 태봉으로부터 고려로 이어지는 통일전쟁의 흐름을 이해하고, 수군활동의 가치를 살필 수 있는 곳인 동시에 궁예와 왕건의

---

1) 태봉 관련 연구성과는 조법종,「후백제와 태봉관련 연구동향과 전망」『新羅文化』27, 2006 ; 김정배 편,「후백제와 태봉」『한국고대사입문 3－신라와 발해』, 신서원, 2006 참조.

상호 관계를 파악하는 데 빼놓을 수 없는 지역이라 할 수 있다.

이상과 같은 중요성으로 인하여 그동안 후삼국시대 나주에 대해서는 왕건의 나주 진출과 수군활동, 왕건과 나주호족간의 상호 연대성 문제 등을 중심으로 많은 연구자들의 관심이 표명되어 왔다.[2)] 그리하여 이 시기 나주에서의 수군활동은 왕건이 주도하여 실행한 군사작전으로,[3)] 사전에 왕건과 연대한 나주호족의 호응과 협력에 힘입어 무력적 점령이 아닌 지역민들이 자진하여 항부하는 평화적인 방식에 의해 수행된 것으로 이해되어 왔다.[4)]

그러나 이렇게 평가하기 위해서는 다음과 같은 의문점이 무리없이 해소되어야 한다. 먼저 왕건이 나주에서 수군활동을 벌이는 동안 태봉정권의 국왕으로 궁예가 집권하고 있었다는 점이다. 수군운용에 밝았던 왕건의 역할이 태봉의 군사활동 방향에 직접적인 영향을 미친 것은 사실이겠지만, 이를 정권이 추진할 과제로 삼아 실행하기에는 궁예의 정치적 결정이 있었기에 가능한 것이었다. 당시는 호족의 시대이기도 했지만, 왕의 통수권과 결정권이 강하게 행사되던 전쟁의 시대였다. 후백제와 대치한 상황에서 전략을 수립하고, 수군과 육군을 운용하며, 출정을 앞둔 지휘관에 대한 임명 등은 궁예의

2) 池內宏, 「高麗太祖の經略」『滿鮮史硏究』中世篇 2, 吉川弘文館, 1937 ; 崔碩男, 『韓國水軍史硏究』, 鳴洋社, 1964 ; 朴漢卨, 「王建世系의 貿易活動에 대하여－그들의 出身究明을 中心으로」『史叢』10, 1965 ; 鄭淸柱, 『新羅末高麗初豪族硏究』, 一潮閣, 1996 ; 姜鳳龍, 「羅末麗初 王建의 西南海地方 掌握과 그 背景」『島嶼文化』21, 2003 ; 문안식·이대석, 「왕건의 서남해지역 경략과 토착세력의 동향」『한국고대의 지방사회－영산강유역의 역사와 문화를 중심으로』, 혜안, 2004.

3) 朴漢卨, 위의 논문, 1965, 281～285쪽.

4) 대다수의 연구자들이 이러한 입장에서 이해하고 있다. 제 견해는 4장에서 상론한다.

최종적인 결정에 의해 이루어졌을 것이다. 해상 원정의 목표지로 나주를 선정하는 단계부터 수군활동이 진행되는 과정에 이르기까지 궁예가 전쟁을 지휘하고 있었음을 생각해볼 필요가 있다. 이러한 관점에서 나주 진출과 경영은 전반적으로 궁예가 기획하였고,[5] 나주 진출의 의미 또한 태봉이 추진한 군사정책의 틀 속에서 파악한 견해[6] 등이 주목된다.

다음으로 태봉이 나주를 수군활동의 주 대상지로 선정하고 왕건을 원정군 장수로 보내던 상황에서 과연 나주호족과 지역민들이 순순히 호응과 협력하는 입장을 취했을까 하는 의문이다. 만약 호응해온 것이 사실이라면 태봉의 수군과 나주의 지역민들간에는 직접적인 전투나 군사적인 마찰이 없었다고 보아야 하는데, 과연 그렇게 볼 수 있을까 하는 점이다. 왜냐하면 나주는 태봉의 수군이 진출하던 903년으로부터 불과 2년 전까지만 하더라도 좀처럼 공취하기 어려운 지역이었기 때문이다. 901년 대야성 공취에 실패한 후백제가 회군하던 길에 보기병을 동원하여 공격했지만, 지역민들의 완강한 저항에 부딪혀 실패한 전례가 있다. 태봉 역시 이곳을 확보하는 과정에서 어려운 경험을 했다. 처음 진출하여 거점을 마련하는 데는 성공하였지만, 지역민들의 실질적인 귀부는 제법 시간이 흐르고나서야 가능했음이 기록을 통해 확인되기 때문이다. 나주호족의 호응 여부는 왕건과 나주오씨와의 결합 과정, 태봉 수군의 군사활동 방식, 지역민들의 동향 등을 전쟁기의 시대적 상황 속에서 재해석해 볼

5) 趙仁成, 「弓裔政權의 對外關係」 『강좌 한국고대사』 4, 2003, 385쪽(『태봉의 궁예정권』, 푸른역사, 2007, 210쪽).

6) 신성재, 『궁예정권의 군사정책과 후삼국전쟁의 전개』, 연세대학교 박사학위논문, 2006.

필요가 있다.7)

이상과 같은 문제의식하에서 태봉 당대에 실행된 나주에서의 수군활동을 중심으로 궁예와 왕건과 나주의 관계를 정리해보고자 한다. 검토 범위로는『고려사』관련 기록에 대한 기초적 이해를 시작으로 왕건의 수군활동과 태봉·궁예의 역할, 태봉의 나주 진출 시 왕건과 나주호족 간의 상호 연대 여부 등을 다룰 것이다. 이러한 작업은 후삼국시대 태봉정권하에서 추진된 수군활동이라는 균형 잡힌 관점에서 궁예와 왕건과 나주호족의 상호관계를 보다 생동감 있게 정리해내는 계기가 될 것으로 기대한다.

2.『고려사』관련 기록의 기초적 이해

『고려사』에는 궁예가 통치하던 시기인 903년부터 914년까지 진행된 나주에서의 수군활동을 다음과 같이 긴 문장으로 전한다. 지면을 많이 할애하는 번거로움이 있지만, 관련 사실에 대한 기초적인 이해를 돕기 위해 소개하면 다음과 같다.

① 천복 3년(903) 계해 3월에 (왕건이) 舟師를 거느리고 서해로부터 光州 경계에 이르러 錦城郡을 공격하여 빼앗고, 10여 군현을 공격하여 취하였다. 이에 금성을 나주로 고치고 군사를 나누어 지키게 하고 귀환하였다. 이 해에 良州의 帥 金忍訓이 급히 고하자,

7) 이에 대해서는 필자가 당대 나주를 포함한 서남해역에서 태봉이 벌인 수군활동을 검토하는 과정에서 간단히 언급한 바 있다(신성재, 앞의 논문, 2006, 44~46쪽 ; 신성재,「태봉의 수군전략과 수군운용」『역사와 경계』75, 2010, 214~215쪽).

궁예가 태조에게 명하여 가서 구하게 하였다. 돌아오자 궁예가 변경의 일에 대하여 물었다. 태조가 安邊拓境策을 말하자 좌우 모두 주목하였다.[8)]

② 양 개평 3년(909) 기사에 태조는 궁예가 날로 교학해지는 것을 보고 다시 閫外에 뜻을 두었다. 마침 궁예가 나주를 근심하여 태조에게 가서 지킬 것을 명하고, 관등을 높여 한찬 해군대장군에 임명하였다. 태조는 정성을 다해 군사들을 위무하였다. 위엄과 은혜를 병행하니 사졸들은 두려워하면서도 사랑하여 모두 용감히 싸울 것을 생각하였고, 적의 경계를 습격하여 굴복시켰다. 수군으로 광주 塩海縣에 머물다가 吳越로 들여보내는 견훤의 배를 포획하여 돌아왔다. 궁예가 매우 기뻐하며 褒奬을 더하였다. 또 태조에게 명하여 정주에서 전함을 수리한 후 알찬 宗希, 金言 등을 부장으로 삼아 군사 2천 5백명을 거느리고 광주 진도군에 가서 치게 하여 이를 함락시켰다. 다시 진격하여 皐夷島에 이르니 성안 사람들이 군용이 엄정한 것을 보고는 싸우기도 전에 항복하였다.[9)]

③ 나주포구에 다다르자, 견훤이 친히 군사를 거느리고 전함들을 늘여 놓아 목포에서 덕진포에까지 이르렀다. 머리와 꼬리를 물고 수륙종횡으로 병세가 심히 성하였다. 여러 장수가 그것을 근심스러워하니 태조가 말하기를, '근심하지 마라. 싸움에서 군사가 이기는 것은 和에 있지 衆에 있지 않다.' 이에 진군하여

---

8) 『高麗史』 권1, 세가1 태조. "天復三年癸亥三月 率舟師自西海抵光州界 攻錦城郡拔之 擊取十餘郡縣 仍改錦城爲羅州 分軍戍之而還 是歲 良州帥金忍訓告急 裔令太祖往救 及還裔問邊事 太祖陳安邊拓境之策 左右皆屬目".

9) 『高麗史』 권1, 세가1 태조. "梁開平三年己巳 太祖見裔日以驕虐 復有志於閫外 適裔以羅州爲憂 遂令太祖往鎭之 進階爲韓粲海軍大將軍 太祖推誠撫士 威惠並行 士卒畏愛 咸思奮勇 敵境讋服 以舟師次于光州塩海縣 獲萱遣入吳越船而還 裔喜甚優加褒奬 又使太祖修戰艦于貞州 以閼粲宗希金言等副之 領兵二千五百往擊光州珍島郡拔之 進次皐夷島 城中人望見軍容嚴整 不戰而降".

급히 치니 적선이 조금 퇴각하였다. 바람을 타서 불을 놓으니 불에 타거나 익사자가 태반이었다. 5백여 급을 참획하였으며, 견훤은 작은 배를 타고 달아났다. 처음에 나주 관내의 여러 군들이 우리와 멀리 떨어져 있고, 적병이 길을 막아 응원하지 못해 자못 마음 속으로 우려하고 의심하였는데, 이때에 이르러 견훤의 정예로운 병사들을 격파하니 무리들의 마음이 모두 정해졌다. 이리하여 삼한(三韓) 땅에서 궁예가 절반을 차지하게 되었다.[10)]

④ 마침내 광주의 서남 경계 潘南縣 포구에 이르러 적경에 첩자를 늘어놓았다. 이때에 압해현의 賊帥 能昌이 해도에서 일어났는데 水戰을 잘하여 수달이라 불리었다. 망명자들을 끌어 모으고 葛草島의 小賊들과 연결을 맺어 태조가 오는 것을 기다려 해치려고 하였다. 태조가 여러 장수들에게 말하기를, '능창이 이미 우리가 오는 것을 알고 있으니 반드시 島賊들과 모의하여 변을 일으킬 것이다. 적도들의 무리는 비록 적으나 세력을 규합하여 우리의 앞과 뒤를 막는다면 승부를 알 수 없다. 물에 익숙한 자 10여 명에게 갑옷을 입히고 창을 들게 하여, 가벼운 배를 타고 밤에 갈초도 입구에 가서 음모하려고 왕래하는 자들을 사로잡아 그 계획을 좌절시키는 것이 좋을 것이다' 하니 여러 장수들이 그 말에 따랐다. 과연 한 척의 작은 배를 잡으니 그가 바로 능창이었다. 사로잡아 궁예에게 보내니 크게 기뻐하였다. 궁예가 능창의 얼굴에 침을 뱉으며 말하기를, '해적들이 다 너를 추대하여 두령으로 여기지만 지금은 나의 포로가 되었으니 어찌 나의 계책이

---

10) 『高麗史』 권1, 세가1 태조 양 개평 3년. "及至羅州浦口 萱親率兵列戰艦 自木浦至德津浦首尾相銜 水陸縱橫 兵勢甚盛 諸將患之 太祖曰 勿憂也 師克在和 不在衆 乃進軍急擊 賊船稍却 乘風縱火 燒溺者大半 斬獲五百餘級 萱以小舸遁歸 初羅州管內諸郡 與我阻隔 賊兵遮絶 莫相應援 頗懷虞疑 至是 挫萱銳卒 衆心悉定 於是三韓之地 裔有大半".

신통치 않겠느냐?' 하며 여러 사람들에게 보인 뒤 참하였다.[11)]

⑤ 건화 3년(913) 계유에 궁예는 태조가 누차 변방에서 공적을 드러냈다 하여 관계를 높이어 파진찬 겸 시중에 제수하였다. 수군 업무는 모두 부장인 김언 등에게 위임하였는데, 征討에 관한 일은 반드시 태조에게 稟하여 행하도록 하였다. 이에 태조의 지위가 백관의 우두머리가 되었다.[12)]

⑥ 건화 4년(914) 갑술에 궁예 역시 수군 장수의 지위가 낮아 적을 위압할 수 없다고 생각하여 태조의 시중 벼슬을 해임하고 다시 수군을 통솔케 하였다. 정주 포구에 이르러 전함 70여 척을 수리하여 군사 2천명을 싣고 나주에 이르렀다. 百濟와 海上草竊들이 태조가 다시 돌아온 것을 알고 두려워 감히 준동하지 못하였다. 태조가 돌아와 선박의 이로움과 임기응변의 방책을 보고하니 궁예가 기뻐하며 좌우에 일러 말하기를, '나의 장수들 중에서 누가 가히 이 사람에 비할 수 있겠는가?' 라며 칭찬하였다.[13)]

⑦ 마침내 보병 장수 康瑄詰과 黑湘, 金材瑗 등을 태조의 부장으로 삼았다. 태조는 전함 100여 척을 더 건조하였다. 그 중에서 大船 10여 척은 각 方이 16보요, 그 위에는 樓櫓를 세웠는데, 가히

---

11) 『高麗史』 권1, 세가1 태조 양 개평 3년. "遂至光州西南界潘南縣浦口 縱諜賊境 時有壓海縣賊帥能昌起海島 善水戰 號曰水獺 嘯聚亡命 遂與葛草島小賊相結 候太祖至 欲邀害之 太祖謂諸將曰 能昌已知我至 必與島賊謀變 賊徒雖小 若幷力合勢 遏前絶後 勝負未可知也 使善水者十餘人 擐甲持矛乘輕舫 夜至葛草渡口 擒往來計事者 以沮其謀可也 諸將皆從之 果獲一小舸 乃能昌也 執送于裔裔大喜 乃唾昌面曰 海賊皆推汝爲雄 今爲俘虜 豈非我神筭乎 乃示衆斬之".

12) 『高麗史』 권1, 세가1 태조. "乾和三年癸酉 以太祖屢著邊功 累階爲波珍粲兼侍中以召之 水軍之務盡委副將金言等 而征討之事 必令稟太祖行之 於是太祖位冠百僚".

13) 『高麗史』 권1, 세가1 태조. "乾和四年甲戌 裔又謂水軍帥賤 不足以威敵 乃解太祖侍中 使復領水軍 就貞州浦口 理戰艦七十餘艘 載兵士二千人 往至羅州 百濟與海上草竊知太祖復至 皆慴伏莫敢動 太祖還告舟楫之利應變之宜 裔喜謂左右曰我諸將中誰可比擬乎".

말을 달릴만하였다.[14]

왕건이 수군을 거느리고 나주에 처음 진출한 것은 903년의 일이었다.[15] 그것은 사료 ①을 통해서 확인이 가능하다. "천복 3년 계해 3월에 (왕건이) 수군을 거느리고 서해로부터 광주(光州) 경계에 이르러 금성군(錦城郡)을 공격하여 빼앗고, 10여 군현을 공격하여 취하였다"고 전하는 내용이 그것이다. 이 문맥만을 놓고 본다면 나주 진출은 왕건이 전적으로 계획하여 실행한 듯한 인상을 받게 된다. 하지만 뒷 문단에 나오는 기록에도 유의해보아야 한다. 양주(良州)에서 벌어진 호족들간의 지방사회내 주도권쟁탈전에서[16] 위기 상황에 몰린 김인훈(金忍訓)을 구원하고 돌아온 왕건에게 궁예가 변경 지방의 상황에 대해 물어본 점과 왕건이 안변척경책을 제시하자 주목하는 태도를 보였던 좌우(左右)의 존재가 그것이다. 좌우로 표현된 신료들은 왕건이 제시한 방책이 갖는 가치를 충분히 인식하고 있었을 것이다. 이는 곧 국가의 주요 정책을 논의하는 장을[17] 주재하면서 안변척경책을 마련토록 한 궁예 역시 걸출한 안목을 지녔던 인물이

14) 『高麗史』 권1, 세가1 태조 건화 4년 갑술. "遂以步將康瑄詰黑湘金材瑗等副太祖增治舟舸百餘艘 大船十數各方十六步 上起樓櫓可以馳馬".

15) 903년의 나주 진출 시점에 대한 여러 견해는 申虎澈, 『後百濟 甄萱政權硏究』, 一潮閣, 1983, 66~67쪽 ; 鄭淸柱, 앞의 책, 1996, 150~151쪽 ; 신성재, 앞의 논문, 2006, 41~43쪽 참조.

16) 이종봉, 「羅末麗初 梁州의 動向과 金忍訓」 『지역과 역사』 13, 2003, 103~104쪽. 김인훈을 호족이 아닌 신라가 파견한 도독으로 이해하기도 한다(丁善溶, 「高麗 太祖의 對新羅政策 樹立과 그 性格」 『한국중세사연구』 27, 2009).

17) 신료들이 모인 자리는 904년에 설치되는 광평성의 전신에 해당한다(강문석, 「철원환도 이전의 궁예정권 연구」 『역사와 현실』 57, 2004, 264쪽). 광평성의 기능과 성격은 趙仁成, 『泰封의 弓裔政權 硏究』, 西江大學校 博士學位論文, 1991, 63~80쪽 ; 李在範, 『後三國時代 弓裔政權의 硏究』, 成均館大學校 博士學位論文, 1991, 69~77쪽이 참고된다.

었음을 말해준다. 궁예가 후삼국전쟁의 추이 속에서 정권이 추진해야 할 군사전략적 과제를 정확히 인식하는 가운데 그 추진 방향을 신료들과 더불어 모색하고 있었음을 살필 수 있겠다.

사료 ②는 나주 진출 이후 6년이 지난 909년의 사실을 전하는 기록으로, 왕건이 재차 출정하여 진도(珍島)와 고이도성(皐夷島城) 등 서해 남단의 도서지방을 공취한 내용을 담고 있다. 왕건은 909년 출전에서 견훤이 오월국(吳越國)으로 파견하던 선박을 현재의 신안군 임자도에 비정되는[18] 염해현(塩海縣)에서 포획함으로써 해상을 통한 후백제의 대중국(對中國) 외교활동을 통제하는 전과를 올린다. 여기서 특별히 주목되는 점은 909년의 나주의 정세가 안정적이지 못하였고, 왕건이 재차 출정하였다고 하는 점이다. "궁예가 나주를 근심하여 태조로 하여금 지킬 것을 명하였다"고 하는 기록과 출정한 왕건이 "적의 경계를 엄습하여 굴복시켰다"고 하는 기록은 그것을 말해준다. 903년의 수군활동 이후로도 나주는 여전히 불안정한 상황이 지속되고 있었던 것이다. 이는 곧 903년의 나주 진출이 수군활동을 수행하는 초기 거점을 확보하던 단계로, 지역민과의 유대관계 역시 아직은 형성되지 않았던 사정을 암시한다. 궁예가 왕건의 관계를 높이면서 해군대장군(海軍大將軍)에 임명한 사실도 주목해볼 대목이다. 궁예가 나주의 전략적인 가치를 그만큼 중시하고 있었다고 보여지기 때문이다.

사료 ③은 앞 문단과 연결되었을 뿐 구체적인 연도 표시가 없어 시기를 파악하는 데 좀 어려움이 있다. 그러나 다행히도 덕진포(德津

18) 姜鳳龍, 「押海島의 번영과 쇠퇴」 『島嶼文化』 8, 2001, 42쪽. 함평군 해제면 임수리로 보기도 한다(李海濬, 「新安 島嶼地方의 歷史文化的 性格」 『島嶼文化』 7, 1990, 66쪽).

浦)에서 궁예와 견훤이 싸웠다는 기록이 912년에 발발한 사건임을 알려주는 기록이 있다.[19] 이 부분은 기록상 후삼국시대의 대표적인 해전 사례에 해당한다. 태봉의 수군이 나주에 진출하여 해상권을 확대해가자 위기의식을 느낀 후백제가 수군을 동원하여 덕진포 해상에서 결전을 벌였던 사실을 보여준다. 기록에 보이는 것처럼 전력은 비록 태봉 수군이 열세였지만, 극적인 승리를 이룩한 해전이었다. 과감한 공격전술과 바람을 이용한 화공법, 인화에 기초한 지휘통솔력 등 수군운용 면에서 왕건의 탁월한 능력이 돋보이는 해전임을 알 수 있다.[20] 이 해전에서의 승리를 계기로 태봉은 후삼국이 대치한 상황에서 절반 이상의 영역을 차지하면서 전쟁의 주도권을 장악하는 위치에 올라서게 된다.

912년의 덕진포해전에서는 나주 군민들의 동향과 분위기가 주목된다. "나주 관내의 여러 군이 우리와 멀리 떨어져 있고, 적병이 길을 막아 응원하지 못해 자못 마음 속으로 우려하고 의심하였다"는 기록에 담긴 분위기가 그것이다. 후백제군이 태봉의 수군과 연결되는 길목을 차단하는 바람에 나주 군민이 호응하지 못하고 불안에 떨고 있던 모습이 잘 묘사되어 있는데, 지역민들이 자신과 지역의 안위를 심각하게 고심하면서 유동적인 태도를 보이고 있음을 살필 수 있다. 이는 후백제와 태봉 중 어느 쪽이 승리하느냐의 여부에 따라 군민의 태도에 변화가 발생할 수 있었던 현실을 말해준다. 해전의 결과가 나오기까지는 나주호족과 지역민들의 태도는 유동적

---

19) 『삼국사기』 권50, 열전10 견훤. "乾化二年 萱與弓裔戰于德津浦". 「無爲寺先覺大師遍光塔碑」(한국역사연구회, 『譯註 羅末麗初金石文(上)』, 혜안, 1996, 171쪽).

20) 신성재, 「태봉과 후백제의 덕진포해전」 『軍史』 62, 2007, 91~92쪽.

인 입장이었던 것이다. 그러나 이런 이중적인 태도는 태봉 수군이 승리함으로써 정리되기에 이른다. 태봉의 수군이 "견훤의 정예로운 병사들을 격파하니 무리들의 마음이 모두 정해졌다"는 기록은 그것을 말해준다.

사료 ④는 덕진포해전 이후의 사실을 전하는 기록으로, 태봉 수군이 압해도(壓海島)의 독자적인 해상세력으로[21] 자못 위세가 높았던 능창(能昌)을 사로잡으면서 해상권을 더욱 확대하는 내용이 주목된다. 나주를 거점으로 진도군과 고이도 등 도서지방으로 영향력을 확대하고는 있었지만, 아직 서해상에는 독자적으로 활동하던 해상호족들이 상당수 존재하고 있었다. 이들을 어떻게 회유하고 포섭하느냐 하는 문제는 태봉의 해상권 확대와 직결되는 중대한 사안이었다. 능창을 사로잡고 척결한 조치는 그러한 의도하에 취해진 것이었다. 나주에서의 수군활동을 방해하는 해상세력을 대상으로 궁예가 대응책을 마련하였음을 살필 수 있겠다.[22]

사료 ⑤는 913년에 공적인 높았던 태조를 정계로 불러들여 시중에 임명한 사실을 말해준다. 이는 왕건이 그동안 변방에서 여러 차례에 걸쳐 쌓았던 공을 인정하는 조치로,[23] 궁예가 왕건을 깊이 신임하고 있었음을 보여준다.[24] 수군과 관련한 업무는 모두 김언(金言)에게

21) 鄭淸柱, 앞의 책, 1996, 154쪽 ; 강봉룡, 앞의 논문, 2003, 348~350쪽. 견훤의 부하로 보거나(申虎澈, 앞의 책, 1983, 31~32쪽), 원래는 해적이었지만 공리적 이념을 내세우면서 호족화한 해상호족으로 보기도 한다(권덕영, 「신라 하대 서·남해 海賊과 張保皐의 해상활동」『대외 문물교류 연구』 창간호, 2002, 23~26쪽).

22) 趙仁成, 앞의 논문, 2003, 388쪽 ; 앞의 책, 2007, 210쪽.

23) 趙仁成, 「弓裔政權의 中央政治組織－이른바 廣評省體制에 대하여」『白山學報』 33, 1986, 74쪽.

24) 洪承基, 「고려 초기 中央軍의 組織과 役割」『高麗軍制史』, 陸軍本部, 1983,

위임토록 하면서도 정벌과 관련한 사안 만큼은 반드시 태조의 통제를 받도록 조치한 사실을 통해서도 이 점은 확인된다. 왕건이 후삼국 전쟁을 수행하는 전략의 수립과 수·육군의 운용 면에서 걸출한 능력을 보여왔기에 가능한 일이었다. 913년 왕건은 정치와 군사를 총괄하는 최고 책임자로 궁예의 신망을 한 몸에 받고 있었다.

사료 ⑥은 시중의 지위에 있던 왕건이 해임되어 다시금 나주를 방비하는 수군활동에 종사하게 되었음을 전하는 기록이다. 이를 통해 914년 당시 나주의 분위기를 살펴볼 수 있다. 후백제와 군소해상세력(群小海上勢力)[25]들의 활동이 잔존하던 상황에서 김언이 지휘하던 나주의 태봉 수군은 이들을 적절히 제압하지 못하고 있었다. 왕건이 많은 병력을 이끌고 내려올 만큼 나주 일대의 정세는 위태로운 상황이었다.[26] 궁예가 수군 장수의 지위가 낮아 적을 위압할 수 없다고 판단하여 왕건으로 하여금 수군을 통솔토록 한 것은 바로 그 때문이었다. 912년의 덕진포해전 이후로도 나주를 둘러싼 서해상에서는 태봉과 후백제, 해상세력 간의 대립과 긴장 관계가 지속적으로 형성되고, 해상 권익을 차지하기 위한 노력이 꾸준히 전개되고 있었다. 이러한 상황에서 궁예는 왕건을 시중에서 해임하여 나주로 보낸 것이었다. 전황의 추이에 따라서는 궁예가 얼마든지 휘하의 신료와 장수들에 대해 인사권과 통수권을 행사하던 모습을 살필 수 있겠다.

사료 ⑦은 궁예가 여러 명의 보병장수들을 왕건의 부장에 임명하고, 왕건으로 하여금 대대적으로 전함을 건조토록 한 사실을 말해준

17쪽(『高麗政治史硏究』, 一潮閣, 2001, 161~162쪽).

25) 趙仁成, 앞의 논문, 2003, 385쪽.

26) 문안식, 『후백제 전쟁사 연구』, 혜안, 2008, 100쪽.

다. 이에 왕건은 전함 100여 척을 더 건조하여 배치하였고, 그 중에서 대선 10여 척은 말을 달릴 정도로 규모가 큰 전함이었다. 이 부분은 시점이 기록되지 않아 모호하지만 내용상으로 보아 914년 이후의 사실로 추정된다. 왜냐하면 왕건이 시중에서 해임되어 나주에서 활동한 기간이 914년 이후의 일로 나타나므로 적어도 나주에서의 수군활동을 마무리한 이후에 대규모 전함 건조 작업에 착수할 수 있었을 것으로 판단되기 때문이다. 나주에서의 수군활동과 전함 건조에 대한 감독 임무는 동시에 이루어지기 어려운 사안이었을 것이다.

이상과 같이 관련 기록은 일부 시기가 모호한 부분도 있지만, 태봉 당대에 추진된 사실들을 충실히 반영하고 있다. 대체로 왕건을 중심으로 한 나주에서의 수군활동이 큰 비중을 차지하고 있기는 하지만, 태봉정권하에서 추진된 군사활동으로 궁예와 왕건의 역할을 균형있게 해석할만한 부분이 적지 않다.

3. 왕건의 수군활동과 태봉·궁예

1965년에 발표된 「왕건세계(王建世系)의 무역활동(貿易活動)에 대하여－그들의 출신구명(出身究明)을 중심(中心)으로」라는 제목의 논문에서는[27] 왕건 선대의 무역활동을 소개하고 그 중 맨 마지막 장에 '왕건의 수군활동'을 수록하였다. 그 내용은 앞서 2장에서 제시한 관련 기록을 근거로 왕건의 수군활동에 의미를 부여한 것이었다.

27) 朴漢卨, 앞의 논문, 1965 참조.

이 논문은 왕건의 선대가 대대로 무역활동에 종사하였던 송악군(松嶽郡)의 세력가였음을 규명하고, 왕건의 수군활동을 조명했다는 점에서 높은 의미를 갖는다. 특히 이 시기 나주 진출의 목적을 "후백제의 배후를 위협 및 착란시킴으로써 후백제의 병력을 분산시키어 북으로는 태봉에 대한 군사작전을 약화시키고 동으로는 신라를 습격하려는 것을 견제하려는 작전이었다"고 평가함으로써 수군활동의 거점으로서 나주가 갖는 수군전략적(水軍戰略的)인 가치를 입증하였다. 하지만 거의 왕건의 역할을 중시하는 입장에만 치중하였다. 그래서 왕건은 수군활동의 주체요, 태봉정권과 궁예, 그 휘하의 신료들은 객체로 그려지고 있다. 물론 이러한 분위기는 궁예와 궁예정권을 주체적으로 다룬 이후의 성과들에 의해 좀더 합리적인 이해가 가능하기에 이르렀다.[28] 하지만 여전히 승자인 왕건의 활동을 중심으로 이해되고 있는 것도 사실이다.[29]

이 논문에서는 다음과 같은 일곱 가지 이유를 들어 왕건이 그 주도적인 역할을 담당한 것으로 보았다.[30] 첫째 수군활동의 이점을 강조하고 이의 수행을 건의한 것이 왕건 자신이며, 이에 대해 궁예는 감탄하고 이를 따랐을 뿐이라는 것. 둘째, 해군대장군과 백선장군(百船將軍)[31]이 되어 수군을 거느리고 이를 총지휘한 것이 왕건 자신이라는 것. 셋째, 전함을 건조 및 수리를 담당 지휘한 것이 왕건 자신이

28) 대표적인 성과로 趙仁成, 앞의 논문, 2001 ; 앞의 논문, 2003 ; 李在範, 앞의 논문, 1991 참조. 궁예와 견훤, 왕건에 대한 기존 인식의 문제점과 재평가는 신호철, 「후백제 견훤 왕의 역사적 평가와 그 의미-고려 태조와의 정치이념 및 호족·대외정책 등의 비교를 중심으로」『후백제와 견훤』(충남대학교 백제연구소 편), 서경문화사, 2000이 참고된다.

29) 정진술, 『한국 해양사』(고대편), 경인문화사, 2009, 320~321쪽.

30) 朴漢卨, 앞의 논문, 1965, 283~284쪽.

31) 『東國通鑑』 권11, 신덕왕 3년 ; 『三國史記』 권50, 열전 궁예.

라는 점. 넷째, 전함을 건조 및 수리한 장소가 왕건의 근거지인 정주(貞州) 포구였다는 점. 다섯째, 왕건은 지휘 및 전략에 탁월하여 수군활동에 큰 성공을 거두었다는 것. 여섯째, 왕건이 수군의 총지휘관을 사임하고 시중이 되어 중앙에 들어갔을 때에도 수군이 출정하는 경우에는 반드시 왕건의 지휘에 따를 정도로 밀접한 관계에 있었다는 것. 일곱째, 왕건 자신이 직접 수군의 지휘를 담당하였을 때에는 나주의 점령지가 안정되었으나 왕건이 지휘를 담당치 아니할 때에는 수군활동이 위축되었다는 것. 이상 일곱 가지 이유에 근거하여 태봉의 수군활동은 전혀 왕건을 중심으로 한 것으로서, 왕건이 아니고서는 이와 같은 성공적인 수군활동을 전개할 수 없다는 결론을 내렸다.[32]

이 견해에 대해 필자 역시 공감하는 부분이 많다. 왕건이 실제 해군대장군과 백선장군이 되어 수군을 총지휘하였고, 왕건의 근거지인 정주에서 전함을 수리 및 정비하였으며, 이에 대한 지휘 및 감독 임무를 수행하였고, 지휘와 전략에 탁월하여 수군활동을 성공적으로 거둔 점 등이 그것이다(둘째, 셋째, 넷째, 다섯째 이유). 이는 909년의 출정시에 해군대장군에 임명된 점이 확인되고, 후삼국시대 해상쟁패 과정에서 정주 포구가 태봉과 고려의 수군기지로 활용되었으며,[33] 수군의 전략적 가치와 이로움을 궁예에게 적극 건의함은 물론 실제적으로 해상작전을 수행하였던 점에서 왕건이 전략가적인 안목이 탁월하고 지휘능력이 뛰어났던 인물임에 틀림없겠다. 하지

32) 선행 연구에서도 해상의 지식과 경륜·포부가 큰 왕건의 주책에 의한 것으로 평가한 바 있다. 李丙燾, 『韓國史』(中世篇), 乙酉文化社, 1961, 22쪽 참조.

33) 金甲童, 『羅末麗初의 豪族과 社會變動 硏究』, 高麗大學校 民族文化硏究所, 1990, 104쪽

만 나머지에 대해서는 궁예의 역할을 고려하는 객관적인 입장에서 평가해볼 여지가 있다.

먼저 첫 번째로 제시한 이유인, 왕건이 수군활동의 이점을 건의하고 강조한 것에 대해 궁예가 감탄하고 그것을 따랐을 뿐이라는 의견에 대해 살펴보자. 이 내용은 914년에 왕건이 선박을 활용함으로써 오는 경제적 이점과 신속한 기동력에 의한 대처 능력의 가치를 건의하자 궁예가 그것을 인정하고 높이 칭찬한 점에서(사료 ⑥) 일부 타당한 면이 있다. 처음 나주에 진출하던 903년에도 왕건은 변경 지방을 안정시키고 강역을 넓히는 이른바 안변척경책을 제시하여 신료들의 주목을 끌기도 하였다(사료 ①). 그러나 과연 왕건이 건의한 방안에 대해 궁예는 감탄만하고 있었을까? 좌우에 있던 신료들마저 왕건이 제시한 책략에 대해 묘안이라고 주목하는 태도를 보였고, 궁예 역시 그것을 인정하며 칭찬하였던 것을 보면 왕건이 제시한 견해에 대해 깊이 공감하고 있었음을 알 수 있다. 이는 곧 궁예가 왕건이 제시한 방책이 갖는 전략·전술적 가치와 의미를 정확히 이해하고 있었음을 말해준다. 왕건과 마찬가지로 궁예도 전략적으로 식견이 풍부한 인물이었던 것이다.

궁예의 전략가다운 면모는 903년 나주 진출 직후 양주[34]에서 위기에 처해있던 김인훈을 수군을 이용하여 구원하고[35] 돌아온 왕건에게 변경 지대에 대한 동향을 묻고 그에 대한 대책을 마련하는

34) 오늘날의 양산 지방에 해당한다고 한다(文暻鉉, 「王建太祖의 民族再統一의 研究」『慶北史學』 1, 1979, 76쪽).

35) 黃善榮, 『高麗初期 王權研究』, 東亞大學校出版部, 1988, 60～61쪽 ; 류영철, 『高麗의 後三國 統一過程 研究』, 景仁文化社, 2004, 31~33쪽. 육로를 경유하여 구원한 것으로도 본다(金甲童, 「高麗建國期의 淸州勢力과 王建」『韓國史研究』 48, 1985, 41쪽).

대목에서 잘 나타난다(사료 ①). 왕건이 수군을 거느리고 나주 진출을 감행하여 서남해안 일대의 현지 사정을 직접 경험하고 돌아왔으므로 그로 하여금 나주와 양주를 비롯한 현지의 정세와 상황을 보고토록 하게 하고, 그에 적합한 방책을 논의한 점에서 그러하다. 궁예가 수군장수의 지위가 낮기 때문에 적을 위압할 수 없다고 판단하여 왕건을 시중에서 해임하여 다시 수군을 통솔하게 한 점도(사료 ⑥) 궁예가 전략가이자 뛰어난 판단력의 소유자였음을 보여준다. 912년 태봉과 후백제간의 덕진포해전이 발발한 뒤 서해상은 일시적이나마 소강 상태로 접어드는 분위기였다. 그러나 여전히 후백제가 나주 일대를 위협하는 상황이었고,[36] 독자적인 해상세력들의 준동이 가시화되면서 김언이 지휘하던 태봉의 수군은 이들을 효과적으로 제압하지 못하는 상황이었다. 이 상황에서 궁예는 시중의 직무를 수행하고 있던 왕건을 해임하여 수군을 통솔하게 하는 과감한 조치를 취한다.[37] 궁예가 나주지방이 갖는 전략적 가치를 분명히 인식하는 가운데 현지 사정과 수군지휘관의 지휘 역량 등을 전반적으로 고려하면서 왕건을 최적임자로 판단하여 나주를 방비토록 하였음을 말해준다.

다음으로 여섯째 이유로 제시한, 왕건이 수군의 총지휘관을 사임하고 시중이 되어 중앙에 들어갔을 때에도 수군이 출정하는 경우에

36) 조인성, 앞의 책, 2007, 208쪽.

37) 왕건의 시중 해임 조치에 대해서는 궁예와 왕건이 서로 대립적인 관계로 변모하였기에(申虎澈, 「弓裔의 政治的 性格 – 특히 佛敎와의 관계를 중심으로」 『韓國學報』 29, 1982, 46쪽), 호족세력의 대표로 활동하면서 신망을 얻고 있던 왕건을 이들로부터 격리시키기 위한 의도로(趙仁成, 앞의 논문, 1991, 81쪽), 왕건을 좌천시킨 것으로 보기도 한다(洪承基, 앞의 책, 2001, 12쪽).

는 반드시 왕건의 지휘에 따를 정도로 밀접한 관계에 있었다(사료 ⑤)는 해석에 대해 살펴보자. 우선 이 해석은 주어를 왕건으로 취하고 있다. 그렇기 때문에 마치 왕건이 수군 지휘관을 스스로 사임하고 중앙 정계의 시중에 들어간 것인 양 이해된다. 수군이 출정하는 경우에는 시중인 왕건의 지휘에 따를 정도로 밀접한 관계에 있었다고 해석한 점 역시 출정 자체를 마치 왕건이 결정한 듯을 인상을 느끼게 한다. 하지만 사료에 내포된 의미는 이와는 다르다고 생각한다. '수군과 관련된 업무'(水軍之務)에 대해서는 부장인 김언에게 위임하되 '정벌'(征討)의 일은 반드시 태조에게 품의하여 행하도록 하였다고 나오는데, 이것이 곧 정벌활동의 최종적인 승인권마저 왕건에게 부여한 것으로는 생각되지 않는다. 이는 궁예가 왕건을 시중에 임명하였기 때문에 수군과 관련한 일반적인 사항은 부장에게 위임하되, 수군과 연계된 정벌 사안에 대해서는 왕건의 품의를 거치도록 한 것으로, 궁극적으로는 궁예의 최종적인 결정에 의해 시행되었을 것이다. 정무와 수군 업무의 효율성을 모두 높이는 동시에 정벌활동과 같은 중대한 정책적 사안 만큼은 왕건의 일차적인 판단에 기초하여 최종적으로 궁예가 결정하는 체계를 갖추었던 것이다.

한편 궁예는 국왕이자 최고통수권자로서 군대의 출정에 대해 명령권을 행사함은[38] 물론 지휘관에 대한 임명권과 그를 보필하는 장수에 대한 인사 권한도 행사하였다. 나주 방비를 위해 출정하는 왕건을 해군대장군에 임명하고, 그를 보좌하는 부장에 알찬(閼粲) 종희(宗希)와 김언을 임명한 것이 그것이다(사료 ②). 보병 장수였던

38) 이와 관련하여 왕건의 출정이 한결같이 궁예의 명에 따라 이루어진 것으로 파악한 견해가(洪承基, 앞의 책, 2001, 163쪽) 주목된다.

흑상(黑湘)과 강선힐(康瑄詰) 등을 부장으로 임명한 것(사료 ⑦)도 같은 맥락으로 이해된다. 뿐만 아니라 궁예는 전투에서 공이 높은 장수에 대해서는 포상을 내리기도 하였다. 후백제가 광주 염해현에서 파견하던 선박을 사로잡은 공로를 치하하면서 왕건을 특별히 포장한 사례가 그것이다.[39] 수군활동 계획과 지휘관과 부장의 임명, 전투의 결과에 따른 상벌 집행, 전함의 확충과 정비, 향후의 전략 수립에 이르기까지 궁예의 결정권은 광범위하게 행사되고 있었다. 아마도 궁예는 건국 이후 설치한 광평성(廣評省)과 순군부(徇軍部), 내봉성(內奉省) 등을 통해 효율적으로 군사정책을 수립하고 신료와 장수들에 대한 인사권을 행사하였을 것이다.[40]

끝으로 왕건 자신이 직접 수군의 지휘를 담당하였을 때에는 나주의 점령지가 안정되었으나 왕건이 지휘를 담당치 아니할 때에는 수군활동이 위축되었다고 하는 일곱 번째 이유에 대해 살펴보자. 이는 903년에 나주를 공취하고 돌아왔으나 그곳이 염려되어 왕건으로 하여금 지키도록 한 기록(사료 ②)과 궁예가 수군장수의 지위가 낮아 적을 위압할 수 없다고 판단하여 왕건을 시중에서 해임하여 수군을 통솔케 한 기록(사료 ⑥) 등에 근거한 해석이다. 그러나 이 점 역시 반드시 왕건이 지휘할 때에는 나주가 안정되고, 그 반대의 경우에는 수군활동이 위축된 것으로 평가할 필요는 없다고 본다. 그 이유는 이렇다.

---

39) 궁예가 상벌을 공정하게 집행한 사례는 세력 형성 시 "관직을 주고 빼앗음에 있어서도 공정하게 하여 사사로움이 없었다"는 기록을 통해서 확인된다(『三國史記』 권50, 열전 10 궁예).

40) 궁예가 주요 정무를 광평성에 논의하고, 순군부와 내봉성을 통해 군령권과 인사권을 효율적으로 행사했음은 조인성의 논고에 상세하다(조인성, 앞의 책, 2007, 89~114쪽).

처음 나주 진출이 있고 3년이 지난 906년의 기록을 보면 "궁예가 태조에게 명하여 정기장군(精騎將軍) 금식(黔式)을 비롯한 3천의 병력을 거느리고 상주 사화진(沙火鎭)[41]을 공격케 하여 견훤과 수 차례에 걸쳐 싸워 이겼다"[42]고 하는 기록이 전한다. 이 기록대로라면 사화진에서 견훤과 싸우던 기간은 왕건이 나주에 없었던 셈이 된다. 그런데 그가 부재하던 동안에 나주에서의 수군활동이 위축되거나 불안정했던 사례는 나타나지 않는다. 왕건은 고려를 건국한 이후로 직접 수군을 지휘한 적이 없다. 그러나 왕건이 지휘하지 않는 와중에도 영창(英昌)과 능식(能式)이 이끄는 고려의 수군은 남해안 원정작전을 충실히 수행해냈다.[43] 왕건이 지휘하느냐의 문제라기보다는 당시의 전황의 추이를 주목해볼 필요가 있다.

이상과 같이 나주에서 왕건의 수군활동은 국왕인 궁예를 정점으로 왕건과 제 신료들간의 정책결정 과정에 토대하여 궁예의 최종적인 승인에 의해 실행된 수군활동이었다. 궁예는 정책 결정과정에서 수군활동의 전략적 가치를 중시하였다. 또한 최고 통수권자로서 출정하는 지휘관에 대한 임명권을 행사함은 물론 부장과 같은 예하 장수의 임명에도 결정권을 행사하였다. 전투에서 공을 세운 장수에게는 포상을 내렸고, 주요 전략 도서에 대한 공취 지침을 내리기도 하였다. 지속적인 수군활동을 위해 왕건으로 하여금 전함을 정비토록 하는가 하면 대대적인 건조를 명하기도 하였다. 원정 작전을 계획하는 단계부터 해상작전을 수행하는 적임자의 선정과 임명, 전투 이후의 논공

41) 사불성(沙弗城), 사벌성(沙伐城)과 같은 곳으로(申虎澈, 앞의 책, 1983, 75쪽) 지금의 상주에 해당한다.

42) 『高麗史』 권1, 세가1 태조 천우 3년. "裔命太祖 率精騎將軍黔式等 領兵三千 攻尙州沙火鎭 與甄萱累戰克之".

43) 『高麗史』 권1, 세가1 태조 정해 10년.

행상, 전함의 관리와 정비 등에 이르기까지 왕건이 수행한 수군활동은 궁예의 정치적인 통제와 최종적인 승인이 내려지는 가운데 실행되었다.[44] 그런 점에서 나주에서의 수군활동은 궁예를 정점으로 하는 태봉정권의 거시적인 틀 속에서 정권이 지향하던 군사전략적인 목표가 반영되어 계획·실행된 군사활동으로, 왕건은 태봉정권의 핵심 장수로서 수군전략을 계획하고 군사활동을 실천하는 데 중심적인 역할을 담당했던 인물로 평가할 수 있겠다.[45]

4. 태봉의 나주 진출과 왕건·나주호족

태봉정권이 추진한 나주 진출에 대해서는 왕건과 연대한 나주민들의 협력에 힘입어 별다른 저항없이 이루어진 수군활동으로 이해되고 있다. 이러한 이해방식은 거의 일반화된 입장인데, 소개하면 다음과 같다. 먼저 왕건이 나주를 쉽게 장악할 수 있었던 것은 나주와 영암 일대의 세력들과의 관련 없이는 불가능했던 것으로 영암 출신의 도선(道先)과 왕건의 선대가 관계를 맺고 있었고, 왕건 역시 나주 오씨와 혼인하였기에 적극적인 호응이 전제되었기에 가능하였다고 한다.[46] 또한 왕건세력이 강하다고는 하나 뱃길로 수백 킬로나 떨어져 있고, 남해안 해상세력이 더 강할 것으로 추측되므로 이 지방의

44) 신성재, 앞의 논문, 2006, 43~44쪽.

45) 이와 관련하여 나주 진출과 나주 경영을 전반적으로 기획하였던 것은 궁예였다고 할 수 있거니와 왕건은 그것을 성공적으로 수행하였던 장수로 평가한 조인성의 견해가 주목된다(앞의 논문, 2003, 387~388쪽 ; 앞의 책, 2007, 210~211쪽).

46) 申虎澈, 앞의 책, 1983, 49~50쪽.

세력가의 협력 없이는 불가능하였을 것이라고도 한다.[47] 요컨대 군사적인 점령보다는 금성의 자진 항부(降附),[48] 나주 군인(郡人)에 의한 협조,[49] 나주 호족세력의 호응과 협력에 의한 것,[50] 토착세력의 적극적인 호응과 협력에 의한 것,[51] 평화적인 점령,[52] 무력적인 충돌없이 왕건의 통제하에 놓이게 된 것 등으로 이해되고 있다.[53]

그러나 이렇듯이 이해하기에는 몇 가지 의문이 있다. 먼저 나주호족의 세력이 매우 강성했다는 점이다. 기록에 따르면, 나주는 태봉의 수군이 진출할 때까지만 하더라도 좀처럼 공취하기 어려운 지역이었다. 나주 진출이 있던 시점으로부터 불과 2년 전인 901년, 신라의 대야성 공략에 실패한 견훤은 회군길에 금성과 그 연변 부락에 대한 장악을 시도한다.[54] 그러나 이 시도는 지역민들의 격심한 저항에 부딪혀 별다른 성과없이 끝난다. 겨우 일부 부락을 약탈하는 정도에서 그치고 회군해야 했는데, 오히려 이는 나주호족들의 반감과 민심 이반, 위기의식을 증폭시키는 역효과만을 양산했다.[55] 이 점은 900년 즈음 나주 호족세력들의 규모가 견훤이 공파할 수 없을 정도로 강력한 수준이었으며,[56] 지방사회의 분위기 역시 독자성과

---

47) 文秀鎭, 「高麗建國期의 羅州勢力」 『成大史林』 4, 1987, 14~15쪽.

48) 文暻鉉, 『高麗太祖의 後三國統一研究』, 螢雪出版社, 1987, 115쪽.

49) 金甲童, 앞의 책, 1990, 102쪽.

50) 鄭淸柱, 앞의 책, 1996, 151~152쪽.

51) 문안식·이대석, 앞의 논문, 2004, 351~352쪽.

52) 姜鳳龍, 앞의 논문, 2003, 354쪽.

53) 김명진, 「太祖王建의 나주 공략과 압해도 능창 제압」 『도서문화』 32, 2008, 290쪽.

54) 『三國史記』 권12, 효공왕 5년 "後百濟王甄萱攻大耶城不下 移軍錦城之南 奪掠沿邊部落而歸".

55) 金甲童, 「高麗時代 羅州의 地方勢力과 그 動向」 『한국중세사연구』 11, 2001, 7쪽.

배타성이 강했음을 말해준다. 이후로도 태봉정권이 존속하는 동안에 후백제가 나주를 장악한 적은 없다.[57] 이와 같이 나주는 태봉의 수군활동이 있던 903년을 전후로 독자성과 배타성이 강한 지역이었다. 또한 그곳의 호족세력들은 정규군이 쉽사리 공파하지 못할 정도로 강성한 군사력을 보유하고 있었다. 태봉의 수군이 나주에 진출하던 당시에도 이러한 분위기는 그대로 유지되고 있었을 것이다.

왕건과 나주오씨와의 결합을 근거로 진출하는 과정에서 나주호족들의 호응과 협력이 작용한 것으로 보는 것에 대해서도 재론할 점이 있다. 일반적으로 이 시기에 왕건과 나주오씨와의 결합에 대해서는 정확한 시점에 대한 검증없이 처음 나주 진출이 시작된 903년부터 형성된 것처럼 이해되고 있다. 즉 나주오씨와 같은 호족세력의 지원을 받을 필요가 있었기 때문에[58] 진출하던 초기 단계부터 결합된 것으로 본다. 그러나 과연 그렇듯이 이른 시기부터 연결되었을지, 또 연결되었다고 하더라도 강한 결속력을 형성했을지는 의문이다. 기록상 나주오씨, 그러니까 장화왕후(莊和王后)의 조부의 이름이 부자를 뜻하는 부돈(富伅)인 점에서[59] 이 집안이 선대적부터 경제적으로 풍족한 가문이었음은 분명하다. 후대의 기록을 보면 나주오씨의 조상이 중국에서 해외무역으로 흥하여 상인들을 따라 신라로 건너왔다고 나오는데,[60] 상업활동을 배경으로 경제적 성장을 이룬 가문

56) 鄭淸柱, 앞의 책, 1996, 150~151쪽.

57) 909년 왕건의 진도군 공략 기사를 근거 삼아(사료 ②) 903년 이후 일시적으로 나주가 후백제의 수중에 떨어진 것으로 보기도 한다(金甲童, 앞의 책, 1990, 102쪽).

58) 鄭淸柱, 앞의 책, 1996, 157~158쪽.

59) 姜喜雄,「高麗 惠宗朝 王位繼承亂의 新解釋」『韓國學報』7, 1977, 69쪽 주18.

60)『增補文獻備考』 권49, 제계고10 씨족4 오씨.

이었음을 짐작케 한다.

하지만 왕건은 나주오씨가 경제적으로 유력한 가문이었음에도 불구하고 측미(側微)하다고 인식하여 훗날 장화왕후가 되는 그의 딸과의 결합을 회피하려고 하였다.[61] 왕건과 장화왕후의 결합은 혜종의 출생이 후량 건화 2년인 912년인 점에서[62] 911년의 일로 추정된다.[63] 이를 토대로 본다면 왕건과 나주오씨와의 연결은 나주 진출이 시작되었던 903년에는 형성되지 않았을 가능성이 높다고 생각된다.[64] 더구나 왕건이 장화왕후와의 결합을 회피하고자 했던 점을 감안한다면 이 가문과의 연결은 911년에 들어와서야 비로소 성사된 느낌마저 든다.

사실 왕건은 903년에 처음 나주에 진출한 뒤에도 이후 여러 차례에 걸쳐 수군을 이끌고 나주에 출정한 경력이 있다. 909년에는 진도군과 고이도성을 공격하여 서해 도서지방에까지 태봉의 해상권을 확장시켰고, 910년에도 출정했던 듯하다. 견훤이 몸소 보기병 3천을 동원하여 나주성을 에워싸고 열흘이나 공격하던 상황에서 궁예가 수군을 보내어 습격하여 물리쳤다고 전하는 기록이 그것이다.[65] 견훤을 물리친 부대가 수군이라고만 기록되어 왕건이 출정한 것으로 단언하긴 조심스럽지만, 견훤이 친히 출전한 상황이라고 한다면 왕건 정도의 장수가 출정하였을 가능성이 있다. 왕건은 911년에도 궁예의 명을 받아 수군을 이끌고 나주를 공략하였다.[66] 이러한 사실은 왕건

61) 『高麗史』 권88, 열전1 후비1 장화왕후 오씨.
62) 『高麗史』 권2, 세가2 혜종. “後梁乾化二年壬申生”.
63) 김명진, 앞의 논문, 2008, 289쪽.
64) 신성재, 앞의 논문, 2006, 44쪽.
65) 『三國史記』 권12, 효공왕 14년 “弓裔命將領兵船 降珍島郡 又破皐夷島城”.
66) 『三國史記』 권50, 열전10 궁예 “朱梁乾化元年辛未…遣太祖率兵伐錦城等 以錦

과 나주오씨와의 결합이 909년 이후로도 얼마든지 가능하였던 사정을 반영한다 하겠다.

그렇다면 왕건과 나주오씨와의 실질적인 연결은 어느 시점에 이루어진 것일까? 아마도 그것은 911년이지 않을까 추정된다. 여러 차례에 걸쳐 나주를 공략했지만 왕건과 나주호족들과의 유대 관계는 견고하게 형성되지 않은 상황이었을 것이다. 이는 전쟁기라고 하는 특수한 시대 상황에서 개인과 지역공동체의 운명이 걸린 문제였으므로 아주 신중하게 진행될 것이었다. 적어도 나주를 둘러싼 후백제와의 싸움에서 태봉이 주도권을 장악할 것임을 확신한 뒤에야만 가능한 일이었을 것이다. 그 시점이 바로 왕건과 나주오씨가 연결되는 911년으로, 이 시점부터 태봉정권과 왕건에 대한 나주 지역민들의 태도는 유화적인 성향을 띠어 갔을 것으로 추정된다.

다음으로 나주 진출의 군사활동 방식을 통해 왕건과 나주와의 상호 연대성 여부를 살펴보자. 태봉 수군의 나주 진출 방식은 "(왕건이) 수군을 거느리고 서해로부터 광주 경계에 이르러 금성군을 공격하여 빼앗고, 10여 군현을 공격하여 취하였다"고 하는 기록에 직접적으로 나타난다. 즉 금성군을 공격하여 빼앗는 '공발(攻拔)'과 인근 10여 군현 역시 공격하여 취하는 '격취(擊取)'의 방식을 통한 진출이었다. 이런 방식에 의한 진출은 평화적인 방식과는 거리가 있는 진출에 해당한다. 나주호족과 사전에 연대하였거나, 이들의 협조를 받는 상황이었다면 이와 같은 방식의 진출은 아니었을 것이다. 호의적인 태도를 보이는 군민들에게 공발과 격취와 같은 위협적인 방식의 진출은 이루어질 수 없다고 보기 때문이다. 그런 점에서 이 시기

城爲羅州".

나주 진출은 왕건과 사전에 연대한 나주호족들의 호응과 협력에 힘입어 평화로운 방식으로 무혈 입성한 것은 아니었을 것이다. 오히려 귀부하지 않고 저항적인 태도를 보이던 호족과 지역민들을 제압하면서 이룩한 군사적 진출이었을 가능성이 높다고 보여진다.

나주에서 태봉의 군사활동은 이후로도 일정 기간은 이와 동일한 방식을 답습한 점이 특징적이다. 909년 나주를 근심하여 궁예가 왕건을 보내었을 경우에도 나주의 경계를 불의에 쳐들어가 굴복시키는 방식을 취했고(襲服), 진도군을 점령하던 시기에도 공격하여 빼앗는(擊拔) 방식을 취했으며, 이어지는 고이도성에 대해서도 군사적인 공격으로 성을 깨뜨리는(破城) 방식을 취했다(사료 ②). 이와 같은 방식은 911년도 나타난다. 국호를 태봉으로 고친 궁예가 왕건으로 하여금 군사를 거느리고 금성 등을 정벌하게(伐) 하고 나주로 삼았다고 한다.[67] 이런 사실은 903년의 나주 진출 이후로도 호족세력과 지역민들의 저항이 지속되고 있었음을 의미한다. 독자성을 고수하는 호족세력이 존재하는 가운데, 나주를 둘러싸고 후백제와 태봉간 해상권쟁탈전이 치열하게 전개되던 상황 속에서 군민들은 어느 정권도 지지하기 어려운 입장이었을 것이다. 최선의 선택은 중립적인 태도를 취하는 방식이었거나 그때 그때의 상황에 따라 대응하는 방식이었을 것이다. 나주 지역의 동향이 이런 상황이었으므로 태봉의 수군활동 역시 공발과 격취, 정벌과 같은 무력적인 방식에 의존할 수밖에 없는 상황이었을 것이다. 군사활동을 벌인 방식에 비추어보더라도 태봉의 나주 진출은 자진하는 형태의 항부에 의하거나 평화적인 점령, 나주호족과의 연대와 협조에 의한 방식과는 거리가 멀다

67) 『三國史記』 권50, 열전10 궁예.

고 판단된다.

나주 진출 이후의 군사 상황과 지역민들의 동향 역시 나주와 왕건과의 연대성 문제를 살피는 데 도움이 된다. 나주에 진출하던 시기부터 왕건과 상호 호응하고 협력하는 분위기였다면 이후로도 그와 같은 분위기는 지속되었을 것이기 때문이다. 연도별로 나타나는 나주지역의 주요 사건과 지역적 동향을 표로 정리해보면 아래와 같다.

〈903년 나주 진출 이후의 주요 사건과 동향〉

년. 월	주요 사건과 내용	군사활동 방식과 지역민의 동향
903. 3	왕건이 금성과 주변 10여 군현을 공격해 빼앗고 주둔군 배치	공발(攻拔), 격취(擊取)
909	궁예가 나주를 근심하여 태조를 보내어 지키게 함. 적경을 불의에 쳐들어가 굴복시키고, 진도군과 고이도성을 공격하여 빼앗고 격파함.	습복(襲服), 격발(擊拔), 파성(破城)
910	금성이 궁예에게 투항하자 견훤이 보기병 3천으로 나주성을 10일 동안 포위, 궁예가 수군을 보내자 퇴각함.	
911	궁예가 태조에게 군사를 거느리고 금성을 정벌케 하고 금성을 나주로 개칭함.	벌금성(伐錦城)
912. 8	태봉 수군, 후백제 견훤과 덕진포에서 해전을 벌여 승리함. 후백제군이 가로막아 자못 우려하고 의심하였으나, 왕건이 견훤군을 격파하자 나주군민의 마음이 모두 정해짐.	서로 응원하지 못해 자못 마음 속으로 우려하고 의심함(相應援 頗懷虞疑). 견훤의 정예병을 꺾자 무리들의 마음이 모두 정해짐(挫萱銳卒 衆心悉定).
913	태조를 시중에 임명, 김언이 수군 업무를 관장함.	
914	후백제와 해상세력의 준동으로 왕건을 나주로 다시 보냄.	
918. 9	시중 구진을 나주도대행대 시중에 임명하여 나주로 보냄.	

910년 초 추정	얼마 지나지 않아 군민이 후고구려왕 궁예에게 귀부, 궁예가 왕건에 명하여 공취하게 하고 나주로 개명함.68)	공취(攻取)

표에서 보듯이 나주는 903년 왕건이 지휘하는 태봉 수군의 공격에 의해 주변 10여 군현과 함께 함락당한다. 그러나 완전히 함락당한 상황은 아니었다. 6년 뒤인 909년에 궁예가 나주를 염려하여 왕건을 보내어 그 경계를 쳐들어가 굴복시켰던 점을 보면 이 지역의 호족과 지역민들이 태봉과 왕건을 적극적으로 지지하지 않았던 상황을 알 수 있다. 이런 상황이 유지되는 가운데 910년 견훤이 보기병을 동원하여 탈취하고자 시도해온다. 이에 대해 태봉은 급히 수군을 보내어 후백제군을 격퇴한다. 그로부터 1년 뒤인 911년, 궁예는 왕건을 다시금 보내어 금성을 무력적으로 정벌하는 조치를 취한다. 909년에 항부해왔다고 한다면 굳이 이런 방식의 정벌은 필요치 않았을 것이다. 여전히 지역민들이 유동적인 태도를 보이고, 후백제 역시 나주를 빼앗고자 거듭 도전해오던 상황에서 태봉으로서는 군사적인 위세와 점령 의지를 확실히 보여줄 필요가 있었을 것이다. 무력적인 정벌은 그러한 의지의 일환이었을 것이다. 이 시점에서 나주오씨와 왕건간에 극적인 결합이 이루어지는데, 양자 간에 모종의 밀약이 이루어지지 않았나 추정된다.69) 금성에서 나주로의 격상 작업과 왕건과 나주오씨와의 결합이 나주 지역민들의 안위를 맹약하는 연속선상에서 이루어진 것으로도 생각되어지기 때문이다.

68) 『高麗史』 권57, 지리지2 나주목.

69) 왕건과 나주오씨가 연결된 911년에 금성이 나주로 격상된 점은 특별히 주목해볼 필요가 있다고 본다. 나주가 태봉과 후백제간 치열한 쟁탈전이 벌어지던 곳이었으므로 지역민들의 회유와 안전을 보장하는 담보로 금성을 나주로 격상시키고, 왕건 역시 그 과정에서 정략결혼을 하게 된 것이 아닌가 조심스럽게 추정해본다.

그러나 나주로 격상되고 왕건과 결속력을 형성해가던 상황이었음에도 불구하고 나주호족과 지역민들은 여전히 유동적인 입장을 취하고 있었다. 이 점은 덕진포해전에서 보이는 군민들의 태도 속에 잘 나타난다. 나주 관내의 여러 군들이 태봉의 수군과 멀리 떨어져 있는 상황 속에서 "적병이 길을 막아 응원하지 못해 자못 마음 속으로 우려하고 의심하였다"는 대목이 그것이다. 상호 연락이 두절된 상황에서 오던 불안감의 표현이기도 하지만, 행여 태봉 수군이 후백제군의 위세에 눌려 나주를 포기하고 회군하거나 혹시 패배할 경우에서 오는 불안감과 의구심이었을 것이다. 전쟁기의 상황에서 선택의 갈림길에 놓은 지역민들의 심리와 동향이 고스란히 나타난다. 왕건과 나주오씨가 연결되어 어느 정도 안전성을 확보한 912년의 상황에서도 나주의 군민들은 태봉과 후백제의 형세를 저울질하며 향배를 어떻게 취할 것인지를 놓고 유동적인 태도를 취하고 있었던 것이다.[70]

나주가 태봉을 지지하고, 왕건과 결속하며 지역적 입장을 분명히 취한 것은 바로 912년에 발발한 덕진포해전에서의 승리를 기점으로 하지 않았나 여겨진다. 이 점은 "이때에 이르러 견훤의 정예로운 병사들을 격파하니 무리들의 마음이 모두 정해졌다"고 하는 짤막한 기록이 단적으로 말해준다. 견훤의 정예로운 군사들을 물리치는 모습을 보고난 뒤에야 군민들 스스로 마음의 안정을 찾는 가운데 태봉을 지지하는 입장을 취하게 되었다고 생각된다.

이상과 같이 태봉이 추진한 나주 진출은 사전에 왕건과 연대한 나주호족의 호응과 협력에 힘입어 수행된 것이 아니었다. 왕건과

70) 신성재, 앞의 논문, 2007, 90~91쪽.

나주의 유대관계 역시 왕건의 선대가 활동하던 시기는 물론 처음 나주에 진출하던 903년을 포함하여 이후로도 상당한 기간까지는 결속력이 형성되지 못한 상태였다. 무력에 기반한 정벌활동이 지속되는 상황하에서 911년 금성이 나주의 격상되면서 태봉의 영역에 속하게 되고,[71] 대표적인 호족인 나주오씨와 왕건 가문간의 결합이 이루어지면서 그 발판이 마련되었던 것으로 추정된다.

그러나 개인과 지방사회의 존립 문제를 둘러싸고 호족세력 간의 정치적 이해관계가 일치하지만은 않았던 만큼[72] 전쟁의 추이를 보아가면서 그 향배를 변경할 가능성도 있었다. 덕진포해전 시에 나주 군민들이 유동적인 태도를 보인 것은 그것을 말해준다. 하지만 이 해전에서 태봉 수군이 승리함으로써 나주호족은 확실히 태봉을 지지하면서 귀부하고 왕건과의 결속력을 한층 강화해나간다. 태봉 정권하에서 지속적으로 추진된 수군활동과 해상권 장악 노력에 의해 나주는 태봉과 고려의 지방으로 편입되면서[73] 통일전쟁의 핵심 거점으로 부상하기에 이른다.

---

71) 조인성, 앞의 논문, 2007, 206쪽.

72) 전쟁기에 개인의 존립 문제와 지방사회에 대한 지배권을 온존시키기 위한 노력은 얼마든지 경주되었다고 보여진다. 후삼국시대 후백제의 견훤과 고려의 왕건 사이에서 독자적인 세력을 확대·유지하기 위한 노력은 매곡성 장군 공직의 사례에서 살펴볼 수 있다. 이에 대해서는 申虎澈, 「新羅末·高麗初 昧谷城(懷仁) 將軍 龔直」『湖西文化硏究』 10, 1992, 11~26쪽(『後三國時代豪族硏究』, 개신, 2002, 411~433쪽)이 참고된다.

73) 군사와 민사행정을 담당하는 나주도대행대를 설치·운영한 점은 이를 반영한다. 나주도대행대의 설치와 운영은 朴漢卨, 「羅州道大行臺考」『江原史學』 1, 1985, 19~43쪽 ; 陰善赫, 「高麗太祖王建硏究」, 전남대학교 박사학위논문, 1995, 79~88쪽 ; 문안식·이대석, 앞의 책, 2004, 362~368쪽 참조.

5. 맺음말

903년 태봉의 나주 진출과 수군활동은 후백제의 배후를 견제하면서 서남해안 지방으로 해상권을 확대하고, 궁극적으로는 후삼국전쟁에서 주도권을 장악하는 데 기반이 되었다는 점에서 전쟁사적으로 큰 의미를 갖는다.

지금까지 나주에서의 수군활동에 대해서는 왕건을 주체로, 궁예와 태봉정권은 객체로 이해하는 방식이 지배적이었다. 그러나 관련 자료를 재해석해보건대 그것은 궁예를 정점으로 구성된 태봉정권이라고 하는 거시적인 틀 속에서 정권이 지향하던 군사전략적인 목표가 반영되어 계획·실행된 수군활동이었던 것으로 이해된다. 국왕이자 최고 통수권자였던 궁예는 해상원정 계획과 수군활동을 수행할 적임자의 선정과 임명, 전투 이후의 논공행상, 전함의 정비 등에 이르기까지 최종적인 결정권을 행사하였다.

왕건과 나주호족의 연대성에 토대하여 나주 진출이 이루어진 것으로 인식해온 점도 새롭게 이해된다. 종래 나주호족들의 호응이 전제되어 평화적인 방법으로 진출한 것으로 이해되어 왔으나, 실제는 그와 달리 여러 차례에 걸친 무력적인 정벌활동에 의해 귀부하게 된 것으로 보여진다. 903년부터 911년까지 수행된 군사활동 방식이 '공취(攻取)', '격취(擊取)', '파성(破城)', '정벌(征伐)' 등으로 나타나는 점은 그 실상을 잘 말해준다. 대체로 이런 방식에 입각한 군사활동이 진행되는 과정에서 911년 왕건과 나주오씨와의 결합이 이루어졌고, 금성에서 나주로 격상되면서 나주호족과 지역민들은 태봉을 지지하는 입장을 표명하기에 이른다. 그러나 여전히 유동적인 상황이었다. 912년 태봉과 후백제의 덕진포해전에서 나타나는 지역민들의 불안감과 우려감은 비록 태봉정권에 귀부한 상황이지만 해전의 결과에 따라서는 향배를 달리하고자 하던 분위기를 말해준다. 이는 전쟁기라고 하는 특수한 시대 상황에서 정치적 선택의 갈림길에 놓여 있던 지역민들이 개인과 지역 공동체의 안위를 보장받고자 하던 고충과 동향을 고스란히 반영한다.

나주가 태봉을 지지하는 입장을 분명히 취한 것은 912년의 덕진포 해전에서 태봉 수군이 승리한 결과에서 기인한다. "견훤의 정예로운 병사들을 격파하자 무리들의 마음이 모두 정해졌다"는 기사는 태봉 수군이 후백제군을 격파하는 것을 보고 나서야 태봉을 지지하는 쪽으로 지역민들이 확고한 입장을 취했음을 말해준다. 따라서 처음 나주에 진출하던 903년에는 왕건과 나주호족과의 연대가 그리 깊게 형성된 수준은 아니었을 것이다. 909년의 시점에도 그와 같은 상황은 계속되었다. 태봉 수군의 강한 군사적 압박과 함께 후백제와의 여러 차례에 걸친 주도권쟁탈전이 심화되는 가운데 911년 군에서 주로 격상되고, 나주오씨와 인적 결합이 이루어지고 나서야 한결 밀착하는 단계로 발전해갔던 것이다. 그리고 결정적으로는 912년의 덕진포 해전에서 태봉 수군이 승리한 뒤에야 확실히 태봉을 지지하면서 왕건과 연대가 완성된 것으로 생각된다.

요컨대 나주는 태봉정권의 무력에 기반한 수군활동을 통해 귀부가 이루어졌고, 왕건과 나주호족 간의 연대와 호응 역시 지속된 정벌활동에 의해 점진적으로 형성·강화된 측면이 강하다고 여겨진다. 또한 태봉정권하에서 수군을 동원하여 적극적으로 추진한 정벌활동과 서해안 지방에 대한 해상권 장악 노력에 힘입어 태봉과 고려의 지방으로 편입되고 후삼국 통일전쟁의 전략거점으로 부상하였던 것으로 이해된다.

보론

고려전기 해군에 대한 시론적 고찰

1. 머리말

한국의 현대 해군(海軍)은 1948년 8월 15일에 그 명칭이 등장한다. 정부 수립과 독립을 축하하는 기념식장에서 장병들이 '대한민국해군(大韓民國海軍)'이라는 문구가 새겨진 페넌트(Pennant)를 정모(正帽)에 두르고 시가행진을 한 것이 그 시초에 해당한다.[1] 이를 계기로 해군은 다음 달 9월 5일에 공식적인 군으로 명명되었다.

해군의 등장은 해양 방위를 전담하는 군이 탄생하였다는 점에서 역사적인 의미를 갖는다. 아울러 전근대 수군의 역사와 전통이 현대 해군으로 이어지는 가운데 변화와 발전의 전기를 마련하였다는 점에서도 중요한 의미를 갖는다. 그런데 수군에서 해군으로 이어지는, 수군 및 해군 역사의 장구한 흐름 속에서 발견되는 흥미로운 사실이 하나 있다. 후삼국전쟁이 시작되던 10세기 초부터 고려(高麗)에 의한 통일 이후 12세기 중반까지 해군으로 호칭되던 존재가 『고려사』를 비롯한 관련 사서에 나타남은[2] 물론 태조대의 중앙군을 구성하는 하나의 병종(兵種)이자[3] 독립적인 부대로 활동하고 있었다

1) 海軍本部 戰史編纂官室, 『大韓民國海軍史』 行政編 第1輯, 1954, 61쪽.

2) 『高麗史』, 『高麗史節要』, 『宣和奉使高麗圖經』 등에 나온다.

3) 보군, 마군, 내군과 더불어 중앙군을 구성하는 하나의 병종으로 운영되었다. 鄭景鉉, 「高麗前期 武職體系의 成立」 『韓國史論』 19, 1988, 140~142쪽 ; 鄭景鉉, 『高麗前期 二軍六衛制硏究』, 서울大學校 博士學位論文, 1992, 38~43쪽.

는 점이다.[4)]

해군이 이 시기에 등장하는 것은 매우 이례적이며 특기할만하다. 왜냐하면 전근대 시기를 통틀어 오직 이 시기에만 산견되기 때문이다. 전근대 시기 해군의 존재와 관련 기록은 단순한 흥밋거리와 호기심을 넘어 연구적 관심을 불러일으킬만하다. 하지만 아쉽게도 해군에 관심을 보인 연구는 부재하다.[5)] 아마도 그 직접적인 이유는 이에 관한 기록이 특정된 시기에만 한정된, 얼마 되지 않는 기록의 희소성 때문일 것이다. 이러한 연유로 말미암아 해군은 당시 해상활동을 수행한 '주사(舟師)'나 '수군'과 별다른 구분 없이 혼용되거나 동일한 존재인 것처럼 서술되고 있다. 관련 역사서를 보면 같은 문장 속에 주사와 해군이 나란히 기록되거나, 수군으로만 표현된 경우가 더러 있다. 이 같은 사례를 접하면서 주사, 수군, 해군이 '같은 존재였는가 혹은 다른 존재였는가' 하는 점은 하나의 의문이 아닐 수 없다.

하지만 이러한 의문점은 본 연구를 수행함에 있어 본질적이며 궁극적인 문제의식은 아니다. 보다 근원적인 문제의식이라고 한다

---

4) 이창섭, 「高麗 前期 水軍의 運營」『史叢』 60, 2005, 21쪽.

5) 대체로 수군과 수군활동을 주제 삼아 연구되었으며, 이 글을 작성함에 있어 도움이 된 주요 성과를 소개하면 다음과 같다. 金南奎, 「高麗의 水軍制度」『高麗軍制史』, 陸軍本部, 1983 ; 신성재, 「궁예정권의 나주진출과 수군활동」『軍史』 57, 2005 ; 이창섭, 위의 논문, 2005 ; 정진술, 『한국 해양사』, 景仁文化社, 2009 ; 신성재, 「태봉의 수군전략과 수군운용」『역사와 경계』 75, 2010 ; 신성재, 「고려의 수군전략과 후삼국통일」『東方學志』 158, 2012 ; 육군군사연구소, 「제3절 수군의 설치와 운용」『한국군사사 ③』(고려 Ⅰ), 육군본부, 2012 ; 김대중, 「王建의 後三國統一과 羅州의 戰略的 位相」『고려의 후삼국통합과정과 나주』(호남사학회 편), 景仁文化社, 2013 ; 신성재, 「후백제의 수군활동과 전략전술」『한국중세사연구』 36, 2013 ; 김명진, 「Ⅳ. 나주 서남해지역 공략과 압해도 장악」『고려 태조 왕건의 통일전쟁 연구』, 혜안, 2014.

면 비록 한시적일지라도 왜 후삼국전쟁기에 해군이라고 하는 존재가 출현하게 되었고, 이렇듯이 출현한 해군에 대해서는 역사적으로 어떠한 의미를 부여할 수 있는가 하는 점이다. 당대에 보이는 해군은 단순한 기록상의 오류이거나 상징적인 표현에 그치는 존재는 아닐 것이다. 삼국 및 통일신라(統一新羅) 시대 이래 보편적으로 인식되어 오던 주사 및 수군의 개념과 비교하여 후삼국시대에 이르러서는 이들을 운용하는 전략이나 작전 방식 등에 의미 있는 변화가 발생하였기에 그와 같은 이름으로 불리는 존재가 등장하게 되었던 것은 아닐까.[6]

이상과 같은 문제 인식에 기초하여, 이 글에서는 고려전기 해군에 대하여 그 출현 배경과 변화 양상, 특징 등을 중심으로 시론적인 차원에서 고찰해보고자 한다.[7] 이를 위해 우선 해군의 출현 배경을 후삼국전쟁과의 상관성에 주목하여 살펴볼 것이다. 태봉(泰封)·고려와 후백제(後百濟)가 서남해안 지방의 해상권(海上權) 장악을 둘러싸고 치열하게 전쟁을 벌였던 만큼 이것과 결부지어 검토할 것이다. 이어서 고려가 후삼국을 통일한 이후 해군의 변화 양상과 특징에 대해 정리할 것이다. 통일 이전과 비교하여 변화된 내용과 특징은 무엇인지 알아볼 것이다. 해군이 소멸하게 되는 과정에 대해서도 전망해보고자 하였으나, 현재의 연구 여건으로는 그 연원을 추적할

6) 이 글에서 고찰하는 해군은 현대적인 개념의 해군과는 거리가 있다. 당대에 해군으로 불리는 존재가 어떠한 배경과 조건 속에서 등장하게 되었고, 그 시대적인 특징과 성격은 무엇인가에 대해 특별히 수군을 운용하는 전략과 작전 방식의 변화 등에 주목하여 검토한다.

7) 연구의 시대적 범위가 후삼국시대와 고려시대를 포함하기 때문에 이를 모두 포함하는 내용으로 논제를 설정함이 마땅하겠으나, 서술의 편의상 '고려전기'로 정하였음을 밝혀둔다.

수 있는 자료가 극히 제한되는 관계로 차후의 과제로 남겨두었다. 관심 있는 동학들의 많은 질정(叱正)을 바란다.

2. 후삼국전쟁과 해상원정군, 해군의 출현

고려시대 역사를 기록한 『고려사』와 『고려사절요』를 보면 당시 해상에서 군사활동을 수행한 무력집단으로 주사, 수군, 해군이 열거되고 있음을 살필 수 있다. 이 중 주사와 수군은 삼국 및 통일신라시대에도 해상에서의 군사활동을 주도한 주체에 해당한다. 따라서 그다지 새로운 존재라 할 수 없다. 하지만 해군의 경우는 다르다. 고려시대를 기준으로 이전 시기는 물론 그 뒷 시기인 조선시대에도 나타나지 않는 특별함 때문이다. 해군이라는 호칭이 등장하는 가장 이른 시기의 기록은 909년이다. 이 시기는 철원(鐵原)으로 도읍을 옮긴 궁예(弓裔)와 완산주(完山州 : 전주)에 터를 잡은 견훤(甄萱)이 충청도 지역을 경계선으로 팽팽히 대치하면서 점차 서남해안 지방으로 군사적 영향력을 확대해 가던 시기였다.

> 梁 開平 3년 己巳에 태조는 궁예가 날로 驕虐해지는 것을 보고 다시 閫外에 뜻을 가졌다. 마침 궁예가 나주를 근심하여 드디어 태조에게 명하여 가서 진수토록 하였다. 官階를 올리어 韓粲 海軍大將軍으로 삼았다. … 舟師를 거느리고 光州 塩海縣에 머물렀다가 견훤이 吳越로 보내는 선박을 노획하여 돌아오니 궁예가 심히 기뻐하며 褒奬을 더하여 주었다. 또 태조에게 명하여 정주에서 전함을 수리하게 하고 閼粲 宗希와 金言 등을 부장으로 삼아 병사 2천 5백명을 거느리고

가서 光州 珍島郡을 치게 하여 함락시켰다. 이어 皐夷島로 나아가니 성 안 사람들이 군용이 엄정한 것을 보고 싸우지 않고 항복하였다.[8)]

위는 궁예정권이 909년에 후백제의 배후에 위치한 나주(羅州)와 그 주변 해역에 산재한 도서지방을 대상으로 수군활동을 전개한 내용을 전하는 기록이다.[9)] 궁예정권이 도읍지와 멀리 떨어진 후백제의 배후 지역에서 수군활동을 벌이게 된 계기는 903년 3월에 왕건(王建)으로 하여금 수군을 동원하여 나주를 공취토록 하였던 데에서 마련되었다.[10)] 수군을 이용한 해상 기습으로 나주를 점령하였지만, 궁예정권의 이 지역에 대한 지배력은 확고한 수준이 아니었다. "궁예가 나주를 근심하여 태조에게 명하여 가서 진수토록 하였다"는 위 기사의 내용은 이 지역의 군사적 동향과 궁예정권이 미치던 지배력의 실상을 잘 보여준다.

널리 알려진 것처럼, 후삼국시대는 궁예정권과 후백제, 신라가 미치던 정치·군사적인 영향력에 따라 지방사회의 향배가 빈번하게 변화하던 난세였다. 궁예정권이 나주를 공취한 이후 6년이 되어 가는 시점이었지만, 여전히 이 지역의 동향은 안정적이지 못했다. 궁예는 이러한 분위기를 의식하여 나주지역에 대한 방위력을 높이

---

8) 『高麗史』 권1, 세가1 태조. "梁開平三年己巳 太祖見裔日以驕虐 復有志於閫外 適裔以羅州爲憂 遂令太祖往鎭之 進階爲韓粲海軍大將軍 … 以舟師次于光州塩海縣 獲萱遣入吳越船而還 裔喜甚 優加褒奬 又使太祖修戰艦于貞州 以閼粲宗希金言等副之 領兵二千五百往擊光州珍島郡拔之 進次皐夷島 城中人望見軍容嚴整不戰而降".

9) 이 시기를 전후하여 궁예정권이 나주와 그 주변 해역에서 추진한 수군활동은 신성재, 앞의 논문, 2005·2010 참조.

10) 『高麗史』 권1, 세가1 태조. "天復三年癸亥三月 率舟師自西海抵光州界 攻錦城郡拔之 擊取十餘郡縣 仍改錦城爲羅州 分軍戍之而還".

고 지배력을 강화하기 위한 목적에서 왕건을 파견하였다. 궁예의 명을 받아 출정한 왕건은 후백제가 오월국(吳越國)으로 파견하던 선박을 염해현(塩海縣)에서 나포하고,[11] 진도(珍島)를 비롯한 인근 해역의 전략 도서들을 확보하는 전공을 세우고 복귀하였다.

궁예정권이 나주지역에서 벌인 수군활동을 전하는 기록에서 무엇보다도 눈여겨 볼 대목은 궁예가 왕건을 나주로 보내면서 관계(官階)를 높이어 한찬(韓粲) 해군대장군(海軍大將軍)으로 삼았다는 점이다. 이는 왕건이 처음 나주를 공취하던 903년에는 별다른 관계나 직함 없이 단순히 주사를 거느리고 출정하였다고 전하는 기록[12]과 비교하여 색다른 표현이다. 뿐만 아니라 909년의 출정 사실을 전하는 『고려사』 후비(后妃) 열전에는 "水軍將軍으로 出鎭하였다"[13]고 나오는데, 이 또한 다른 표현이다. 출정하는 부대의 최고 지휘관인 대장군의 직함 앞에 '해군'이라고 하는, 해상에서의 군사적 임무를 수행하는 부대를 지칭하는 표현이 등장할 수밖에 없었던 데에는 그럴만한 이유가 있었기 때문일 것이다.

왕건이 해군대장군에 임명되었다고 하는 사실은 해상에서의 군사활동을 수행하기 위한 목적에서 편성한 부대, 다시 말해 왕건이 영솔하던 부대에 대해 해군으로 호칭하고 있었음을 전제한다. 이는 지상전을 위해 운용하던 육군과 달리 해상에서의 전투를 주 임무로 하는 부대를 편성하여 해군으로 호칭하고 있어야 가능한 표현이다. 좀 더 부연하자면 해군이 육군과 대비될 정도로 독립된 부대 또는

---

11) 권덕영, 「후백제의 해외교섭 활동」『후백제와 견훤』(충남대학교 백제연구소 편), 서경문화사, 2000, 147쪽.

12) 주10과 같음.

13) 『高麗史』 권88, 열전1 후비 장화왕후 오씨.

병종이어야 한다. 해상작전을 수행하는 병력 가운데 육군에 속해 있던 병력이 포함되었다고 한다면 해군과 육군의 구분이 명확했는가에 대해서는 의문이 생길 수 있다.[14] 또 궁예정권은 물론 왕건이 통치하던 고려초기의 수군이 항구적인 체제로 확정되어 있는 것이 아닌 사안이 발생하면 그에 따라 임시적으로 관직을 설치하는 수준이었던 것으로 본다면[15] 이 시기 해군의 독립적인 위상에 의문이 생길 수도 있다.

하지만 태조 왕건이 집권하던 시기에 중앙의 상설 무직(武職)으로 마군대장군(馬軍大將軍)과 마군장군(馬軍將軍), 해군장군(海軍將軍), 보군장군(步軍將軍), 내군장군(內軍將軍) 등이 병종별로 구분되어 있었다는 견해와[16] 나주의 경우처럼 멀리 떨어진 해역에서 해상작전을 수행하기 위해 출정하는 부대의 최고 지휘관을 해군대장군에 임명한 사례를 적극 수용한다면, 특수한 임무를 수행하기 위한 목적에서 일정한 규모의 병력과 전함을 편성하여 파견되던 해상 독립부대에 대해서는 해군으로 호칭하였을 개연성이 높다고 생각된다.

해상작전을 위한 목적에서 파견하던 부대가 해군으로 호칭되었음은 아래 기록을 통해서도 확인할 수 있다.

> 여름 4월 임술일에 海軍將軍 英昌과 能式 등을 보내어 舟師를 거느리

---

14) 권영국, 「고려 초기 장군직의 기능과 성격」『숭실사학』27, 2011, 207쪽.

15) 金南奎, 앞의 논문, 1983, 204~207쪽 ; 이창섭, 앞의 논문, 2005, 9~22쪽 ; 육군군사연구소, 앞의 책, 2012, 172~176쪽. 필자는 관직과 관부에 대한 검토를 통해 상설적인 성격에 가까웠던 것으로 파악한다(신성재, 「후삼국시대 수군의 운영체제와 해전－특히 태봉과 고려를 중심으로」『역사와 경계』 88, 2013, 46~54쪽).

16) 鄭景鉉, 앞의 논문, 1988, 140~142쪽 ; 앞의 논문, 1992, 38~43쪽.

고 가서 康州를 공격하게 하였다. (이들은) 轉伊山·老浦·平西山·突山 등 네 개의 鄕을 함락시키고 사람과 물자를 노획하여 왔다.[17]

위 기사는 왕건이 927년(태조 10) 4월에 남해안 해상교통의 전략적 요충지였던 강주(康州 : 진주)와 인근 해안 지방을 공략한 내용이다. 왕건이 강주를 공략한 것은 해상권의 범위를 남해안 방면에까지 확대함으로써 대야성(大耶城 : 합천) 일대에서 활동하고 있던 후백제군의 배후를 압박하고,[18] 이들의 신라 진출을 억제하기 위한 것이었다.[19] 이러한 전략적인 목표를 달성하기 위해 해군장군(海軍將軍) 영창(英昌)과 능식(能式) 등을 지휘관으로 삼아 파견한 것이었다.

강주 공략을 지휘한 영창과 능식 등의 직함이 해군장군으로 표현된 점은 나주에 출정하던 왕건의 직함이 해군대장군으로 표현된 것과 일맥 상통한다. 나주지역에서 해상작전을 수행하기 위해 조직한 부대를 해군으로 호칭한 것처럼, 강주지역에서의 원정작전을 위해 편성한 부대 역시 해군으로 호칭한 것이다. 다만 차이점이 있다면 부대를 영솔하는 지휘관의 직함이 해군대장군보다 한 단계 낮은 해군장군으로 기록된 점이다. "해군장군 영창과 능식 등을 보냈다"고 하는 표현은 강주지역에 대한 해상원정을 위해 여러 명의 해군장군들이 참가하였음을 알려준다. 이는 다음과 같은 의미 있는 사실 또한 일깨워준다. 여러 명의 해군장군이 등장한다는 점에서 이들이 지휘하는 일정한 척수를 기준으로 구성된 소규모의 단위

17) 『高麗史』 권1, 세가1 태조 10년 4월. "夏四月壬戌 遣海軍將軍英昌能式等 率舟師往擊康州 下轉伊山老浦平西山突山等四鄕 虜人物而還".

18) 문안식·이대석, 『한국고대의 지방사회 – 영산강유역의 역사와 문화를 중심으로』, 혜안, 2004, 368쪽.

19) 신성재, 앞의 논문, 2012, 65쪽.

부대가 존재하고 있었음을 알 수 있다. 해군대장군보다 지위가 한 단계 낮은 해군장군이 존재한다는 것은 최고 지휘관인 해군대장군으로부터 해군장군, 군관 및 병졸로 이어지는 지휘체계가 성립되어 있었음을 의미한다.[20]

이러한 체계에 입각한 해군 부대의 편성과 운용은 궁예정권과 고려에만 국한된 것은 아니었던 것 같다. 같은 시기에 후백제 역시 유사한 방식에 입각하여 운용하였던 것으로 짐작된다. 견훤이 패망하기 4년 전인 932년 10월에 해군장(海軍將)의 직함을 가진 상애(尙哀) 등을 보내어 대우도(大牛島)[21]를 공략하게 하였던 사례는[22] 비록 후백제 말기에 나타나는 기록이지만, 해상작전을 담당하는 군사조직으로 해군을 운영하던 모습을 보여준다. 후백제가 900년 단계부터 수군만으로 구성된 군사조직을 지상군과는 다른 별도의 지휘체계 아래 운영하고,[23] 920년 말에 이르러서는 공세적인 수군전략(水軍戰略)으로 전환하여 서해 중·북부 해역에까지 진출하면서 고려를 압박하였던 사실은[24] 후백제가 독립적으로 운영하였음직한 해군의 위상을 잘 보여준다.

후삼국전쟁기에 궁예정권과 고려와 후백제는 시기적으로 차이가

---

20) 해군대장군(해군장군)-부장-전함의 지휘관-군관급 장교-병졸집단으로 이어지는 지휘체계를 설정한 견해가 있어 참고된다(신성재, 앞의 논문, 2013, 50~51쪽).

21) 압록강 하구 용천군에 위치한 성으로 보거나(鄭淸柱, 『新羅末高麗初 豪族硏究』, 一潮閣, 1996, 116쪽), 충남 서산시 지곡면 도성리에 위치한 섬으로 보기도 한다(국토지리정보원, 『한국지명유래집(충청편)』, 2015, 481~482쪽).

22) 『高麗史』 권2, 세가2 태조 15년 冬 10월. "甄萱 海軍將尙哀等 攻掠大牛島".

23) 李文基, 「甄萱政權의 軍事的 基盤-특히 新羅 公兵組織의 再編과 關聯하여」 『후백제와 견훤』(백제연구소 편), 서경문화사, 2000, 109~110쪽.

24) 신성재, 앞의 논문, 2013, 153~163쪽.

있지만, 해군으로 호칭되던 해상작전 부대를 운용하였던 것으로 이해된다. 궁예정권대의 해군대장군, 고려의 해군장군, 후백제의 해군장은 이를 뒷받침하는 직접적인 증거이다. 그런데 이들이 기록된 기사에서 눈여겨볼 점이 있다. 예컨대 해군대장군에 임명된 왕건이 909년에 나주지역을 진무(鎭撫)하기 위해 거느리고 간 부대가 '주사'로 표현된 점이다. 뿐만 아니라 영창과 능식 등이 927년에 강주지역을 공략하기 위해 거느리고 간 군대 역시 '주사'로 나타난다. 932년 10월에 후백제의 해군장 상애 등이 거느린 부대를 호칭한 표현은 나타나지 않으나, 이보다 앞선 9월에 일길찬 상귀가 '주사'를 거느리고 예성강에 쳐들어가 염주(塩州)·백주(白州)·정주(貞州)를 공략하였다는 기록이 전한다.[25] 해군대장군과 해군장군, 해군장의 직함을 가진 인물들이 지휘하던 부대이므로 이들에 의해 인솔된 부대는 응당 '해군'으로 기록되어야 한다. 하지만 이들이 인솔하던 부대는 '해군'이 아닌 '주사'로 표현된 특징이 있다. 궁예가 914년에 나주지역의 전황을 근심하여 취한 조치를 전하는 기록을 보면, "수군장수가 부족하여 적을 위압하기에 부족하므로 마침내 태조를 시중에서 해임하여 다시 수군을 거느리게 하였다"[26]는 내용이 있다. 왕건을 수군장수에 재임명하여 수군의 위상을 높이고 이들을 지휘하게 하였다는 내용인데, 앞에서 살펴본 해군대장군과 해군장군, 이들이 거느린 주사와는 다른 표현이다. 이러한 사실은 후삼국전쟁이 전개되는 과정에서 해상작전을 전담하던 부대에 대해 새로이

---

25) 『高麗史』 권2, 세가2 태조 15년 9월. "甄萱遣一吉粲相貴 以舟師入侵禮成江 焚塩白貞三州船一百艘 取猪山島牧馬三百匹 而歸".

26) 『高麗史』 권1, 세가1 태조 건화 4년 갑술. "裔又謂 水軍帥賤 不足以威敵 乃解太祖侍中 使復領水軍".

해군이라고 호칭하였음에도 불구하고 이전 시기부터 불리어지던 주사, 수군이 공존하던 상황에서 양자의 호칭이 혼용되었던 사정을 반영하는 것이 아닐까 추정된다.

그렇다면 해군이라고 하는 호칭은 어떠한 배경하에서 출현하게 되었던 것일까? 해군이 후삼국시대에 출현하였다고 하는 사실은 특별한 의미를 갖는다고 생각된다. 그것은 단순히 기존의 주사나 수군과 다른 호칭이 등장하였다는 관념적인 수준에 국한되지 않는다. 해양에 대한 군사·경제적인 가치가 증대됨에 따라 서남해상에 대한 해상권 장악과 해상교통로를 보호하는 군사활동이 그 어느 시기보다도 중요시되던 전란기의 상황 속에서 수군을 운용하는 전략과 작전 방식에 실질적인 변화가 반영된 결과였다고 생각된다.

잘 알려진 것처럼, 수군을 이용한 군사작전은 삼국이 영토를 확장하던 시기에도 존재하였다. 대표적으로 신라의 하슬라주(何瑟羅州) 군주(軍主)였던 이사부(異斯夫)가 선단을 조직하여 동해 바다를 건너 우산국(于山國)을 복속(服屬)하였던 사례는 6세기 신라의 우수한 수군 활동 능력을 입증한다.[27] 하지만 신라의 우산국 복속은 특정한 지역을 목표로 하던 복속전이자 일시적인 활동으로 종료되었다. 신라는 삼국통일전쟁기와 나당전쟁기에 이르면서 더욱 적극적으로 수군활동을 전개하였다. 660년 백제를 정벌하기 위해 서해 덕물도(德物島)에 병선(兵船) 100척을 파견하여 당군(唐軍)을 맞이하였던 경우와[28]

27) 『三國史記』 권4, 지증마립간 13년. 신라의 수군활동은 다음 성과를 참조. 權悳永, 「三國時代 新羅의 海洋進出과 國家發展」 『STRATEGY 21』 제2권 2호, 1999 ; 趙二玉, 「新羅水軍制의 확립과 三國統一」 『STRATEGY 21』 제2권 2호, 1999 ; 고경석, 「신라 수군의 변화과정 연구」 『대외문물교류연구』 8, 2009 ; 정진술, 앞의 책, 2009 ; 權悳永, 「신라의 황해개척과 바다 경영」 『대외문물교류연구』 9, 2010.

676년 기벌포(伎伐浦)를 비롯한 서해 중부해역의 요충지에서 당군과 싸워 승리한 여러 차례의 해전은[29] 왕성한 신라의 수군활동을 입증하기에 부족함이 없다. 하지만 이러한 군사활동 역시 서해 중부라고 하는 특정한 해상 공간을 무대로 수행된 수군활동에 해당한다.

이에 비해 후삼국시대의 수군활동은 해상으로 원거리에 위치한 전략거점을 공략하는 원정작전을 중심으로 전개된 점이 특징적이다. 궁예정권이 나주와 서남해역에 산재한 도서지방을 공취한 경우, 고려가 남해안의 전략거점인 강주와 인근 지역을 공취한 사례, 후백제가 예성강 수역을 비롯한 서해 중·북부 해역을 공략하였던 사례는 모두 중앙정부와 멀리 떨어진 원거리 해상을 항해하여 벌인 원정작전에 해당한다. 수군활동이 단기간 내 제한된 해역을 중심으로 수행되어온 기존의 방식에서 벗어나 장기간 동안 원정작전을 중심으로 변화하게 된 것은 서남해안 지방의 해양전략적인 가치가 증가함에 따라 당 해역에 대한 해상권을 확보하는 것이 후삼국전쟁의 주도권을 장악하는 데 있어 무엇보다도 중대한 과제였기 때문이었다. 서해와 남해를 연결하는 원거리 해상교통로와 넓어진 해상 공간을 무대로 작전을 수행하는 방식은 이전 시대의 연근해 및 특정한 해역을 중심으로 수군을 운용하던 전략 개념과는 차원이 다르다. 이는 서해와 남해상을 작전 공간으로 하는 새로운 개념의 수군운용 전략을 요구하는 것이었고, 이러한 전략 개념은 중앙정부와 멀리 떨어진 해역에서 독자적으로 해상작전을 수행하는 부대의 출현을 예고하는 것이었다.

해군의 출현은 이처럼 장기간에 걸쳐 치러진 후삼국전쟁이라고

---

28) 『三國史記』 권5, 태종무열왕 7년.

29) 『三國史記』 권7, 문무왕 15년.

하는 특수한 시대적 분위기 속에서 그 단초가 마련되어졌다고 생각된다. 후삼국이 대치하던 현실에서 서남해안 지방에 대한 해상권을 얼마나 장기간에 걸쳐 지속적으로 확보·유지하느냐 하는 문제는 전쟁을 주도적으로 수행하는 데 있어 중요한 전략적 목표였다. 그런데 이러한 전략적인 목표 달성은 이전 시대부터 답습해오던 근거리 제한된 공간을 무대로 행해지던 수군활동 방식으로는 한계가 있는 것이었다. 서해와 남해상을 넘나들며 원거리 해상작전을 수행할 수 있는 군사적 역량과 전문적인 능력을 확보해야만 가능한 것이었다.

후삼국시대 궁예정권과 고려, 후백제는 독자적인 원거리 해상작전 능력을 갖춘 부대를 조직하여 중앙군의 핵심 병종으로 운용하였다. 후삼국전쟁이 종식되는 순간까지 궁예정권과 후백제, 고려와 후백제가 서남해안 지방에 대한 해상권을 장악하기 위해 끊임없는 대립과 쟁탈전을 반복하였음은 이를 입증한다. 지속적이면서도 장기간에 걸쳐 원정부대를 편성하여 운용해본 경험은 해상에서의 특수한 임무를 담당하는, 일명 '해군'으로 불리는 부대의 출현을 가능케 하였던 것이 아니었나 여겨진다. 다시 말해 원거리 해상 공간을 무대로 작전을 전담하는 부대인 '해상원정군'을 지속적으로 운용하던 경험 속에서 자연스럽게 '해군'이라는 호칭이 수군을 대신하게 되었던 것이 아닌가 여겨진다.[30]

당시에 운용된 해군의 규모는 후삼국전쟁 기간 동안 서해와 남해에서 수행된 궁예정권과 고려의 수군활동 기록을 통해 가늠해볼

---

30) 물론 경우에 따라서는 주사 혹은 수군으로 불리기도 하였다. 하지만 거듭된 원정작전을 수행하는 과정 속에 자연스럽게 해군으로 통칭되기에 이른 것이 아닌가 추정된다.

수 있다. 대체로 그 병력은 매 출정시마다 2천명 혹은 2천 5백명, 3천명 수준이었고, 전함은 최소 40척에서[31] 많을 경우에는 70~100척이[32] 하나의 작전을 수행하는 단위 부대로 참가하였다. 이들을 영솔하던 지휘관은 해군대장군과 해군장군, 해군장의 직함에 임명된 인물들이었다.

3. 통일 이후 해군의 변화 양상과 그 특징

고려는 해륙상의 요충지를 둘러싼 후백제와의 치열한 싸움을 종식시키고, 마침내 936년(태조 19)에 분열되었던 후삼국을 하나로 아우르는 통일을 이룩하였다. 이 과정에서 고려의 해군이 서해와 남해를 연결하는 해상교통로를 보호하고, 핵심 해역에 대한 해상권을 지속적으로 보장하기 위해 적극적인 활동을 전개하였음은 주지의 사실이다. 특히 통일을 목전에 둔 935년, 금산사(金山寺)를 탈출하여 나주로 도망해온 견훤이 고려 정부로 귀순을 요청해오자, 태조 왕건은 유금필(庾黔弼)을 파견하여 해로(海路)를 경유하여 호송해오도록 하였다.[33] 해군이 후삼국통일에 기여한 정치·군사적인 가치와 역할을 단적으로 보여주는 사례가 아닐 수 없다.

그런데 이처럼 후삼국전쟁에서 두드러졌던 해군의 활동상은 고려가 후삼국을 통일한 이후에는 잘 드러나지 않는다. 고려가 남방

---

31) 935년 견훤이 항복해오자 고려가 이를 호송해오기 위해 군선을 파견한 기록을 통해 확인된다(『高麗史』 권2, 세가2 태조 18년).

32) 궁예정권이 나주를 중심으로 수행한 수군활동에 나타난다(『高麗史』 권1, 세가1 태조 양 개평 3년 기사 ; 태조 건화 4년 갑술).

33) 주31과 같음.

지역을 평정하여 해상원정을 벌이지 않아도 되는 상황이었기 때문에 오히려 군사방위적으로 보다 관심을 두어야 할 지역은 서경(西京) 일대를 포함하는 북방 지역이었다. 더구나 오랜 전란을 극복하고 안정의 시대가 도래하였으므로 해군의 활동 규모가 축소되었을 것임은 어렵지 않게 짐작해볼 수 있다. 이러한 점은 기왕의 성과를 통하여 적절히 제시되어 왔다. 즉 고도의 기동성을 발휘하는 마군을 위주로 한 중앙군의 편제가 후삼국통일 이후 찾아온 평화로 인하여 비용 절감의 차원에서 평시체제에 걸맞게 보병 위주로 개편되었고,[34] 육군과 비교하여 상대적으로 비용이 많이 들고 또한 이전과 같이 후백제와 제해권을 다투어야 하는 상황이 사라졌기 때문에 수군 역시 축소되는 방향으로 재편성되었다고 한다.[35]

후삼국이 통일된 이후로 해군이 어떠한 변화를 겪게 되었는지는 분명하지 않다. 전란의 시대에서 평화의 시대로 전환된 상황에서 그 규모가 축소되었을 법하지만 과연 그랬는지,[36] 중앙군으로서의 위상은 그대로 유지되었던 것인지, 통일 이전에 수행하던 원정작전과 비교하여 임무와 역할 측면에서 발생한 변화는 무엇이었는지 구체적으로 밝혀진 내용이 없다. 이러한 의문점에 대해서는 11세기

34) 洪承基,「高麗初期 中央軍의 조직과 역할」『高麗軍制史』, 陸軍本部, 1983(『高麗政治史硏究』, 一潮閣, 2001, 190~193쪽).

35) 이창섭, 앞의 논문, 2005, 22~24쪽 ; 육군군사연구소, 앞의 책, 2012, 174~176쪽.

36) 중앙군으로서의 해군이 千牛衛 소속의 해령으로 한정되는 것인지는 분명치 않으나, 2군 6위 전체 45령 가운데 해령이 1령에 불과하였음은 해군의 규모와 위상이 후삼국전쟁기에 비해 하락했던 것으로 평가된다(이창섭, 위의 논문, 2005, 24쪽 ; 육군군사연구소, 위의 책, 2012, 175~176쪽). 원론적으로 타당한 견해라 생각되지만, 통일 이후 해군이 천우위 소속 해령에만 국한되었던 것인지는 의문이다.

초부터 간헐적으로 나타나는 해군과 관련한 기록을 통하여 제한적인 범위 내에서나마 추적해 볼 수 있다.

통일 이후 해군에 관한 기록은 한동안 뜸하다가 1018년(현종 9) 2월에 처음으로 나타난다. 현종(顯宗)이 "宣化門에 나아가 활쏘기를 사열하고, 海弩 二軍의 校尉·船頭 이하에게 차와 포를 주되 차등이 있게 하였다"[37]고 하는 기록이 그것이다. 비록 짤막한 기사지만 이를 통하여 다음과 같은 사실들을 유추해볼 수 있다. 우선 규모가 명확하지는 않지만, 일정한 병력으로 구성된 해군[38]이 중앙군으로 존재하고 있었다는 사실이다. 왕이 선화문(宣化門)에서 활쏘기를 사열하고, 해군(海軍)과 노군(弩軍)의 교위·선두 이하에게 차와 포를 차등있게 하사하였던 행위가 이를 말해준다. 이 기사에서 사열의 대상과 물품을 사여받은 해노 2군을 별개의 부대로 볼 여지도 있다. 하지만 해군과 노군이 모두 전투를 수행함에 있어 활과 쇠뇌를 주 무기로 운용하는 부대라는 사실을 감안한다면 그럴 가능성은 높지 않다고 생각된다. 현종이 무예 시험을 치르던 장소인[39] 선화문 앞에서 중앙군으로 편성된 해군과 노군들을 대상으로 활쏘기 능력을 사열하였고, 그 결과에 따라 차등 있게 포상을 실시한 것으로

---

37) 『高麗史』 권81, 지35 병1 현종 9년 2월. "御宣化門 閱射 賜海弩二軍校尉船頭以下茶布 有差". 동일한 기사의 내용이 같은 책 권4, 세가4 현종 9년 2월에도 나온다.

38) 이 기사의 해군에 대해서는 고려의 중앙군인 2군 6위 중 千牛衛에 속한 海領을 가리키는 것으로 파악하기도 한다(이기백·김용선, 『고려사 병지 역주』, 일조각, 2011, 75쪽). 그러나 이들이 활쏘기 능력을 사열받은 점으로 보아서는 왕의 호종이나 해상에서의 의장을 담당하였던 것으로 이해되고 있는 천우위의 해령 소속이었는지는 분명하지 않다. 혹 6위 중에서 다른 위에 편성되었을 가능성도 배제할 수 없다고 생각한다.

39) 『高麗史』 권81, 지35 병1 현종 9년 9월.

보여진다. 이러한 사실은 통일 이전과 마찬가지로 해군이 중앙군을 구성하는 부대로 편성되어 운용되었음을 알려준다. 다만 해군을 구성하던 병력들이 개경에 거주하던 지역민들을 동원하여 조직한 것인지, 지방으로부터 번상하는 체제로 운영되었는지는 기록상 분명치 않다.

다음으로 이들 해군이 수행하였던 임무와 역할이 무엇이었는지에 대해서도 짐작해볼 수 있다. 이는 현종이 해군을 대상으로 활쏘기 능력을 사열하였다는 점에서 단적으로 드러난다. 즉 해전을 수행하는 해군에게 있어 활쏘기 능력이 매우 중요하였기 때문에 왕이 주관하는 사열에서 그 성과를 측정하고 물품을 하사하였던 것으로 보여진다. 이렇게 본다면 중앙군에 편성된 해군의 임무와 역할은 해상에서의 전투를 주 목적으로 왕도(王都)로 통하는 예성강 수역을 포함하여 개경 앞 바다를 방위하는 것이 아니었나 여겨진다. 이는 후삼국전쟁 기간 동안 원거리를 항해하여 해상원정 작전을 벌였던 방식과는 차이가 있는 것으로 통일 이후로 변화된 해군의 운용 양상을 반영한다 하겠다. 물론 유사시와 같은 상황하에서는 해군이 해상원정을 수행하였을 가능성도 배제할 수 없다. 하지만 통일 뒤 안정기로 들어서면서부터 원정작전이 거의 실시되지 않았던 점을 고려한다면 해군은 개경 앞 바다를 방위하는 것을 주 임무로 수행하였던 것으로 추정된다.

일정한 규모의 해군이 개경 앞 바다를 방위하는 중앙군으로 활동하였던 실상과 운영 방식상에 나타나는 특징 등은 다음 기록을 통하여 좀 더 구체적으로 추론해볼 수 있다.

制하기를, '西京의 監軍과 分司御史는 猛軍과 海軍을 아울러 10領을

뽑아 上京의 예에 따라 매 1천명마다 선봉 3백명을 선발하여 郞將 1명으로 하여금 이들을 거느리게 하고, 인하여 左府에 속하게 하라'고 하였다.[40]

위는 1047년(문종 원년) 7월에 문종이 서경(西京)의 감군(監軍)과 분사어사(分司御史)에게 맹군(猛軍)과 해군을 합하여 10령(領)을 선발하게 한 뒤 좌부(左府)에 소속시키라는 교서를 내린 기사이다. 이 기사에서 유추해볼 수 있는 점은 다음 몇 가지이다. 첫째, 구체적인 수치는 확인할 수 없지만 중앙에서 서경의 감군과 분사어사를[41] 통하여 일정한 규모의 해군을 동원하고 있었다는 사실이다. 둘째, 이렇듯이 동원된 해군은 상경(上京)의 예에 따라 운용되고 있었다는 점이다. 셋째, 이들의 주된 임무는 개경과 서경의 해상 방위로 전투원으로서 역할을 수행하였다는 사실이다.

우선 문종 원년 당시 일정한 규모의 해군이 동원되었다는 점에 주목해보자. 이는 맹군과 해군을 합하여 10령을 선발한 사실을 통해 확인된다. 주지하듯이 고려전기의 중앙군인 2군 6위는 모두 45개의 령으로 구성되었고, 1령은 편제상 정원이 1천명이었다.[42] 이 원칙을 서경의 감군과 분사어사가 선발한 10령에 그대로 적용해 보면 맹군과 해군을 합하여 1만명을 선발한 셈이 된다. 이 1만명의 병력 중에서 해군이 얼마의 규모를 차지하고 있었는지는 확인할 길이 없다. 다만

40) 『高麗史』 권81, 지35 병1 문종 원년 7월. "制 西京監軍 與分司御史 選猛海軍共一十領 依上京例 每千人選先鋒三百 以郎將一人領之 仍屬左府".

41) 監軍은 서경 군대에 대한 감찰을 목적으로, 分司御史는 서경의 감시를 위해 설치한 감찰기관이다(이기백·김용선, 앞의 책, 2011, 90~91쪽).

42) 권영국, 「고려전기 중앙군의 성격」 『한국 전근대사의 주요 쟁점』(역사비평 편집위원회 편), 역사비평사, 2002, 199쪽.

분명하다고 생각되는 점은 비록 고려가 후삼국을 통일한 이후부터 문종 원년에 이르기까지 해상으로부터의 위협이 전 시대에 비하여 감소되는 추세였다고는 하지만, 바닷길로 연결되는 개경과 서경에 대한 방위는 여전히 중요하였을 것이라는 점이다. 이러한 점을 감안한다면 당시 서경 감군과 분사어사가 선발하여 좌부에 소속시켰던 1만명의 병력 중에는 적지 않은 해군 병력이 포함되었던 것으로 짐작된다.

선발된 해군의 운용은 상경의 예에 따르는 것을 원칙으로 하였다. 이는 선발된 해군이 상경의 예에 따라 매 1천명마다 3백명의 선봉을 선발한 다음 낭장 1명으로 하여금 이들을 지휘 통솔토록 하여 좌부에 소속시키는 방식으로 운용되어졌다는 사실을 통하여 확인할 수 있다. 여기서 선발된 해군이 소속되어 있던 좌부는 1178년(명종 8)에 서경의 좌우영(左右營)을 병조(兵曹)에 속하게 한 기록이 있는데,[43] 이때의 좌영(左營)은 곧 좌부를 말한다고 한다.[44] 이에 근거해 본다면 문종 원년 당시에 서경의 좌부에 속해 있던 해군은 얼마 후에 있을 개경으로의 상경을 위해 잠시 대기하고 있던 병력으로 이해된다. 이미 선발되어 개경에서 복무하고 있던 해군과 교대하기 위한 병력이었던 셈이다. 그런데 선발된 병력이 한꺼번에 모두 상경하였을지는 의문이다. 상경하는 병력 이외에도 서경으로 통하는 대동강 수역과 그 주변 해역을 방위하는 병력이 있어야 하기 때문이다. 이런 점을 고려한다면 모집된 병력 중에서 일부는 서경에 남아 당 해역을 방위하는 지방군으로서의 임무를 수행하였던 것으로 여겨진다. 이러한 사실은 개경의 해상 방위를 위해 동원되었던 해군

43) 『高麗史』 권77, 백관2 외직 서경유수관 명종 8년.
44) 이기백·김용선, 앞의 책, 2011, 91쪽 주151.

이 남도 지방의 주현군(州縣軍)이 번(番)에 따라 상경하여 중앙군을 구성하였다고 하는 원리와 유사하게 운용되었던 사정을 반영하는 것으로,[45] 통일 이전의 해군 운용 양상과는 또 다른 특징이라 할 수 있다.

상경하여 중앙군에 편성되었거나 서경에 상경을 위해 대기하던 해군이 수행하였음직한 임무와 역할은 해상에서의 전투와 방위였을 것이다. 맹군이 전투부대적인 성격을 띤 군인이고,[46] 선발된 10령을 대상으로 "매 1천명마다 선봉 3백명을 선발하였다"고 하는 기사는 그러한 임무를 주 목적으로 하였음을 짐작케 한다. 수도인 개경 및 서경으로 통하는 해역과 예성강 및 대동강 수역을 대상으로 초계와 정찰, 해상전투를 실시하는 것을 주된 임무로 수행하였을 것이다.

해군은 해상에서의 전투와 초계·정찰 임무 이외에도 이따금씩 서북계 지역을 해상으로 오가며 군사활동에 요구되는 군자(軍資)를 수송하는 임무도 담당하였던 것 같다. 비슷한 시기인 1044년(정종 10) 2월의 기록을 보면, "예성강의 병선 180척으로 군자(軍資)를 실어 나르게 하여 서북계(西北界)의 주진(州鎭) 창고를 채웠다"[47]는 기사가 전한다. 비록 군자를 운송한 부대가 명시되지 않아 확인하긴 어렵지만, 해군이 그러한 역할을 수행하였을 개연성은 높다고 생각된다.

한편 중앙군 중에는 해상 방위가 아닌 특수한 임무를 담당하는

45) 실제 남도지방의 주현군이 중앙의 해군을 구성하는 병력으로 동원된 구체적인 사례는 확인되지 않는다. 서경에서 행해진 위 기록이 유일하다.

46) 이혜옥, 「고려전기의 軍役制－保勝·精勇을 중심으로」『國史館論叢』 46, 國史編纂委員會, 1993, 8쪽.

47) 『高麗史』 권82, 지36 병2 둔전 정종 10년 2월. "以禮成江兵船一百八十艘漕轉軍資 以實西北界州鎭倉廩".

해군도 존재하였다. 이는 후삼국통일 이후로 정비된 고려의 중앙군 관련 기록을 통하여 살펴볼 수 있다. 아래 기록을 보자.

> 2軍은 鷹揚軍 1령, 龍虎軍 2령이다. 6衛는 左右衛 保勝 10령과 精勇 3령, 神虎衛 보승 5령과 정용 2령, 興威衛 보승 7령과 정용 5령, 金吾衛 정용 6령과 役領 1령, 千牛衛 常領 1령과 海領 1령, 監門衛 1령이다.[48]

위는 고려전기 중앙군으로 운영한 2군 6위의 부대 편성을 전하는 『고려사』 병지(兵志) 병제의 기록이다. 관련 기록과 기왕의 연구성과를 통해 잘 알려진 바와 같이,[49] 고려전기의 군사조직은 2군 6위를 근간으로 하는 중앙군과 남도 지방을 방어하는 주현군, 동계(東界)와 북계(北界) 지역을 방위하는 주진군(州鎭軍)으로 구성되었다. 중앙군은 응양군(鷹揚軍)과 용호군(龍虎軍)을 중심으로 하는 2군과 좌우위(左右衛), 신호위(神虎衛), 흥위위(興威衛), 금오위(金吾衛), 천우위(千牛衛), 감문위(監門衛) 등 6위로 편성되었으며, 핵심 병력은 보승(保勝)과 정용(精勇)이었다. 중앙군의 성립 시기에 대해서는 대체로 2군은 목종(穆宗)대 혹은 현종 초년에,[50] 6위는 성종 14년(995)에[51] 성립된

---

48) 『高麗史』 권81, 지35 병1 병제. “二軍 鷹揚軍一領 龍虎軍二領 六衛 左右衛保勝十領精勇三領 神虎衛保勝五領精勇二領 興威衛保勝七領精勇五領 金吾衛精勇六領役領一領 千牛衛常領一領海領一領 監門衛一領”.

49) 고려전기 중앙군 연구동향은 洪元基, 『高麗前期軍制研究』, 혜안, 2001, 11~23쪽 ; 권영국, 앞의 논문, 2002, 199~216쪽 ; 육군군사연구소, 앞의 책, 2012, 62~115쪽 참조.

50) 李基白, 『高麗兵制史研究』, 一潮閣, 1968, 78~79쪽 ; 洪承基, 앞의 책, 2001, 197~202쪽 ; 정경현, 앞의 논문, 2002, 286쪽.

51) 李基白, 위의 책, 1968, 78~79쪽. 최근에는 『고려사』·『고려사절요』의 태조 2년에 6위가 설치되었다는 기록을 신뢰하여 919년으로 파악하는 새로운 견해가 제시되었다(김종수, 「고려 태조대 6위 설치와 군제 운영」 『軍史』

것으로 파악되고 있다.

중앙군 소속의 해군이 특수 임무를 수행하였던 사실과 연관하여 주목되는 것은 천우위에 속한 해령(海領) 1령의 존재이다. 천우위는 국왕의 신변 경호를 담당하는 부대를 말한다. 천우위 소속 장군의 명칭이 천우대장군(千牛大將軍), 천우비신장군(千牛備身將軍), 비신장군(備身將軍) 등으로 나타나는데,[52] 비신(備身)은 곧 신변 경호를 뜻하는 말이다. 원래 천우란 국왕을 경호하는 데 쓰는 칼로서 중국에서는 천우도(千牛刀)를 가지고 국왕을 호위하는 군사들을 천우위 혹은 천우비신(千牛備身)이라 하였다.[53] 고려에서도 천우위장군의 별칭이 천우비신장군이었다. 이규보(李奎報)가 지은 『동국이상국집(東國李相國集)』에는 천우위가 왕을 숙위 시종하는 부대이기 때문에 해당 군사들은 주로 고관 자제들 가운데 용모가 수려한 자를 선발하였다고 한다.[54]

천우위가 국왕을 경호하는 부대였음은 그 소속의 해령이 어떠한 역할을 담당한 부대였는가를 짐작케 한다. 이 해령에 대해서는 왕의 시종을 위한 특수 목적하에서 조직된 수군이었다는 견해가[55] 이른 시기부터 제시되었다. 근래에는 좀더 구체적으로 바다에서 왕을 시종하거나 중국 사신이 해로를 통해 개경에 들어올 때 빈객 접대와 같은 일을 담당하던 수군(혹은 해군)으로 이해되고 있다.[56] 나아가

88, 2013, 3~10쪽).

52) 『高麗史』 권72, 志26 여복 의위.

53) 鄭景鉉, 앞의 논문, 1992, 106쪽 ; 육군군사연구소, 앞의 책, 2012, 114쪽.

54) 『東國李相國集』 권33, 敎書 批答 詔書 申宣胄讓千牛衛攝大將軍不允批答.

55) 李基白, 「高麗 兩界의 州鎭軍」 『高麗兵制史硏究』, 一潮閣, 1968, 90쪽.

56) 鄭景鉉, 앞의 논문, 1992, 106쪽 ; 이혜옥, 앞의 논문, 1993, 12쪽. 일종의 특수령으로 왕실 시위를 비롯하여 도성의 안전, 왕실의 특수 의장과 같은 임무를 담당한 것으로 보기도 한다(洪元基, 앞의 책, 2001, 106쪽).

가장 최근에는 고려에서 해로를 통한 대송(對宋) 사행 시에 해령 소속의 수군이 파견되어 임무를 수행하였고, 송나라에서 바다를 건너 고려에 들어온 사신을 맞이할 때에 이들을 영접하는 의전 행사를 주관하였다고 한다.[57] 결국 이러한 성과들에 의지해본다면 중앙군인 천우위 소속의 해령 1천명은 해상에서 국왕의 호종이나 외국과의 사신 왕래 시에 안전한 호위와 의례를 전담하는 역할을 담당하던 해군 부대로 요약될 수 있다.

사신의 왕래에 따른 호위와 해상 의례는 개경 뿐만 아니라 인접한 서경에서도 이루어졌던 것 같다. 고려가 건국 초부터 서경을 제2의 수도로 건설하여 위상을 높였던 점을 감안한다면 대동강 유역을 경유하는 사행도 제법 있었을 것이다. 이들에 대한 안전한 호송이나 해상에서의 의례는 당연히 중요한 사안으로 인식되었을 것이다. 그리고 그와 관련된 임무와 역할은 서경의 군사조직에 편성되어 있던 해군들이 수행하였을 것이다. 『고려사』에는 주현군으로 북계의 서경을 방호하기 위해 총 9,572명의 병력이 배치된 기록이 전하는데, 흥미로운 점은 여기에 50명으로 구성된 해군 1대(隊)가 포함되어 있다는 사실이다.[58] 고려의 주진군 중에서 50명에 불과한 해군이 오직 서경에만 편성되어 있었다는 것은 특별한 이유 때문이었던 것으로 짐작된다. 왜냐하면 50명에 불과한 병력으로는 전투 임무를

57) 이창섭이 최근 연구성과에서 상세하게 검토하였다. 이창섭, 「對宋 외교 활동에 참여한 고려 수군-破閑集과 高麗圖經에 나타나는 사례를 중심으로」 『史叢』 83, 2014, 32~50쪽.

58) 『高麗史』 권83, 지37 주현군 북계 서경. "精勇一領內 都領別將一人 左右府別將各二人 校尉十人 隊正二十人 旗頭行軍 幷九百七十人 保昌雜軍十九隊內 行首行軍 幷九百三十一人 海軍一隊內 行首一人 行軍四十九人 元定兩班軍閑人雜類都計九千五百七十二丁".

수행하기 어려웠을 것이다. 아마도 이들이 수행한 임무는 개경에 있던 천우위 소속 해군이 수행하였던 그것과 별반 차이가 없었을 것이다.[59)]

이처럼 2군 6위 중앙군의 하나인 천우위에는 해령이라는 해상에 특수한 임무를 담당하는 부대가 존재하였다. 이 부대의 구성은 해군이었고, 이들이 담당하던 임무는 해상에서 국왕을 호종하거나 외국과의 사행 시 이들을 호위 및 의례를 수행하는 것이었다. 이러한 해군은 서경에도 배치되어 활동하였다. 개경과 서경의 군사조직에 편성된 이들 해군은 특수한 지역에서 해상을 무대로 특별한 임무를 수행해야 했으므로 일반 농민군인 보승이나 정용처럼 번상하지 않고 중앙에 거주하는 전업적인 형태를 취할 수밖에 없었다.[60)] 또한 이들이 수행하던 임무는 정치적으로나 외교적으로도 그 중요성이 높았기 때문에 고려 정부는 임무 수행의 안정성을 높이고, 경제적인 생활 여건을 보장해주기 위해 전시과(田柴科)의 규정에 따라 군인전(軍人田)을 지급하였다.[61)]

59) 국왕이 서경에 행차하였을 때 대동강 같은 데서 시위하는 임무를 맡았던 특수부대였을 것으로 파악하기도 한다(李基白, 앞의 책, 1968, 256쪽).

60) 鄭景鉉, 앞의 논문, 1992, 106쪽 ; 洪元基, 앞의 책, 2001, 106쪽.

61) 『高麗史』 권78, 지32 식화1 전제 시지 문종 23년 10월. “判 軍人年老身病者 許令子孫親族代之 無子孫親族者 年滿七十 閒屬監門衛 七十後 只給口分田五結 收餘田 至於海軍 亦依此例”. 해령 소속의 해군이 전시과 군인전의 지급 대상이었음은 다음 논고를 참조. 鄭景鉉, 앞의 논문, 1992, 40쪽 및 107쪽 ; 洪元基, 앞의 책, 2001, 105쪽.

4. 맺음말

후삼국전쟁기에 궁예정권과 고려, 후백제는 시기적으로 차이가 있지만, 마군, 보군과 더불어 해상작전을 수행하는 해군을 중앙군을 구성하는 하나의 부대로 조직하여 운영하였다. 궁예의 치하에서 활약한 왕건이 909년에 해군대장군의 직함을 띠고 나주에 출정한 경우와 927년 영창과 능식 등이 해군장군으로 강주를 원정한 사례, 해군장의 직함을 지닌 후백제의 상애 등이 예성강 수역을 공략한 사례는 이를 뒷받침하는 직접적이면서도 중요한 증거들이다. 물론 또 다른 기록에는 수군, 수군장수, 주사라고 하는 표현도 여전히 공존한다. 이는 후삼국전쟁이 진행되는 과정에서 원정작전을 전담하던 부대에 대해 해군이라고 하는 새로운 호칭을 부여하였음에도 불구하고 이전 시기부터 사용해 오던 주사와 수군이 존속하는 상황에서 혼용되고 있던 사정을 반영한다.

후삼국전쟁기에 해군은 단순히 새로운 호칭이 등장하였다는 관념적인 수준에 국한되지 않는다. 해양에 대한 군사·경제적인 이용가치가 증대됨에 따라 발생하는 군사상의 실질적인 변화를 반영하는 것이었다. 그 변화는 서해와 남해상을 작전 공간으로 하는 새로운 군사적 역량에 기반한 전략 개념을 요구하는 것이었고, 이러한 전략 개념은 중앙정부와 멀리 떨어진 해역에서 독자적인 해상작전을 수행하는 작전운용 개념과 실제 그것을 전담하는 부대의 출현을 의미하는 것이었다. 이전 시대와 달리 후삼국시대의 수군활동은 해상으로 원거리에 위치한 전략거점을 공략하는 원정작전을 중심으로 전개된 것이 특징적인데, 해군의 출현은 바로 이러한 방향으로 전략 및 해상작전 개념이 변화된 것에서 비롯한다. 지속적이면서도 장기간에 걸쳐 원거리 해상작전을 전담하는 부대를 운용하던 경험 속에서 '해군'으로 호칭되는 부대의 출현이 가능하였던 것이다.

후삼국통일 이후 해군에 나타나는 두드러진 변화와 특징은 원정작전이 현저하게 감소하고, 다양한 공간과 임무 수행에 부합하게 운용된 점이다. 우선 해군 중에는 해상에서의 전투를 주 목적으로 개경으로 통하는 예성강 수역과 주변 해역을 방위하는 중앙군이 존재하였다. 이들은 서경 감군과 분사어사가 상경의 예에 따라 병력을 선발하여 좌부에 배속시켰던 사례를 통해 알 수 있듯이, 번상을 원칙으로 운영되었다. 선발된 군사 중 서경에 남아 있던 병력들은 서경으로 통하는 해역을 방위하는 임무를 수행하였다.

이와 함께 개경에서 군무에 종사하던 중앙군 중에는 해상 방위가 아닌 특수한 임무를 수행하는 해군도 존재하였다. 중앙군 2군 6위 천우위에 속한 해령 1령이 그것으로, 이는 1천명의 병력으로 구성된 해군을 말한다. 해령 소속의 해군은 해상에서 국왕을 호종하거나 외국과의 사신 왕래시 호위와 의례를 전담하는 임무를 수행하였다. 이러한 임무를 수행하는 해군은 개경 뿐만아니라 인접한 서경에도 배치되어 활동하였다. 그 수효는 불과 1대(隊) 50명으로 개경에 비해 현저히 적은 규모였다. 중앙군인 해령에 속한 해군과 서경에 독립적으로 편성된 해군은 특수한 지역에서 해상을 무대로 하는 특별한 임무를 수행해야 했으므로 번상하는 체제가 아닌 중앙에 거주하면서 임무를 수행하는 전업적인 형태를 취할 수 밖에 없었다. 이들이 수행하던 임무는 정치·외교적으로 그 중요성이 높았기 때문에 임무 수행의 안정성을 높이고, 경제적인 생활을 보장하기 위해 전시과의 규정에 따라 군인전을 지급하였다.

한편 이렇듯이 활동하던 해군은 문종대 이후로는 고려측 사서에서 그 자취를 감추고 더 이상 나타나지 않는다. 다만 1123년(인종 원년) 송나라 국신사(國信使)의 일행으로 고려에 도착한 서긍(徐兢)이 송도(松都)에 체류하면서 직접 보고 겪은 견문을 정리한 사행보고서인[62) 『선화봉사고려도경(宣和奉使高麗圖經)』에 한 구절 나타날 뿐이다.[63) 『고려도경』에 보이는 해군의 존재를 인정한다고 하더라도 인종대 이후로 해군이 역사 기록에 나타나지 않는 이유는 모호하기만하다. 2군 6위를 근간으로 하는 중앙군이 붕괴되는 현상과 지역별 수군 중심의 해방체제가 정비되어 가는 과정과 관련성이 있다고 생각되지만 특정하기는 어렵다. 해군의 소멸 과정에 대해서는 추후의 진전된 연구를 통해 보완하고자 한다.

---

62) 宋寅州, 「高麗圖經에 서술된 군제관련 記事의 검토」『한국중세사연구』 12, 2002, 161쪽.

63) '龍虎下海軍'으로 나타난다(『宣和奉使高麗圖經』 권12, 장위2 용호하해군).

참고문헌

1. 자료

『三國史記』
『三國遺事』
『高麗史』
『高麗史節要』
『宣和奉使高麗圖經』
『太祖實錄』
『世宗實錄』
『新增東國輿地勝覽』
『增補文獻備考』
『東國通鑑』
『東國李相國集』
『擇里志』
『舊唐書』
『新唐書』
『資治通鑑』
『隋書』
『魏書』
『入唐求法巡禮行記』
『日本書紀』
『孫子兵法』
『六韜』

國史編纂委員會, 『中國正史朝鮮傳 譯註』(一·二), 1988.

東亞大學校 古典硏究室, 『譯註高麗史』 1, 東亞大學校出版社, 1965.

李丙燾, 『國譯 三國史記』, 乙酉文化社, 1977.

임원빈·김주식·이민웅·정진술, 『고려시대 수군관련 사료집』, 신서원, 2004.

張東翼, 『日本古中世 高麗資料 硏究』, 서울대학교출판부, 2004.

한국역사연구회, 『譯註 羅末麗初金石文』(上·下), 혜안, 1996.

2. 저서

강봉룡, 『바다에 새겨진 한국사』, 한얼미디어, 2005.

姜永五, 『海洋戰略論－理論과 適用』, 韓國海洋戰略硏究所, 1998.

곽유석, 『고려선의 구조와 조선기술 연구』, 민속원, 2012.
국토지리정보원, 『한국지명유래집(충청편)』, 2015.
權悳永, 『古代韓中外交史－遣唐使 硏究』, 一潮閣, 1997.
권덕영, 『재당 신라인사회 연구』, 일조각, 2005.
金甲童, 『羅末麗初의 豪族과 社會變動 硏究』, 高麗大民族文化硏究所, 1990.
김갑동, 『고려전기 정치사』, 일지사, 2005.
김갑동, 『고려의 후삼국 통일과 후백제』, 서경문화사, 2010.
김경옥, 『朝鮮後期 島嶼硏究』, 혜안, 2004.
김명진, 『고려 태조 왕건의 통일전쟁 연구』, 혜안, 2014.
金庠基, 『高麗時代史』, 東國文化社, 1961.
金庠基, 『高麗時代史』, 서울대학교출판부, 1985.
김용선 엮음, 『궁예의 나라 태봉－그 역사와 문화』, 일조각, 2008.
김정배 편 『한국고대사 입문 3－신라와 발해』, 신서원, 2006.
金州植, 『西歐海戰史』, 淵鏡文化社, 1995.
金在瑾, 『韓國船舶史硏究』, 서울대학교출판부, 1984.
金在瑾, 『우리 배의 歷史』, 서울대학교출판부, 1989.
金在瑾, 『韓國의 배』, 서울大學校出版部, 1994.
金昌謙, 『新羅 下代 王位繼承 硏究』, 景仁文化社, 2003.
김창석, 『삼국과 통일신라의 유통체계 연구』, 일조각, 2004.
金哲俊, 『韓國古代社會硏究』, 知識産業社, 1975.
金哲俊, 『韓國古代社會硏究』, 서울大學校出版部. 1990.
김형주, 『김형주의 부안이야기 1』, 밝, 2003.
南都泳, 『韓國馬政史』, 마사박물관, 1996.
도다 도세이 지음·윤준칠 옮김, 『무기와 방어구』, 들녘, 2004.
라이오넬 카슨 지음·김훈 옮김, 『고대의 배와 항해 이야기』, 가람기획, 2001.
류영철, 『高麗의 後三國 統一過程 硏究』, 景仁文化社, 2004.
문경호, 『고려시대 조운제도 연구』, 혜안, 2014.
文暻鉉, 『高麗太祖의 後三國統一硏究』, 螢雪出版社, 1987.
문안식·이대석, 『한국고대의 지방사회－영산강유역의 역사와 문화를 중심으로』, 혜안, 2004.
문안식, 『후백제 전쟁사 연구』, 혜안, 2008.
閔賢九, 『高麗政治史論－統一國家의 확립과 獨立王國의 시련』, 고려대학교출

판부, 2004.
白奇寅, 『中國軍事制度史』, 國防軍史研究所, 1998.
베리 스트라우스 지음·이순호 옮김, 『살라미스 해전』, 갈라파고스, 2006.
卞麟錫, 『白江口戰爭과 百濟·倭 관계』, 한울, 1994.
邊太燮, 『高麗政治制度史研究』, 一潮閣, 1971.
邊太燮 編, 『高麗史의 諸問題』, 三英社, 1985.
杉山正明 지음·이진복 옮김, 『유목민이 본 세계사』, 학민사, 1999.
서영일, 『신라 육상 교통로 연구』, 학연문화사, 1999.
宋基豪, 『渤海政治史研究』, 一潮閣, 1995.
申虎澈, 『後百濟 甄萱政權研究』, 一潮閣, 1983.
申虎澈, 『後三國時代 豪族研究』, 개신, 2002.
신호철, 『후삼국사』, 개신, 2008.
아더 훼릴 저·이춘근 역, 『전쟁의 기원』, 인간사랑, 1990.
알프레드 세이어 마한 지음·김주식 옮김, 『해양력이 역사에 미치는 영향』 1, 책세상, 1999.
역사비평 편집위원회, 『한국 전근대사의 주요 쟁점』, 역사비평사, 2002.
오붕근, 『조선수군사』, 한국문화사, 1998.
육군군사연구소, 『한국군사사 ③』(고려Ⅰ), 경인문화사, 2012.
陸軍本部, 『韓國古戰史 2』(中世篇), 1976.
陸軍本部, 『高麗軍制史』, 1983.
윤명철, 『한민족의 해양활동과 동아지중해』, 학연문화사, 2002.
윤명철, 『한국해양사』, 학연문화사, 2003.
尹薰杓, 『麗末鮮初 軍制改革研究』, 혜안, 2000.
李基東, 『新羅骨品制社會와 花郎徒』, 一潮閣, 1984.
李基東, 『新羅社會史研究』, 一潮閣, 1997.
李基白, 『高麗兵制史研究』, 一潮閣, 1968.
李基白, 『新羅政治社會史研究』, 一潮閣, 1974.
李基白, 『高麗貴族社會의 形成』, 一潮閣, 1990.
이기백·김용선, 『고려사 병지 역주』, 일조각, 2011.
이도학, 『궁예 진훤 왕건과 열정의 시대』, 김영사, 2002.
이도학, 『후삼국시대 전쟁 연구』, 주류성, 2015.
李文基, 『新羅兵制史研究』, 一潮閣, 1997.

李丙燾, 『韓國史』(中世篇), 乙酉文化社, 1961.
李丙燾, 『高麗時代의 硏究』, 乙酉文化社, 1984.
李樹建, 『韓國中世社會史硏究』, 一潮閣, 1984.
이에인 딕키·마틴 J. 도헤티·필리스 J. 제스티스·크리스터 외르겐센·롭 S. 라이스 지음·한창호 옮김, 『해전(海戰)의 모든 것』, Human & Books, 2010.
李貞薰, 『高麗前期 政治制度 硏究』, 혜안, 2007.
李宗峯, 『韓國中世度量衡制硏究』, 혜안, 2001.
李鍾旭·李基白·申虎澈·鄭萬祚·柳永烈, 『韓國史上의 政治形態』, 一潮閣, 1993.
李載龒, 『朝鮮時代社會史硏究』, 一潮閣, 1984.
이재범, 『슬픈 궁예』, 푸른역사, 1999.
李在範, 『후삼국시대 궁예정권 연구』, 혜안, 2007.
임용한, 『전쟁과 역사-삼국편』, 혜안, 2001.
張東翼, 『日本古中世日本資料硏究』, 서울대학교출판부, 2004.
張學根, 『韓國 海洋活動史』, 海軍士官學校, 1994,
장학근, 『고려의 북진정책사』, 국방부 군사편찬연구소, 2004.
全基雄, 『羅末麗初의 政治社會와 文人知識人』, 혜안, 1996.
전북전통문화연구소 편, 『후백제 견훤정권과 전주』, 주류성, 2001.
정진술, 『한국 해양사』(고대편), 景仁文化社, 2009.
정진술·이민웅·신성재·최영호, 『다시 보는 한국해양사』, 신서원, 2008.
鄭清柱, 『新羅末高麗初 豪族硏究』, 一潮閣, 1996.
조인성, 『태봉의 궁예정권』, 푸른역사, 2007.
존 워리 지음·김웅 옮김, 『서양 고대 전쟁사 박물관』, 르네상스, 2006.
蔡雄錫, 『高麗時代의 國家와 地方社會-'本貫制'의 施行과 地方支配秩序』, 서울대학교출판부, 2000.
青木榮一 著·崔在洙 譯, 『시 파워의 世界史 ①-海軍의 誕生과 帆走海軍의 發達』, 韓國海事問題硏究所, 1995.
최근식, 『신라해양사연구』, 고려대학교출판부, 2005.
최근영, 『統一新羅時代의 地方勢力硏究』, 신서원, 1990.
崔圭成, 『高麗 太祖 王建 硏究』, 주류성, 2005.
崔碩男, 『韓國水軍史硏究』, 鳴洋社, 1964.
崔碩男, 『韓國水軍活動史』, 鳴洋社, 1965.

최성락 編著, 『榮山江流域의 古代社會』, 學研文化社, 1999.
충남대학교 백제연구소, 『후백제와 견훤』, 서경문화사, 2000.
忠南大學校 百濟研究所, 『百濟史上의 戰爭』, 書景文化社, 2000.
하야시 미나오 지음·이남규 옮김, 『고대 중국인 이야기』, 솔, 1998.
하일식, 『신라 집권 관료제 연구』, 혜안, 2006.
河炫綱, 『韓國中世史研究』, 一潮閣, 1988.
河炫綱, 『韓國中世史論』, 新丘文化社, 1989.
한국고대사연구회, 『신라말 고려초의 정치·사회변동』, 신서원, 1994.
한국중세사학회 편, 『고려 중앙정치제도사의 신연구』, 혜안, 2009.
韓圭哲, 『渤海의 對外關係史』, 신서원, 1994.
한정훈, 『고려시대 교통운수사 연구』, 혜안, 2013.
海軍本部 戰史編纂官室, 『大韓民國海軍史』 行政編 第1輯, 1954.
海軍本部 政訓監室, 『韓國海洋史』, 1954.
海軍本部 政訓監室, 『韓國海戰史』 上, 1962.
海洋戰略研究部, 『世界海戰史』, 海軍大學, 1998.
海洋戰略研究部, 『韓國海戰史』, 海軍大學, 2007.
許善道, 『朝鮮時代 火藥兵器史研究』, 一潮閣, 1994.
許進雄 지음·洪熹 옮김, 『중국고대사회』, 東文選, 1991.
호남사학회, 『고려의 후삼국통합과정과 나주』, 景仁文化社, 2013.
洪承基 編, 『高麗 太祖의 國家經營』, 서울대학교출판부, 1996.
洪承基, 『高麗政治史研究』, 一潮閣, 2001.
洪元基, 『高麗前期軍制研究』, 혜안, 2001.
黃善榮, 『高麗初期 王權研究』, 東亞大學校出版部, 1988.

3. 연구 논문

강문석, 「철원환도 이전의 궁예정권 연구」『역사와 현실』 57, 2004.
강봉룡, 「영산강유역 고대사회와 나주」『榮山江流域의 古代社會』, 學研文化社, 1999.
姜鳳龍, 「務安郡의 水軍鎭과 烽燧의 設置 背景」『務安郡의 水軍鎭과 烽燧』, 務安文化院, 2000.
姜鳳龍, 「押海島의 번영과 쇠퇴－고대·고려시기의 압해도」『島嶼文化』 18,

2000.

姜鳳龍,「甄萱의 勢力基盤 擴大와 全州 定都」『후백제 견훤정권과 전주』, 주류성, 2001.

姜鳳龍,「後百濟 甄萱과 海洋勢力－王建과의 海洋爭覇를 중심으로」『歷史教育論集』83, 2002.

姜鳳龍,「羅末麗初 王建의 西南海地方 掌握과 그 背景」『島嶼文化』21, 2003.

姜喜雄,「高麗 惠宗朝 王位繼承亂의 新解釋」『韓國學報』7, 1977.

高慶錫,『淸海鎭 張保皐勢力 硏究』, 서울大學校 博士學位論文, 2006.

고경석,「신라 수군의 변화과정 연구」『대외문물교류연구』8, 2009.

곽유석,『高麗船의 構造와 造船技術 硏究』, 木浦大學校 博士學位論文, 2010.

權悳永,「三國時代 新羅의 海洋進出과 國家發展」『STRATEGY 21』제2권 2호, 1999.

권덕영,「後百濟의 海外交涉 活動」『후백제와 견훤』, 서경문화사, 2000.

권덕영,「신라 하대 서·남해 海賊과 張保皐의 해상활동」『대외 문물교류 연구』창간호, 2002.

권덕영,「장보고와 동아시아 해역의 해적」『재당 신라인사회 연구』, 일조각, 2005.

權悳永,「新羅下代 西·南海域의 海賊과 豪族」『韓國古代史硏究』41, 2006.

權悳永,「신라의 황해개척과 바다 경영」『대외문물교류연구』9, 2010.

권영국,「고려전기 軍役制의 성격과 운영」『國史館論叢』87, 1999.

권영국,「고려전기 중앙군의 성격」『한국 전근대사의 주요 쟁점』, 역사비평사, 2002.

권영국,「고려 초 徇軍部의 설치와 기능의 변화」『韓國史硏究』135, 2006.

권영국,「고려 초기 兵部의 기능과 지위」『史學硏究』88, 2007.

권영국,「고려 초기 장군직의 기능과 성격」『숭실사학』27, 2011.

金甲童,「高麗建國期의 淸州勢力과 王建」『韓國史硏究』48, 1985.

金甲童,「高麗太祖와 後百濟 神劒의 전투」『滄海朴秉國教授停年紀念史學論叢』, 1994.

김갑동,「後百齊 甄萱의 戰略과 領域의 變遷」『후백제 견훤정권과 전주』, 주류성, 2001.

金甲童,「高麗時代 羅州의 地方勢力과 그 動向」『한국중세사연구』11, 2001.

金甲童,「후백제의 멸망과 견훤」『韓國史學報』12, 2002.

金甲童, 「高麗太祖 初期의 中央官府와 支配勢力」『史學硏究』 71, 2003.
김갑동, 「고려의 건국 및 후삼국통일의 민족사적 의미」『한국사연구』 143, 2008.
金光洙, 「羅末麗初의 地方學校問題」『韓國史硏究』 7, 1972.
金光洙, 「羅末麗初의 豪族과 官班」『韓國史硏究』 23, 1979.
金光洙, 「高麗建國期 一國家意識의 理念的 基礎」『高麗史의 諸問題』, 三英社, 1985.
金南奎, 「高麗의 水軍制度」『高麗軍制史』, 陸軍本部, 1983.
金到勇, 「弓裔 勢力形成考」『東義史學』 2, 1985.
金杜珍, 「弓裔의 彌勒世界」『韓國史市民講座』 10, 一潮閣, 1992.
김대중, 「王建의 後三國統一과 羅州의 戰略的 位相」『고려의 후삼국통합과정과 나주』, 景仁文化社, 2013.
김명진, 「高麗太祖의 一利川戰鬪와 諸蕃勁騎」『한국중세사연구』 25, 2008.
김명진, 「太祖王建의 나주 공략과 압해도 능창 제압」『도서문화』 32, 2008.
金明鎭, 『高麗 太祖 王建의 統一戰爭 硏究』, 慶北大學校 博士學位論文, 2009.
김상기, 「고려 태조의 건국과 경륜」『국사상의 제문제』 1·2, 1959.
金庠基, 「羅末 地方群雄의 對中交通」『黃義敦先生古稀紀念史學論叢』, 東國大出版部, 1960.
金成煥, 「竹州의 豪族과 奉業寺」『文化史學』 11·12·13, 1999.
金壽泰, 「全州 遷都期 甄萱政權의 變化」『韓國古代史硏究』 13, 1999.
金順子, 「고려와 동아시아」『한국역사입문②』, 풀빛, 1994.
김순자, 「고려전기 대중국관계사 연구의 현황」『역사와 현실』 43, 2002.
김종수, 「고려 태조대 6위 설치와 군제 운영」『軍史』 88, 2013.
金周成, 「高麗初 淸州地方의 豪族」『韓國史硏究』 61·62, 1988.
金周成, 「신라말·고려초 지방지식인」『湖南文化硏究』 19, 1990.
김주성, 「후백제 견훤과 전주」『전주의 역사와 문화』, 주류성, 2000.
金州植·鄭鎭述, 「張保皐와 李舜臣 兩時代의 海洋史的 連繫人物 硏究－王建 海上勢力의 成長과 羅州海戰을 중심으로」『海洋硏究論叢』 25, 2001.
김주식 역, 「동양 선박의 충각과 장갑 그리고 쇠갈고리 : 해전의 근접전과 사격전」『SRATEGY 21』 10권 1호, 한국해양전략연구소, 2007.
金哲俊, 「弓裔와 甄萱」『史學會誌』 3, 1963.
金哲俊, 「後三國時代의 支配勢力의 性格에 대하여」『李相伯博士回甲紀念論叢』,

1964.
金澤均, 「弓裔와 世達寺」『史學研究』 75, 2004.
柳永哲, 「공산전투의 재검토」『鄕土文化』 9·10, 1995.
柳永哲, 「古昌戰鬪와 後三國의 정세 변화」『한국중세사연구』 7, 1999.
柳永哲, 「一利川 戰鬪와 後百濟의 敗亡」『大邱史學』 63, 2001.
文暻鉉, 「王建太祖의 民族再統一의 研究」『慶北史學』 1, 1979.
文秀鎭, 「高麗建國期의 羅州勢力」『成大史林』 4, 1987.
文秀鎭, 『高麗의 建國과 後三國 統一過程 研究』, 成均館大學校 博士學位論文, 1991.
文秀鎭, 「王建의 高麗建國과 後三國統一」『國史館論叢』 35, 1992.
문안식·이대석, 「왕건의 서남해 지역 경략과 토착세력의 동향」『한국고대의 지방사회』, 혜안, 2004.
閔丙河, 「申崇謙과 公山桐藪 戰鬪」『軍史』 29, 1994.
閔賢九, 「韓國史에 있어서 高麗의 後三國 統一」『歷史上의 分裂과 再統一(上)』, 一潮閣, 1992.
朴漢卨, 「王建世系의 貿易活動에 對하여－그들의 出身究明을 中心으로」『史叢』 10, 1965.
朴漢卨, 「弓裔姓名考」『霞城李瑄根博士古稀紀念韓國學論叢』, 1974.
朴漢卨, 「後三國의 成立」『한국사』 3, 국사편찬위원회, 1978.
朴漢卨, 「高麗太祖의 後三國統一政策」『史學志』 14, 1980.
朴漢卨, 「羅州道大行臺考」『江原史學』 1, 1985.
朴漢卨, 「豪族과 王權」『한국사연구입문』, 지식산업사, 1987.
朴漢卨, 「弓裔의 渤海 收復意識」『高句麗研究』 13, 2002.
朴亨杓, 「麗·蒙聯合軍의 東征과 그 顚末」『史學研究』 21, 1969.
배재훈, 「견훤의 군사적 기반」『신라문화』 36, 2010.
邊東明, 「金惣의 城隍神 推仰과 麗水·順天」『歷史學研究』 22, 2004.
卞麟錫, 「9世紀 中葉 白江口戰에 있어서의 日本의 敗因에 관한 考察」『東方學志』 75, 1992.
徐榮教, 「張保皐의 騎兵과 西南海岸의 牧場」『진단학보』 94, 2002.
宋寅州, 「高麗圖經에 서술된 군제관련 記事의 검토」『한국중세사연구』 12, 2002.
신성재, 「궁예정권의 나주진출과 수군활동」『軍史』 57, 2005.

신성재, 『弓裔政權의 軍事政策과 後三國戰爭의 전개』, 연세대학교 박사학위논문, 2006.
신성재, 「태봉과 후백제의 덕진포해전」 『軍史』 62, 2007.
신성재, 「태봉의 수군전략과 수군운용」 『역사와 경계』 75, 2010.
신성재, 「궁예와 왕건과 나주」 『韓國史研究』 151, 2010.
신성재, 「일리천전투와 고려태조 왕건의 전략전술」 『韓國古代史研究』 61, 2011.
신성재, 「후삼국시대 나주지역의 해양전략적 가치」 『島嶼文化』 38, 2011.
신성재, 「고려의 수군전략과 후삼국통일」 『東方學志』 158, 2012.
신성재, 「고려와 후백제의 공산전투」 『한국중세사연구』 34, 2012.
신성재, 「후백제의 수군활동과 전략전술」 『한국중세사연구』 36, 2013.
신성재, 「후삼국시대 수군의 운영체제와 해전－특히 태봉과 고려를 중심으로」 『역사와 경계』 88, 2013.
신성재, 「고려전기 해군에 대한 시론적 고찰」 『역사와 경계』 75, 2015.
申安湜, 「高麗前期의 北方政策과 城郭體制」 『歷史教育』 89, 2004.
辛鍾遠, 「鐵圓郡의 歷史」 『鐵圓郡의 歷史와 文化遺蹟』, 江原大學校博物館, 1995.
申虎澈, 「弓裔의 政治的 性格－특히 佛教와의 관계를 중심으로」 『韓國學報』 29, 1982.
申虎澈, 「新羅의 滅亡과 甄萱」 『忠北史學』 2, 1989.
申虎澈, 「新羅末·高麗初 昧谷城(懷仁) 將軍 龔直」 『湖西文化研究』 10, 1992.
申虎澈, 「後三國時代 豪族聯合政治」 『韓國史上의 政治形態』, 一潮閣, 1993.
申虎澈, 「後三國 建國勢力과 清州 地方勢力」 『湖西文化研究』 11, 1993.
申虎澈, 「신라말 고려초 歸附豪族의 정치적 성격」 『忠北史學』 8, 1995.
申虎澈, 「弓裔와 王建과 清州豪族」 『中原文化論叢』 2·3, 1999.
신호철, 「후백제 견훤 왕의 역사적 평가와 그 의미－고려 태조와의 정치이념 및 호족·대외정책 등의 비교를 중심으로」 『후백제와 견훤』, 서경문화사, 2000.
신호철, 「高麗 건국기 西南海 지방세력의 동향」 『역사와 담론』 58, 2011.
安永根, 「羅末麗初 清州勢力의 動向」 『水邨朴永錫教授華甲紀念韓國史學論叢(上)』, 探求堂, 1992.
梁敬淑, 「弓裔와 그의 彌勒佛 思想」 『北岳史論』 3, 1993.
吳英善, 「高麗前期 軍人層의 構成과 圍宿軍의 性格」 『韓國史論』 28, 1992.

劉璟娥, 「王建의 勢力成長과 對弓裔關係」『考古歷史學志』 7, 東亞大博物館, 1991.
윤경진, 『高麗 郡縣制의 構造와 運營』, 서울大學校 博士學位論文, 2000.
윤경진, 「고려초기의 정치체제와 호족연합정권」『한국 전근대사의 주요 쟁점』, 역사비평사, 2002.
윤명철, 「後百濟의 海洋活動과 對外交流」『후백제 견훤정권과 전주』, 주류성, 2001.
尹龍爀, 「936년 고려의 통일전쟁과 개태사」『韓國學報』 114, 一志社, 2004.
尹薰杓, 「高麗時代 軍制史 硏究의 現況과 課題」『軍史』 34, 1997.
尹熙勉, 「新羅下代의 城主·將軍－珍寶城主 洪術과 載岩城將軍 善弼을 中心으로」『韓國史硏究』 39, 1982.
陰善赫, 『高麗太祖王建硏究』, 全南大學校 博士學位論文, 1995.
李墩馥, 「弓裔와 闍崛山門」『白山學報』 66, 2003.
李基東, 「新羅下代의 浿江鎭」『韓國學報』 4, 一志社, 1976.
李基東, 「新羅 下代의 王位繼承과 政治過程」『歷史學報』 85, 1980.
李基白, 「高麗京軍考」『李丙燾博士華甲紀念論叢』, 一潮閣, 1956.
李基白, 「新羅私兵考」『歷史學報』 9, 1957.
李基白, 「高麗 太祖 時의 鎭」『歷史學報』 10, 1958.
李基白, 「高麗軍人考」『震檀學報』 21, 1960.
李基白, 「貴族的 政治機構의 整備」『한국사』 5, 국사편찬위원회, 1975.
李基白, 「太祖 王建과 그의 豪族聯合政治」『高麗貴族社會의 形成』, 一潮閣, 1990.
李道學 譯, 「王建·弓裔·甄萱의 再評價」『우리文化』 3·4월호, 1989.
李道學, 「新羅末 甄萱의 勢力 形成과 交易」『新羅文化』 28, 2006.
李文基, 「甄萱政權의 軍事的 基盤－특히 新羅 公兵組織의 再編과 關聯하여」『후백제와 견훤』, 서경문화사, 2000.
李敏雄, 「壬辰倭亂과 동북아 삼국의 海洋戰略」『島嶼文化』 25, 2005.
李純根, 『新羅末 地方勢力의 構成에 관한 硏究』, 서울大學校 博士學位論文, 1991.
李在範, 「弓裔政權의 政治的性格에 關한 考察」『溪村閔丙河敎授停年紀念史學論叢』, 成東文化社, 1988.
李在範, 「弓裔政權의 國號와 年號에 관한 小考」『白山朴成壽敎授華甲紀念論叢』,

1991.
李在範, 『後三國時代 弓裔政權의 硏究』, 成均館大學校 博士學位論文, 1991.
李在範, 「高麗 太祖 卽位時의 社會動向에 관한 一考察」『阜村申延澈敎授停年退任紀念史學論叢』, 일월서각, 1995.
李在範, 「高麗 太祖代의 對外政策」『白山學報』 67, 2003.
이재범, 「궁예·왕건정권의 역사적 연속성에 관한 고찰」『史林』 24, 2005.
이재범, 「나말여초 '鴨綠'의 위치 비정」『史林』 27, 2007.
李載龔, 「朝鮮前期의 水軍」『韓國史硏究』 5, 1970.
李貞信, 「弓裔政權의 成立과 變遷」『藍史鄭在覺博士古稀紀念東洋學論叢』, 高麗苑, 1984.
이종봉, 「羅末麗初 梁州의 動向과 金忍訓」『지역과 역사』 13, 2003.
이창섭, 「高麗 前期 水軍의 運營」『史叢』 60, 2005.
이창섭, 「對宋 외교 활동에 참여한 고려 수군－破閑集과 高麗圖經에 나타나는 사례를 중심으로」『史叢』 83, 2014.
李孝鐘, 「王建의 勢力形成과 高麗 建國」『高麗 太祖의 國家經營』, 서울대학교출판부, 1996.
李海濬, 「新安 島嶼地方의 歷史文化的 性格」『島嶼文化』 7, 1990.
李海濬, 「목포의 역사」『木浦市의 文化遺蹟』, 國立木浦大學校博物館, 1995.
이혜옥, 「고려전기의 軍役制－保勝·精勇을 중심으로」『國史館論叢』 46, 1993.
李羲權, 「고려의 군현제도와 지방통치정책」『高麗史의 諸問題』, 三英社, 1985.
임용한, 「고려후기 수군개혁과 전술변화」『軍史』 54, 2005.
林容漢, 「조선 건국기 수군개혁과 해상방어체제」『軍史』 72, 2009.
張東翼, 「高麗前期의 選軍」『高麗史의 諸問題』, 三英社, 1986.
張俊植, 「世達寺의 位置에 대한 考察」『文化史學』 11·12·13, 1999.
全基雄, 「羅末麗初의 地方社會와 知州諸軍事」『慶南史學』 4, 1987.
全德在, 「新羅 下代 鎭의 設置와 性格」『軍史』 35, 1997.
전덕재, 「泰封의 地方制度에 대한 考察」『新羅文化』 27, 2006.
전경숙, 「高麗初의 徇軍部」『한국중세사연구』 12, 2002.
鄭景鉉, 「高麗太祖代의 徇軍部에 대하여」『韓國學報』 48, 一志社, 1987.
鄭景鉉, 「高麗 太祖의 一利川 戰役」『韓國史硏究』 68, 1988.
鄭景鉉, 「高麗前期 武職體系의 成立」『韓國史論』 19, 1988.
鄭景鉉, 「高麗初期 京軍의 統帥體系－徇軍部의 兵權에 대한 再解釋을 겸하여」

『韓國學報』 62, 一志社, 1991.
鄭景鉉, 『高麗前期 二軍六衛制研究』, 서울大學校 博士學位論文, 1992.
丁善溶, 「弓裔의 勢力形成 過程과 都邑 選定」 『韓國史研究』 97, 1997.
丁善溶, 「高麗 太祖의 對新羅政策 樹立과 그 性格」 『한국중세사연구』 27, 2009.
丁善溶, 『高麗太祖의 新羅政策 研究』, 西江大學校 博士學位論文, 2010.
정요근, 「後三國時期 高麗의 남방진출로 분석」 『한국문화』 44, 2008.
鄭清柱, 「弓裔와 豪族勢力」 『全北史學』 10, 1986.
鄭清柱, 「新羅末·高麗初의 羅州豪族」 『全北史學』 14, 1991.
鄭清柱, 「王建의 成長과 勢力 形成」 『全南史學』 7, 1993.
鄭清柱, 「新羅末·高麗初 支配勢力의 社會的 性格－後三國 建國者와 豪族」 『全南史學』 9, 1995.
鄭清柱, 「新羅末・高麗初 順天地域의 豪族」 『全南史學』 18, 2002.
趙法鍾, 「後百濟 甄萱의 歷史繼承認識－高句麗 및 百濟의 馬韓繼承認識을 중심으로」 『후백제 견훤정권과 전주』, 주류성, 2001.
조법종, 「후백제와 태봉관련 연구동향과 전망」 『신라문화』 27, 2006.
조법종, 「후백제와 태봉」 『한국고대사입문 3－신라와 발해』, 신서원, 2006.
趙二玉, 「新羅水軍制의 확립과 三國統一」 『STRATEGY 21』 제2권 2호, 1999.
趙仁成, 「弓裔政權의 中央政治組織－이른바 廣評省體制에 대하여」 『白山學報』 33, 1986.
趙仁成, 「弓裔의 出生과 成長」 『東亞研究』 17, 1989.
趙仁成, 『泰封의 弓裔政權 研究』, 西江大學校 博士學位論文, 1991.
趙仁成, 「弓裔의 勢力形成과 建國」 『震檀學報』 75, 1993.
趙仁成, 「태봉」 『한국사』 11, 국사편찬위원회, 1996.
趙仁成, 「彌勒信仰과 新羅社會－眞表의 彌勒信仰과 新羅末 農民蜂起와의 관련성을 중심으로」 『震檀學報』 82, 1996.
趙仁成, 「弓裔의 세력 형성과 彌勒信仰」 『韓國史論』 36, 국사편찬위원회, 2002.
조인성, 「弓裔政權의 對外關係」 『강좌 한국고대사』 4, 가락국사적개발연구원, 2003.
趙仁成, 「弓裔의 後高句麗 건국과 관련한 두 문제」 『新羅文化』 27, 2006.
채수환, 「왕건의 고려건국과 나주에 관한 고찰」 『역사와 사회』 10, 1993.
崔圭成, 「弓裔政權의 支持勢力」 『東國史學』 19·20, 1986.
崔圭成, 「弓裔政權의 性格과 國號의 變更」 『祥明女大論文集』 19, 1987.

崔圭成, 「弓裔政權下 知識人의 動向」『國史館論叢』 31, 1992.
崔圭成, 「徇軍部考」『詳明史學』 創刊號, 1993.
최규성, 「新羅下代 西南海 豪族과 王建과의 關係」『대외 문물교류 연구』 창간호, 2002.
崔根泳, 「高麗建國理念의 國系的 性格」『韓國史論』 18, 1988.
崔根泳, 「8~10世紀 新羅 地方勢力 形成의 實際와 그 性格」『史學志』 22, 1989.
崔柄憲, 「羅末麗初 禪宗의 社會的 性格」『史學硏究』 25, 1975.
崔柄憲, 「道詵의 生涯와 羅末麗初의 風水地理說」『韓國史硏究』 11, 1975.
崔柄憲, 「新羅 下代社會의 動搖」『한국사』 3, 국사편찬위원회, 1978.
최성은, 「나말려초 중부지역 석불조각에 대한 고찰－궁예 태봉(901~918)지역 미술에 대한 시고」『역사와 현실』 44, 2002.
최연식, 「康津 無爲寺 先覺大師碑를 통해 본 弓裔 행적의 재검토」『목간과 문자』 7, 2011.
崔鍾奭, 「羅末麗初 城主·將軍의 정치적 위상과 城」『韓國史論』 50, 2004.
추만호, 「궁예전, 어떻게 읽을 것인가」『역사와 역사교육』 2, 1997.
하일식, 「해인사전권(田券)과 묘길상탑기(妙吉祥塔記)」『역사와 현실』 24, 1997.
河炫綱, 「高麗太祖와 開城」『李弘稙博士回甲紀念 韓國史學論叢』, 新丘文化社, 1969.
河炫綱, 「高麗王朝의 成立과 豪族聯合政權」『한국사』 4, 국사편찬위원회, 1977.
河炫綱, 「高麗太祖의 內外政策의 樹立背景과 그 性格」『東方學志』 54·55·56, 1987.
河炫綱, 「高麗建國의 經緯와 그 性格」『韓國中世史硏究』, 一潮閣, 1988.
한성일, 「고려시기 해전과 초기화약 무기」『STRATEGY 21』 12권 2호, 한국해양전략연구소, 2009.
한성일, 「16세기 조선 수군의 전술과 궁수」『역사와 세계』 39, 2011.
洪承基, 「高麗初期 中央軍의 조직과 역할」『高麗軍制史』, 陸軍本部, 1983.
洪承基, 「後三國의 分裂과 王建에 의한 統一」『韓國史市民講座』 5, 一潮閣, 1989.
洪承基, 「高麗 太祖 王建의 집권」『震檀學報』 71·72, 1991.
洪承基, 「弓裔王의 專制的 王權의 追求」『擇窩許善道博士停年紀念韓國史學論叢』, 一潮閣, 1992.

洪元基,「高麗 二軍·六衛制의 性格」『韓國史硏究』 68, 1990.

旗田巍,「高麗王朝成立期の府と豪族」『法制史研究』 10, 1960.
武田幸男,「新羅の骨品體制社會」『歷史學研究』 299, 1965.
石井正敏,「小右記 所載 內藏石女等申文にみえる高麗の兵船について」『朝鮮學報』 198, 2006.
日野開三郎,「羅末三國の鼎立と對大陸海上交通貿易(一)」『朝鮮學報』 16, 1960.
日野開三郎,「羅末三國の鼎立と對大陸海上交通貿易(四)」『朝鮮學報』 20, 1961.
田保橋潔,「弓裔とその都城址」『史學會誌』 17, 1941.
池內宏,「高麗太祖の經略」『滿鮮史研究』 中世篇 2, 吉川弘文館, 1937.
陳恩林,「春秋時期的軍事制度」『中國春秋戰國軍事史』, 人民出版社, 1994.
津田左右吉,「後百濟彊域考」『朝鮮歷史地理』 1, 南滿洲鐵道株式會社, 1913.
倉澤藤三郎,「弓裔の古趾を訪ねて」『文教の朝鮮』, 1926.
胡戟,「中國 水軍과 白江口 戰鬪」『百濟史上의 戰爭』, 書景文化社, 2000.

Abstract

A History of Naval Activities during the Later Three Kingdoms

Shin, Seong Jae

This book was arranged to examine naval activities of the Later Three Kingdoms－namely Taebong(泰封), Koryo(高麗) and Later Baekjae(後百濟)－from a military perspective. This was the era of division and integration in Korean history, when the clash between the powers frequently occurred in the western and southern seas of the Korean peninsula. I have understood this period as the process of unification wars, thereby publishing several articles under the topic of naval operations of the kingdoms. This book is therefore the product of my previous works, with some modifications and complementations.

It is evident that the dominant powers of the Later Three Kingdoms have actively engaged in maritime campaigns to take the initiative in the unification wars. A quintessential case was when the kingdom of Taebong has preoccupied the Naju(羅州) region to make it a strategic base to check Later Baekjae from the rear, so as to dominate the Korean southwestern waters. Another instance was when Koryo expanded its maritime power, with its powerbase in Naju, to Jinju(晉州) area in 927. In the early 930s, when the unification wars were drawing to a close, Baekjae navy secretly has penetrated into the river Yesung to threaten the Koryo capital, which was also another example of aggressive naval patterns.

The background for such energetic naval activities during the Later Three Kingdoms era was that controlling the maritime power in the southwestern shores meant an engine to take advantage in unification wars, as well as exerting virtual influence in the war situation. However, there were certain conditions to be met in order to achieve such objectives : naval strategies to plan and operate activities, execution and application of effective tactics in naval warfare, systematic workings of weaponry, and secure management structure of forces and battleships. This book focuses on especially factors that critically contributed to sea domination : naval strategies, sea battle tactics, weaponry structure, and management system of the navy.

This book will help readers to understand the concept of naval strategies pursued by the three kingdoms of Taebong, Koryo and Later Baekjae, and to comprehend the concrete realities and features of naval activities of respective kingdoms. Also, readers will witness the correlations between naval strategies and changes in sea domination, which ultimately affected the course of the unification wars themselves. Knowing about these facts will be an opportunity to newly recognize the maritime status of navy during the Later Three Kingdoms period, and to provide historic lessons to the establishment of naval strategy and operations in modern Korea.

In the supplementary section, I have investigated the relations between the leaders Gung-ye(弓裔) and Wang-kun(王建) and Naju with a different approach. Here I have tried to reinterpret the roles they have played in their Naju encroachment with a more balanced view. The origins of this incident and ties between Wang-kun and Naju powermen are also the subject of my interest, as I have stated that their relationship was gradually formed and enhanced through the war times rather than being closely connected from the initial stage. The term 'navy(海軍)' could be seen scattered throughout the records of the Later Three Kingdoms and early Koryo period, which drew my attention as well. I have therefore studied its origins and operational characteristics from an introductory aspect. My other themes included in the book are inferring the emergence of navy from experiences of running a long-term sea expedition forces during the Three Kingdoms wars, the reality of navy based in Gaegyung(開京) and Sugyung(西京) until early Koryo era, and their significance.

This publication is exactly a decade after I have received a doctoral degree. After returning to the navy from graduate school, I have always possessed an ambition to write a book about naval activities of the Later Three Kingdoms era. Sadly though, my busy schedule in the war vessels kept me from actually carrying out such a project. In 2010, I was luckily hired as a professor in the Republic of Korea Naval Academy and then was able to concentrate on my scholarly venture. As my research articles have accumulated, publishing this book was finally realized. There are certain anxieties and regrets as now I am publishing in my own name, but I am willing to take criticisms from the academia if this treatment can be a decent cornerstone to the understanding and study of the history of premodern Korean navy.

찾아보기